prometeo libros

Feministas en todas partes

Laura Masson

Feministas en todas partes

Una etnografía de espacios y narrativas
feministas en Argentina

prometeo
libros

©De esta edición, Prometeo Libros, 2007
Pringles 521 (C11183AEJ), Ciudad de Buenos Aires, Argentina
Tel.: (54-11) 4862-6794 / Fax: (54-11) 4864-3297
info@prometeolibros.com
www.prometeoeditorial.com

Diseño y Diagramación: R&S

Índice

Agradecimientos

Este libro está basado en la investigación realizada para mi tesis de doctorado en el Programa de Posgrado en Antropología Social (PPGAS) del Museo Nacional de la Universidad Federal de Río de Janeiro. La misma fue posible gracias al apoyo financiero del Conselho Nacional de Desenvolvimento Cientifico e Tecnológico (CNPQ) de Brasil. Agradezco a todos los profesores del PPGAS, especialmente a Ligya Sigaud, Marcio Goldman, Adriana Vianna por sus lecturas y contribuciones. A Federico Neiburg, mi orientador de tesis, debo agradecerle no solamente sus lecturas atentas y minuciosas y sus valiosas sugerencias, sino también su apoyo a lo largo de este proceso en el cual no faltaron los momentos de "crisis". Durante el tiempo de investigación, y parte de la redacción, este trabajo fue enriquecido con los estimulantes comentarios de mis colegas y compañeros del Grupo de Estudios sobre Procesos de Politización en el Cono Sur del Centro de Antropología Social del Instituto de Desarrollo Económico y Social: Virginia Vecchioli, Laura Zapata, Rolando Silla, Horacio Sívori y Mariana Paladino. A Alejandro Grimson, director de la colección *Miradas Antropológicas*, le agradezco su confianza y estímulo.

Mis interlocutores e interlocutoras durante el proceso de escritura no fueron solamente personas del medio académico. Sin embargo, esos diálogos fueron vitales en la construcción del argumento de este libro. Quiero agradecer por su disposición para escuchar y para acompañar a Lili Fernández, Juan Carlos Masson y muy especialmente a Hugo Echeverría, quien también estuvo presente en el dificultoso puntapié inicial. A mi padre, Juan Masson, que me permitió disponer de su casa para instalar mi escritorio y fue en esos meses una compañía discreta, con mucha presencia y poca demanda, que agradezco profundamente. A Claudia Degenarth por su sentido del humor y por facilitar los aspectos domésticos de mi vida durante este período. Carolina Planes participó en parte de la investigación y fue una excelente colaboradora. Cuando dejé de vivir en Buenos Aires y me mudé a mi pueblo, para empezar a escribir, dos personas fueron muy importantes por contagiarme su entusiasmo y compartir el mío: Marianela Ticera y Oscar Migliorata. Junto a Pilar González y Virginia Rafael viví los días mágicos del viaje del antes y el después, cuando aún no imaginábamos el después de cada una. Agradezco a Nora Silvestri por haberme acompañado en este proceso y ayudarme a apostar a mis ganas. A Silvia Elizalde por las historias compartidas en este tiempo. A Pilar que estuvo muy cerca y con quien compartí cambios, que no fueron solo de ciudad o de casa. A Sabina Frederic e Iris Fihman, a quienes veía menos, pero no por eso fueron menos importantes. A Alechu por las charlas, su carácter irremediablemente optimista y el buen humor. A Lili, Paula, Carolina y Carla porque las cosas adquieren otro sentido cuando existe la posibilidad de compartirlas y transmitirlas.

La última parte de este libro fue escrita en Río de Janeiro. Quiero agradecer especialmente a Gabriela Scotto por brindarme su casa y haberse convertido en una interlocutora cuyas sugerencias han sido muy valiosas para este trabajo. Para finalizar, quiero expresar mi gratitud hacia todas las feministas con las que compartí eventos, encuentros, charlas durante mi trabajo de campo y hacia aquellas que aceptaron ser entrevistadas y respondieron mis cuestionarios. En especial a las integrantes de *Mujeres al Oeste* y de la *Biblioteca Popular de las Mujeres* por su calidez, hospitalidad y buena disposición. Mi deseo es que con una mirada distanciada, que espero haber logrado, este trabajo pueda convertirse en un aporte a las continuas y agudas reflexiones que estas mujeres realizan habitualmente sobre sus propias prácticas.

Todas las personas mencionadas, y muchas otras que no aparecen aquí, han sido sumamente importantes para que este libro haya sido posible. Sin embargo, deseo aclarar que las imprecisiones y errores que puedan aparecer en este trabajo son de mi absoluta responsabilidad.

Introducción

Este libro es una etnografía de narrativas, espacios y eventos en los que mujeres que se identifican como feministas se reúnen, intercambian ideas e información, discuten, se oponen, organizan y realizan acciones, crean categorías para clasificar e interpretar la realidad, modifican el sentido de las palabras y acuñan términos a partir de los cuales se reconocen y reconocen allí una trayectoria compartida basada en experiencias comunes. La investigación fue realizada entre los años 2002 y 2006 en varias ciudades de Argentina (Tandil, Córdoba, Rosario, Salta, Mendoza y Mar del Plata) donde se realizaron diversos eventos (militantes y académicos), pero especialmente en la ciudad de Buenos Aires, donde vive la mayor parte de las feministas. La observación participante, las entrevistas, el análisis de documentos y de publicaciones virtuales e impresas realizadas por las propias mujeres fueron utilizados para comprender y dar inteligibilidad a un proceso de unificación-oposición y a un trabajo de movilización en torno a una causa, necesarios para dar existencia al feminismo.

Hay un rasgo común que define a la mayoría de las feministas y sin el cual no es posible comprender el feminismo. Se trata del acceso de estas mujeres a la educación superior. Entre ellas encontramos a médicas, psicólogas, psiquiatras, sociólogas, periodistas, antropólogas, abogadas, filósofas, historiadoras. Muchas de las que actualmente se han convertido en líderes comparten otra característica: sus experiencias previas de militancia en partidos políticos, especialmente de izquierda. Estas mujeres tienen un excelente dominio del lenguaje, acceso a medios de expresión pública (periodistas, escritoras) y en muchos casos, dadas sus profesiones, disponen de los medios necesarios para transmitir sus valores a través de decisiones que tienen un efecto social (profesoras universitarias, abogadas, juezas, funcionarias del gobierno, legisladoras, representantes de organizaciones no gubernamentales). Sin embargo, a pesar de la uniformidad de las propiedades sociales de estas mujeres existen importantes diferencias al interior de este universo.

Por consiguiente, utilizaré aquí el término *feminismo* para designar un espacio social internamente heterogéneo que engloba diferentes identificaciones construidas a partir de oposiciones y categorías de acusación (feministas institucionalizadas, feministas utópicas, feministas políticas, académicas puras, feministas puras) que solo son inteligibles a la luz de la historia de la conformación de esa forma social particular. Por otro lado usaré la palabra *feministas* partiendo de un criterio de autoidentificación. Sin tener como pretensión trazar "la historia del feminismo en Argentina", me referiré a hechos transcurridos en diferentes momentos, para mostrar que es a partir de una perspectiva que incorpora cierta profundidad temporal que se abre la posibilidad de comprender las experiencias y los procesos en base a los que se acuñan los términos que *las feministas* utilizan para pensar al *feminismo* (y su identificación con el mismo) que son los mismos que hacen posible su configuración actual[1].

Esta etnografía se sitúa en una discusión más amplia, y con contornos difusos, que podría remitir en principio, *grosso modo*, a las relaciones entre las "mujeres" y la "política". Sin embargo, mi preocupación no es mostrar que las mujeres han sido excluidas históricamente del mundo político, ni explicar las causas por las cuales ellas no ocupan lugares en la misma proporción que los hombres, sino que me interesa cómo esa oposición es utilizada en tanto argumento en la construcción de significados compartidos en los diversos espacios feministas en Argentina[2].

---

[1] En tanto el significado de las palabras *feminismo* y *feministas* es motivo de disputa al interior del espacio del feminismo, para distinguir estos términos del uso analítico que hago de ellos, utilizaré las cursivas toda vez que estas palabras aparezcan en el texto enunciando el punto de vista de las personas involucradas.

[2] Relacionado con este punto existe una importante producción de mujeres intelectuales feministas destinada a mostrar que tanto la teoría marxista como la teoría liberal sobre el Estado están construidas sobre "principios patriarcales" basados en una visión androcéntrica. La crítica feminista a la concepción marxista fue particularmente intensa hasta los años ochenta. Ver entre otras Hartmann, Heidi (1985); Weinbaum, Batya (1978); Burnham, Linda y Louie, Mirian (1985); Sargent, Lydia (1981); Rowbotham, Sheila (1978, 1981); MacKinnon, Catherine (1983); Eisenstein, Zillah (1980). A partir de los años noventa hubo en contrapartida un avance en las discusiones sobre la teoría liberal. Para un análisis feminista de las bases filosóficas del pensamiento liberal ver Cono, Rosa (1985); Petit, Cristina Molina (1994); Nye, Andréa (1995); Pateman, Carole (1993); Amorós, Celia (1985). También han sido sumamente importante dentro de la perspectiva feminista en teoría política los trabajos de autoras como Nancy Fraser (1993), Nancy Fraser y Linda Gordon (1997), Anne Phillips (1996), Jean Bethke Elshtain (1993), Anna Jónasdóttir (1993), Carole Pateman (1996) y Iris Marion Young (1990), entre otras.

Quiero resaltar, además, que no presupongo una oposición (y/o una jerarquía) *a priori* entre hombres y mujeres. Parto de la premisa de que las mujeres no constituyen por su semejanza biológica un grupo de pertenencia, sino que la misma noción de semejanza debe ser problematizada. Así, no utilizaré el concepto "mujer/mujeres" como categoría de análisis, como lo suponen expresiones tales como "la situación de las mujeres en Argentina". Como tantas otras palabras, los significados de "mujer" deben comprenderse a la luz de prácticas relacionales situadas social e históricamente.

Si tuviera que ubicar este trabajo en la tradición teórica de la disciplina, podría decir que se trata de una antropología de la política, debido a que construí mi objeto de investigación poniendo el acento en las formas nativas de entender la política, en la no distinción entre la macro y micro política y en mostrar que la misma adopta significados heterogéneos y se encuentra inmersa en diversos dominios sociales y no se define solamente a partir de un dominio específico y con fronteras precisas. En ese sentido, mi punto de vista no presupone una definición de política, sino que, privilegia los sentidos que las personas dan a las prácticas que consideran "políticas". Y son precisamente las prácticas que las feministas definen como políticas las que analizaré en este trabajo. Por otra parte, la perspectiva adoptada por la antropología de la política también fue de gran utilidad para construir una mirada distanciada del objeto, especialmente al tomar en cuenta los cuestionamientos a varios supuestos sobre los que se fundó la especialidad que, a partir de la década de 1940, se denominó "antropología política"[3]. Sin embargo, como expresaré más adelante, a medida que avanzaba en mi investigación y especialmente en el proceso de escritura me deparé ante la necesidad de recurrir a otras herramientas teóricas.

Desde otra perspectiva, dado mi interés por el feminismo y teniendo en cuenta que el mismo cuestiona las relaciones jerárquicas entre los sexos, podría considerarse que este trabajo se inscribe en una antropología de género. Este concepto acuñado en las ciencias sociales en la década de 1970, solo a partir de los ochenta será considerado en los "estudios de género" como un principio estructurador de las relaciones entre hombres y mujeres (Moore, 1999). Sin embargo, aquí intento tomar una posición de distanciamiento ya que no me interesa un análisis desde esta perspectiva, sino centrar la atención en los argumentos que las feministas

---

[3] Sobre la diferencia entre una antropología política y una antropología de la política ver *Uma antropología da política: rituais, representaçoes e violencia*. NuAP, 1998.

despliegan en espacios de acción colectiva y a los que consideran como una forma (la "más radical", la "más verdadera") de hacer política. Además, es necesario tener en cuenta que dentro del espacio del feminismo, cuando la palabra *género* es utilizada en oposición a *feminismo*, alude a categorías de clasificación y acusación[4]. Me propongo entonces abordarlas como categorías de la práctica y no de análisis. Uno de los desafíos de este trabajo ha sido precisamente sustraer al feminismo del campo de una antropología de género para situarlo en el plano en que las propias feministas lo definen: la política. Aún así, es necesario aclarar que las investigaciones de antropólogas que se han dedicado al estudio de las relaciones entre los sexos, definidas o no como una "antropología de género", fueron de gran utilidad para construir el problema de investigación desde esta posición. Entre otras, Henrietta Moore (1993, 1999), Annette B. Weiner (1976), Françoise Heritier (2002), Joan Scoot (1993).

Construcción del problema de investigación

Las categorías de análisis con las que trabaja la antropología han sido resultado de investigaciones empíricas que en su momento se han revelado fructíferas en la producción de nuevos conocimientos. Especialmente en las primeras décadas de desarrollo de la disciplina, cuando su objeto estaba limitado al estudio de sociedades que a los ojos de los especialistas eran exóticas, estas categorías siempre nos parecieron innovadoras en particular porque nos traían referencias de sociedades "diferentes" y "distantes" desde varios puntos de vista (geográfico, cultural, lingüístico, sociológico). Así, el extrañamiento con el objeto y la distancia necesaria para la producción de conocimiento científico estaba de alguna manera garantizada. Pero, ¿qué sucede cuando ese objeto no sólo es parte de nuestra propia sociedad, sino que como investigadores compartimos sentidos con las personas que son parte de la realidad empírica estudiada? Por otra parte ¿cómo construir un nuevo conocimiento o un nuevo punto de vista sobre realidades que nos atraviesan y aparecen ante nosotros como evidentes en sí mismas?

Transformar al feminismo en objeto de estudio me llevó tiempo y esfuerzo. Mi proximidad ideológica y social con las feministas (mujer,

---

[4] Este punto puede ser ilustrado a partir del caso de Brasil con la lectura del artículo de Miriam Grossi (2004) "A Revista Estudos Feministas faz 10 anos "donde bajo el subtítulo" Estudos feministas ou de gênero: um campo ou uma praia?" la autora hace referencia a enfrentamientos entre *feministas* y *estudiosas de género*, en las discusiones sobre el lugar de los estudios académicos en el campo militante y viceversa.

blanca, argentina, de clase media, universitaria y abocada a estudios sobre mujeres y género) me dificultó esa tarea. Como expresa Norbert Elias (1990), los investigadores están ellos mismos inscriptos en la trama de motivos y no pueden impedir vivirlos desde el interior o por identificación. Y cuanto más inmediatamente vinculados están, más difícil resulta desprenderse de su rol, lo cuál está en la base de todo esfuerzo científico[5]. Tal vez me ayudó en el distanciamiento una característica que me diferenciaba de la mayoría de ellas: haber vivido en "el interior", es decir no ser de la ciudad de Buenos Aires.

Por otro lado se presentaba una dificultad relativa a la legitimidad de mi objeto de estudio. Si comentaba mi tema fuera de la academia las reacciones eran en su mayoría invalidantes, desde considerar que el *feminismo* no existía en Argentina hasta deslegitimar a las feministas por su supuesta radicalidad: "En Argentina no hay feministas…" "Esas minas odian a los hombres" "Están todas locas, no tienen nada que hacer". En discusiones académicas informales la percepción no era muy diferente: "¿Cuántas son, pero quién las conoce?" "Esas minas son todas de clase media, las mujeres pobres ni se enteran de sus argumentos" "¿Pero, a quién le interesa lo que proponen?"[6]. No son muchas, no son pobres, no son conocidas, sus argumentos no son racionales o sensatos y están todas peleadas entre sí, fueron algunos de los argumentos sobre los cuales fue necesario hacer un trabajo minucioso de distanciamiento y reflexión tanto teórico como metodológico para poder ver más allá y a partir de ese sentido común poder elaborar luego un problema de investigación. Fue a partir de ciertas reglas que caracterizan el ejercicio del método etnográfico, de la acumulación de lecturas heterogéneas, de la reflexión constante sobre la teoría y el atento y reflexivo trabajo de campo que finalmente construí al feminismo como problema de investigación[7].

* * *

Cuando comencé mi trabajo de campo en 2002 no estaba interesada en el feminismo en sí mismo. Después de haber analizado, en mi tesis de

---

[5] En *Compromiso y distanciamiento* (1990) Elías presenta una importante discusión sobre la influencia del "compromiso" y "distanciamiento" en la construcción del conocimiento científico tanto en las ciencias de la naturaleza como en las ciencias sociales.

[6] Sobre este punto Bila Sorj publicó en 2005, en el diario brasileño O Globo, un artículo titulado "O estigma das feministas" donde señala, para el caso de Brasil, algunos de los estereotipos con los que se identifica a las feministas.

[7] Durante el período de investigación para mi tesis de doctorado cada vez que alguien preguntaba sobre mi tema, tanto dentro como fuera del mundo académico, la reacción a mi respuesta era una expresión de asombro seguida de cierta incomodidad provocada por la duda acerca de cual sería el comentario más adecuado para hacer en ese momento.

maestría, mujeres peronistas que reivindicaban "una forma despolitizada de hacer política trabajando en lo social" (Masson, 2004), quería indagar sobre dos temas: las mujeres peronistas que se autodenominaban "políticas" y negaban la militancia social; y, por otro lado, tratar de entender por qué, siendo que las feministas afirmaban que "el feminismo es política" y aseguraban haber conquistado derechos para las mujeres mediante la creación de leyes, como la Patria Potestad Compartida y la Ley de Cupo Femenino, pocas personas asociaban a las feministas con las conquistas de esos *derechos*.

A comienzos del año 2003 supe por el Boletín virtual de la *Librería de las Mujeres*[8] de la realización del curso *Historia Argentina desde el punto de vista de las mujeres* en la Facultad de Filosofía y Letras de la Universidad de Buenos Aires (UBA). Tenía expectativas acerca de que "la historia" me daría alguna pista para definir mejor el campo. Para mi sorpresa (en ese momento lo consideraba una gran casualidad) encontré a Zulema Palma, médica ginecóloga, *militante feminista* perteneciente a una organización no gubernamental denominada *Mujeres al Oeste*, con sede en Morón (provincia de Buenos Aires). Había conocido a Zulema en 1996, cuando junto con Diana Maffía (filósofa, profesora de la UBA) viajaron a una ciudad de la provincia de Buenos Aires (Olavarría) para dar la conferencia inaugural del Programa Permanente de Estudios de la Mujer (PPEM), dirigido por una antropóloga, también militante feminista, en la Facultad donde cursaba la licenciatura en Antropología Social. En ese momento yo era integrante del PPEM.

Las interesadas en el curso éramos solamente tres, por lo cual debió ser suspendido. Aproveché para hablar con Zulema, le recordé quién era y le dije que me gustaría conversar con ella. Me dijo que sí, que se quedaba en la ciudad porque estaba interesada en escuchar más tarde un panel sobre "derechos humanos" que era allí mismo en la Facultad. Conversamos en un café cercano hasta la hora del panel. El interés en hablar con ella en ese momento no tenía que ver con mi tema de investigación, sino que quería que viaje nuevamente a Olavarría para dar un curso a médicos ginecólogos del Hospital Municipal sobre "Salud y género" en el marco de una campaña de atención gineco-mamaria que estaba organizando el PPEM. Respondió que no tenía problema y cuando hablamos de las condiciones materiales para la realización del curso (honorarios, pasajes,

---

[8] La *Librería de las Mujeres* es una librería especializada dirigida por mujeres feministas, que funciona desde la década del 80 en la ciudad de Buenos Aires. Además de ser el lugar al cual se dirigen quienes necesitan bibliografía específica, también ha sido un espacio de encuentro y reunión para muchas feministas.

estadía) dijo que realizaba ese tipo de actividades como "un compromiso con su militancia". Fue ella quién comentó del Encuentro de Mujeres Feministas de Argentina y me invitó a participar, incluso me ofreció alojarme con "las compañeras de *Mujeres al Oeste*" en la casa de una *compañera* de Tandil. No tenía entusiasmo por ir, pero sentí un compromiso por mi pedido anterior y finalmente decidí viajar cuando supe que habría un taller de "Aprendizas de Brujas" que prometía, en la ficha de inscripción, una especie de "bautismo" que ya se había hecho el año anterior. Así, mi interés por escribir sobre el feminismo se despertó a medida que fui conociendo el autodenominado "feminismo autónomo". Si bien, como mencioné anteriormente, esta etnografía es sobre el feminismo considerado como un espacio social heterogéneo que incluye varios espacios (académicos, gubernamentales, de los partidos políticos, de las organizaciones no gubernamentales) e identidades posibles, el punto de vista desde el cual ingresé al campo es el de las *feministas autónomas*.

* * *

Pocos meses después de mi fracasado intento de hacer el curso en la UBA llegaba a la ciudad de Tandil para participar del Encuentro de Mujeres Feministas. Un poco perdida, sin saber muy bien qué hacía ahí, ni con quién hablar, el primer día en el taller de Aprendizas de Brujas conocí a una de las integrantes de Las Azucenas de la ciudad de La Plata[9]. Almorcé con algunas de ellas, que tenían más o menos mi edad. Más tarde descubrí a otra *Azucena*, de unos sesenta años, que había sido compañera de trabajo y de militancia en partidos de izquierda en los años setenta de mi director de tesis de licenciatura. Ella misma me dijo más tarde: "Pero vos no estás en RIMA?". Era la tercera vez que durante el Encuentro me hablaban de RIMA con tanta naturalidad que me daba vergüenza decir que no sabía qué era. La Red Informativa de Mujeres de Argentina (RIMA) es una red virtual donde circulan noticias, denuncias, pedidos, información sobre cursos, hechos que involucran a mujeres, seminarios, encuentros, subsidios, centros de atención, bibliografía y muchas otras cosas. En esa oportunidad también escuché hablar del Encuentro Nacional de Mujeres que ese año se realizaría en la ciudad de Rosario, provincia de Santa Fe. Fue también desde ese momento que

---

[9] Las Azucenas se constituyeron como agrupación en 1988. El nombre de esta organización feminista remite a Azucena Villaflor, una de las fundadoras de la Asociación Madres de Plaza de Mayo. Fue secuestrada durante la última dictadura militar y sus restos fueron hallados por el Equipo Argentino de Antropología Forense en el año 2004 e identificados en mayo de 2005 mediante prueba de ADN.

empecé a participar en las escasas y poco numerosas reuniones para organizar el IX Encuentro Nacional de Mujeres Feministas, que por decisión plenaria quedó a cargo de "las feministas de Capital". Continué participando de muchas otras actividades y en octubre de 2003 viajé a Rosario para asistir al XVIII Encuentro Nacional de Mujeres[10]. Sin embargo, sería recién en octubre de 2004, luego de participar en el XIX Encuentro Nacional de Mujeres en la ciudad de Mendoza, cuando comencé a pensar con mayor convencimiento en escribir sobre el *feminismo*.

Apenas unas semanas antes de ese Encuentro, las feministas que participaban de la Comisión Organizadora anunciaban en mensajes enviados a RIMA la falta de *coordinadoras feministas* para talleres como "Anticoncepción y aborto" y "Estrategias para el acceso al aborto legal seguro y gratuito". No recuerdo con exactitud cómo surgió, pero por pedido o indicación de Zulema me propuse como coordinadora de uno de los talleres de "Estrategias...". Si bien conocía las dinámicas por haber estado en uno de los talleres del Encuentro de Rosario, me di cuenta después de que no tenía plena conciencia del lugar que me tocaba ocupar y de las cualidades/condiciones necesarias (que se adquieren con los años de *militancia feminista*) para soportar una coordinación de talleres que pongan en cuestión un tema como el "aborto", que actualmente ha adquirido estado público y es discutido a nivel nacional en diversos ámbitos.

¿Por qué las feministas se preocupaban por que haya "coordinadoras feministas" en los talleres? Según sus relatos era necesario frenar a "las católicas enviadas por" la Iglesia para boicotear los Encuentros[11]. Así, poco más de media hora de iniciado el taller que coordinaba, me encon-

---

[10] A lo largo del texto aparecerán menciones a diferentes "Encuentros". Es importante alertar al lector/a sobre la diferencia entre ellos. Los Encuentros Nacionales de Mujeres Feministas reúnen solamente a mujeres feministas de Argentina; en los Encuentros Feministas Latinoamericanos y del Caribe participan feministas de diferentes países de América Latina y el Caribe; y los Encuentros Nacionales de Mujeres reúnen a mujeres del todo el país, pero no todas las que participan son feministas.

[11] "Las católicas" es la categoría de identificación que las feministas utilizan para referirse a las mujeres que, con argumentos religiosos, se oponen a varias de las propuestas que se discuten en los Encuentros Nacionales de Mujeres, especialmente la despenalización del aborto. A pesar de que no todas las mujeres que se identifican como católicas se oponen a la despenalización del aborto (por ejemplo, las integrantes de la agrupación Católicas por el Derecho a Decidir) y que en los últimos años no todas las mujeres que se oponen a la despenalización del aborto y participan de los Encuentros Nacionales de Mujeres son católicas. Al igual que otras categorías de identificación, asociadas a la defensa de valores y creencias, la denominación "las católicas" se cristaliza en determinadas situaciones y adquiere un tono escencialista y generalizador que permite a las feministas dar cuenta de sí mismas y de sus diferencias con "las otras".

tré de repente en los pasillos de la escuela donde se desarrollaban las actividades rodeada de una veintena de mujeres que se quejaban de la coordinación, me gritaban, amenazaban con denunciarme a los medios, mientras una escribana pública preguntaba mi nombre para elaborar un acta en la cual me acusaba de discriminación por "no dejar hablar a algunas mujeres que opinaban diferente". Por decisión de algunas feministas, entre ellas Zulema, el taller se había "fracturado" y la indicación de la organización era que la coordinadora "no podía abandonarlo". Mientras yo trataba de contornear esa situación con la ayuda de la "responsable de escuela" (una feminista de Mendoza) el resto de las mujeres "a favor de la despenalización del aborto" estaban en otra aula, donde "continuaron el debate", mientras dos de ellas bloqueban la puerta para que no entren "las que no estaban interesadas en discutir estrategias (para lograr el aborto legal, seguro y gratuito)". La intensidad del conflicto, el enfrentamiento cara a cara y casi físico (una mujer llegó a tomarme del brazo) me dejaron atónita, sin poder evaluar cuál sería la mejor reacción. El resto de las mujeres, tanto feministas como *católicas*, a pesar del estrés emocional, sabían cómo reaccionar y de qué se trataba. No era ese el primer "encuentro" entre ellas. En mi caso y en ese contexto temía que la amenaza de denuncia pudiera ser real. Una feminista de unos sesenta años, me dijo después: "No te hagas problema, todos los años hacen lo mismo. A mi ya me denunciaron también y después no pasa nada con eso". Otra me dijo: "también te sacan fotos y después las ponen en Internet". A partir de ahí muchas preguntas comenzaron a surgir y consideré que se trataba de algo sobre lo que era importante escribir desde un punto de vista antropológico. ¿Pero, por dónde empezar?

Repensando la política desde *las mujeres*: ¿por qué mujeres feministas?

En la época en que los antropólogos restringían el estudio de la política a las "sociedades sin Estado", ésta era buscada en otras instituciones sociales, particularmente en los sistemas de parentesco. Si bien la presencia de las mujeres era aquí garantizada por su función reproductora, estaba ausente un análisis que colocara la relación entre los sexos como variable central para el análisis de las relaciones sociales. Esta ausencia fue salvada desde inicios de los años setenta con el surgimiento de la categoría de género y el desarrollo de lo que se denominó "antropología de la mujer" y a partir de los ochenta "antropología de género". Sin embargo, las reflexiones surgidas desde esta perspectiva y de los estudios de parentesco permanecieron por años como esferas que se desarrollaron de manera independiente en la construcción de conocimiento antropológico, salvo algunas excepciones (Collier, J. y Yanagisako, S. 1987; Héritier, F. 2002)[12]. Es importante resaltar también que el lugar central que los estudios sobre parentesco tenían en la antropología fue siendo ocupado en parte, hacia fines de los ochenta, por los estudios sobre la persona. Y como destacan Howell and Melhuus (1993) si bien el concepto de género careció de relevancia en el primer caso, su presencia es sumamente notable en el segundo. Dado que muchas feministas pertenecen al ámbito académico y que el feminismo se ha constituido en diálogo estrecho con la producción en ciencias sociales estas discusiones han tenido impacto también por fuera del espacio académico.

Si la antropología de los años treinta y cuarenta buscaba la política en la organización del parentesco (donde el género estaba ausente) mi propósito aquí, a partir del análisis de los espacios del feminismo, es encontrarla inmiscuida en la noción de persona que se construye en las prácticas de mujeres feministas. Para las feministas el cuerpo (y particularmente el cuerpo de las mujeres) es un lugar donde se definen "cuestiones políticas" y esto es así porque consideran que las decisiones sobre lo que sucede con "el cuerpo de las mujeres" deben ser tomadas por cada mujer y no por ejemplo por el Estado o alguna imposición religiosa. Así, en las multitudinarias marchas de los Encuentros Nacionales de Mujeres, una de las consignas que entonan las feministas, y que va dirigida a la Iglesia Católica, es "saquen sus rosarios de nuestros ovarios". Las consignas de la actual Campaña Nacional por el Derecho al Aborto son: "Educación Sexual para decidir, Anticonceptivos para no Abortar, Aborto Legal para no Morir". En la última marcha por la despenalización del aborto realizada en la Ciudad de Buenos Aires uno de los cantos fue "Borombombón, mi cuerpo es mío: mi decisión!". Estas consignas están orientadas, según las feministas, a denunciar las actuales políticas de salud sobre reproducción y los reclamos pretenden la garantía de que la "decisión" acerca de la

---

[12] Esto puede explicarse, al menos parcialmente, desde el análisis histórico que Moore (2003) hace del desarrollo de las categorías de género y sexo en las últimas décadas en las ciencias sociales. En su origen la definición de género aludía a los significados culturales construidos sobre diferencias biológicas entre hombres y mujeres. En este sentido fue pensada para diferenciarse de la supuesta determinación biológica de la categoría sexo. Así, el interés de los estudios de género hasta fines de los 80 estuvo centrado en esta categoría, excluyendo al sexo como una dimensión analítica relevante. En palabras de la autora "Si los años 70 y 80 establecieron que el género existía, los últimos años de los 80 sugirieron que el sexo no".

reproducción humana sea de cada mujer. Es habitual escuchar o leer en cuadernillos de "capacitación" sobre "salud sexual" que "cada mujer tiene derecho a decidir cuándo, cómo y cuántos hijos desea tener" así también como "cuándo, con quién y en qué circunstancias tener relaciones sexuales". En tanto las feministas consideran que cada mujer es "dueña" de su cuerpo, esta decisión debe ser individual. Las disputas acerca de quién "decide" sobre la reproducción son definidas por las feministas como una "cuestión política". "Decisión" y "autonomía" son palabras que han ido adquiriendo un lugar central en lo que las feministas consideran una forma de hacer política. A partir de un examen minucioso de los espacios del feminismo es posible desprender de los datos recogidos en el trabajo de campo importantes puntos de reflexión que enunciaré brevemente en los dos apartados siguientes.

Nociones de persona, nociones de mujer

En este trabajo tendré como marco de referencia, para llevar adelante la discusión acerca de la construcción de los significados de la categoría mujer, el debate dentro del campo de la antropología social sobre la noción de persona (Mauss, M. 1979; Geertz, C. 1988; 1994; Dumont, L. 1977, 1985; Strathern, M. 1984)[13]. La definición que las feministas dan de "mujer", basada en la individualidad, en una idea de autonomía y en el eslogan *lo personal es político*, permite establecer una relación entre nociones de mujer, nociones de persona y la definición que ellas dan de política. Sitúo la discusión sobre nociones de mujer y de persona en un plano de referencia amplio y parto de la consideración de que los argumentos más importantes a partir de los cuales se constituye lo que las mujeres militantes denominan *feminismo* es un desdoblamiento de la ideología individualista (Franchetto. et. al., 1980:35)[14]. Louis Dumont muestra en sus trabajos el individualismo como el sistema de representaciones dominante en las sociedades modernas y lo considera una ideología que toma la noción de igualdad como valor y niega la jerarquía[15]. El indivi-

---

[13] Es importante señalar aquí que a partir del texto clásico de Marcel Mauss publicado en 1938 se inició dentro de la antropología una línea de trabajo sobre la noción de persona que ha sido la base de una producción que actualmente es muy vasta y a partir de la cual se ha explorado este tema en los más variados contextos etnográficos.

[14] Dado que la palabra "individualismo" es utilizada a menudo como categoría de acusación, quiero resaltar que no la uso aquí en ese sentido, sino como categoría teórica.

[15] Considero necesario definir qué entiende Dumont por ideología, ya que su sentido se diferencia notablemente de la tradición marxista a partir de la cual este concepto se ha popularizado: "La definición de ideología que tomo se basa en una distinción no de

dualismo sería el resultado de un largo proceso de autonomización de las esferas (política, económica, religiosa, psicológica) de la sociedad. Según Franchetto, B; Cavalcanti, M. e Heilborn, M. (op.cit., 1980) el feminismo expresaría otro desdoblamiento de la ideología individualista, en este caso en un dominio que se ha mostrado resistente a la destotalización: la familia. Cito a continuación trechos del libro *La pasión por la libertad. Memorias de una feminista*, de María Elena Oddone (Oddone, 2001), una figura controvertida del feminismo en Argentina, cuya militancia más activa se dio en los años setenta y ochenta[16]. Su relato retrospectivo muestra de manera ejemplar cómo *argumentos feministas*, que fueron construidos de manera colectiva, son utilizados para dar sentido a experiencias personales críticas y redefinir identidades. Sus palabras también marcan oposiciones donde aparecen diversos sentidos de mujer (mujer casada, madre de familia, yo misma, yo como persona) que ella diferencia e intenta reubicarlos desde *argumentos feministas*:

> **Fue difícil darme a luz a mí misma**, mucho más que dar a luz a mis hijos. Mi cuerpo estaba preparado para la maternidad. Mi mente no lo estaba para la libertad. Tuve que aprender. Es lo que cuento en este libro. Cómo me convertí en una persona que coloca su orgullo por encima de su condición sexual (…) Soy una de las pioneras del Movimiento Feminista que comenzó aquí en 1971. Fui fundadora y editora de la revista feminista "Persona". Le puse ese nombre porque nuestra condición de personas ha sido avasallada desde siempre (13). (…) **Yo había deseado a mis hijos. Pero ese deseo no era producto de un acto consciente y voluntario.** (…) En vísperas de salir de vacaciones fui a la librería donde compraba habitualmente a elegir un libro. (…) El empleado puso en mis manos los dos tomos del "Segundo Sexo". (...) **El empleado me seguía**

---

contenido sino de punto de vista. No considero la ideología como aquello que sobra del recorte de lo que se supone verdadero, racional y científico, sino por el contrario como todo aquello que es socialmente pensado, creído, a partir de la hipótesis de que todo eso constituye una unidad viva, escondida bajo nuestras distinciones habituales. La ideología no es aquí un residuo, sino la unidad de la representación, una unidad que no excluye, la contradicción y el conflicto" (Dumont, 1977:31. Mi traducción)

[16] Según datos autobiográficos María Elena de las Mercedes Oddone nació en Córdoba en 1927. Su padre era ingeniero civil y su madre ama de casa, en su familia se practicaba la religión católica. Cuenta que su madre asistía a misa vestida con el hábito blanco de la orden religiosa de la Merced. Su padre pertenecía al partido radical y su tío Gabriel Oddone era médico y fue senador por la provincia de Córdoba. Por motivos de trabajo de su padre se muda a Capital Federal en 1937. En 1944 se recibe de maestra el mismo año que su novio, quién sería más tarde su esposo, se recibió de alférez aviador militar. Cuenta que se casó a los 19 años y en los primeros seis años de matrimonio nacieron sus cuatro hijos. Se separó 20 años después, según su argumento hubo un antes y un después en su vida cuando leyó el *Segundo Sexo* de Simone de Beauvoir.

con los dos tomos en la mano mientras me hablaba de Simone de Beauvoir. Estaba lejos de imaginar que ese vendedor era el destino que ponía en mis manos los libros que marcarían otro rumbo a mi vida. (64)

En la playa comencé por el segundo tomo, en el capítulo la mujer casada. Me sentí deslumbrada. Vi escrita mi vida de mujer casada y madre de familia. En un lenguaje claro, directo, estremecedor, **se contaba allí mi propia historia. Allí estaban las respuestas a tantas preguntas que yo me hacía y a las que respondía solo con mi angustia. En esas páginas encontraba la explicación de esa sensación de vacío, de desasosiego que sentía a menudo y que yo combatía** como algo culposo diciéndome que si tenía todo para ser felíz y no lo era, la falla estaba en mí. (…) **De la mujer que realiza ese trabajo, yo misma, Simone decía**: "Por respetada que sea, es una subordinada, secundaria y parásita. La dura maldición que pesa sobre ella consiste en que no tiene en sus manos el sentido mismo de su existencia". Se tambaleó el pedestal en el que yo creía estar situada como reina del hogar, mujer maravilla y gran diosa madre.

Dice Betty Friedan: "**Hay facetas del papel de ama de casa que hacen imposible que una mujer de inteligencia plenamente desarrollada pueda conservar el sentido de su individualidad, del firme núcleo de su ego o de su yo, sin el cual ningún ser humano está verdaderamente vivo**" (70).

Estaba cada día más segura de que mi vida sería lo que yo hiciera con ella. **Avanzaba en mis pensamientos tomando posesión de mí misma** (84). Mi poder estaba en haber tomado la decisión más importante de mi vida, prescindir de él, cambiar un estilo de vida que no me hacía feliz por otro donde yo decidiría lo que quería hacer. **Mi poder era el poder bien empleado, el autoafirmativo, el que me daba confianza en mi destino** (86). **Salir de la familia equivale a penetrar en nosotros mismos** (87). Ellos ?sus hijos? no veían en mí una persona que había decidido sobre su propia vida, sino una madre que les había fallado. **Me di cuenta que para mis hijos yo no era un persona, era una madre**, otra categoría que no tiene nada que ver con la categoría "persona", más bien es lo opuesto de persona (100) (Oddone, 2001). (destacado mío).

En el relato que María Elena hace en el libro de toda su vida (la relación con su madre, su marido, sus hijos, el trabajo doméstico) adquiere un nuevo sentido al ser ordenada a partir de los términos acuñados por intelectuales como Simone de Beauvoir, Betty Friedan, Eric

Fromm, Virginia Woolf y Hannah Arendt[17]. No es mi objetivo en este trabajo profundizar sobre la obra de Dumont, ni sobre las diversas formas sociales en las cuales es posible encontrar trazos característicos de la ideología individualista en las sociedades denominadas modernas, sino mostrar cómo las mujeres feministas hacen uso del repertorio de argumentos individualistas tanto para dar sentido a una nueva identidad como para desarrollar formas de acción política que priorizan valores de igualdad y autonomía[18].

¿Cuáles son las características de una noción individualizada de persona? En "Las concepciones cristianas y modernas de la persona: paradojas de una continuidad" Dias Duarte y Giumbelli (1993) abordan la noción de persona proponiéndose localizar las líneas que unen concepciones cristianas y modernas. Consideran que en el cristianismo, la noción de un alma individual y universal asociada a un monoteísmo trascendente conduce a una relativización inédita del mundo (Dias Duarte y Giumbelli, 1993:85). En este punto los autores citan a Durkheim quién se expresa de la siguiente manera respecto de esta novedad: "Mais ignoret-on que l'originalité du christianisme a justement consisté dans un remarquable développement de l'esprit individualiste? (....) Le centre même de la vie morale a été ainsi transporté du dehors au dedans et l'individu érigé en juge souverain de sa propre conduite, sans avoir d'autres comptes à rendre qu'à lui-même et à son Dieu" (Dias Duarte y Giumbelli, op. cit.). El rasgo central de este nuevo personaje residiría en su voluntad, que lo torna al mismo tiempo rival e interlocutor de Dios excluyendo de esta relación –entre alma individual y divinidad– al mundo. Las características del individualismo no solo hacen posible una relativización del mundo, sino que privilegian una versión interiorizada de la identidad. Así, en la militancia feminista de los años setenta la identidad y la crítica a la realidad se construyen en las prácticas de introspección y reflexividad en las que se examinaban y se recodificaban los sentidos de las pro-

---

[17] Su experiencia, contada en este libro autobiográfico, es de las más radicales que he escuchado. Según su propio relato, dieciséis años después de su separación, el esposo utilizó como argumento para pedir el divorcio su "militancia feminista", la que pudo probar a partir de recortes de diarios y revistas donde María Elena había sido entrevistada o había escrito algún artículo de opinión. Fue "expulsada" (según sus palabras) del movimiento feminista y según la versión de otras otras feministas "aislada por intentar imponer su liderazgo y por oponerse a la política de derechos humanos".

[18] Según Franchetto, Cavalcanti e Heilborn "La lógica que postula que las mujeres son iguales entre sí, en la biología y en la historia de opresión, cuando es trasladada para el plano de la organización política, se expresa a través de la tentativa de radicalizar la práctica democrática" (Franchetto. et. al., 1980:41).

pias experiencias. Estas mujeres consideraban necesario reflexionar y mirar dentro de sí mismas para saber "verdaderamente" qué querían. La recuperación del deseo personal, del "propio yo" y del "propio cuerpo" son algunas de las reivindicaciones que las feministas consideran políticas. Esto pone el acento en la autonomía y define al mismo tiempo cierta forma de las prácticas. Teniendo en cuenta las particularidades de la ideología individualista es posible comprender desde otro punto de vista las formas de relación que caracterizan al *feminismo*.

De las características de la ideología individualista me interesa rescatar tres puntos: la relativización del mundo, la versión interiorizada de la identidad y el conflicto como forma de reconocer al "otro" (Dumont, 1985:277). El primer punto está estrechamente relacionado con las propiedades sociales de las feministas que tienen en su mayoría un capital cultural que les permite una reflexión aguda acerca de su conocimiento del mundo y transmitirla a partir de un lenguaje altamente sofisticado. El segundo punto será de utilidad para comprender la importancia de la individualidad tanto en el "ser feminista" como en la forma social que adquiere el *feminismo*. Las diferentes maneras de vivir la identidad son utilizadas para accionar un sistema de afinidades y acusaciones que configuran una personalidad colectiva (el feminismo/los feminismos) en la cual las feministas encuentran también una identificación personal. Finalmente, el último punto me permitirá mostrar cómo los espacios feministas se conjugan bajo una formación social que encuentra en el conflicto un modo privilegiado de relación.

Oposiciones y conflictos

Gran parte de la literatura que trata sobre *movimientos sociales* y *movimientos de mujeres* en Argentina ha privilegiado un punto de vista que opone avances y retrocesos o éxitos y fracasos del *movimiento* frente al *Estado* o frente a una *ideología conservadora*[19]. La mayoría de los análisis dedicados al *movimiento de mujeres* se han ocupado de mostrar el trabajo político de movilización y en líneas generales no han tenido en cuenta el

---

[19] Elizabeth Jelin describe de esta manera el *movimiento de mujeres* en Argentina "A nivel nacional el retraso es enorme, especialmente en lo que hace al reconocimiento y legitimación del problema desde el estado, así como la implementación de acciones y programas concretos. Las orientaciones ambiguas en el peronismo gobernante del 73-76 y la dictadura militar posterior, no solo no permitieron avanzar, fueron momentos de retroceso. Pero la sociedad no se detiene. Junto al proyecto autoritario de continuidad del régimen fueron surgiendo focos de resistencia y proyectos alternativos. Las mujeres fueron, en esto, protagonistas fundamentales en diversos frentes de lucha" (Jelin, 1985:33).

trabajo (para las feministas también político) de unificación-oposición que se da a partir de experiencias compartidas y que posibilita la existencia del feminismo como tal[20]. Esta lógica ha oscurecido la importancia de las propias formas de organización de los denominados *movimientos*. Este será mi desafío en las páginas que siguen. Pretendo abrir una perspectiva de análisis para pensar el feminismo desde un punto de vista que ha sido poco explorado. En vez de analizar el *movimiento feminista* en oposición al Estado o a un "sistema patriarcal", y en vez de contraponer una "política feminista" a una "política androcéntrica", propongo mirar al *feminismo* en sí mismo y tratar de comprenderlo en sus propios términos.

Dado que las oposiciones, acusaciones y fragmentaciones son una constante dentro del *feminismo*, propongo analizar el conflicto como una forma de relación tan necesaria como el consenso y no como ausencia de relación o una relación negativa, patológica o anómica. Mi interés no es cuestionar por qué se producen los conflictos en el *feminismo* y cuál sería la mejor forma de evitarlos, sino más bien mostrar el funcionamiento de una forma social donde el conflicto tiene un lugar preponderante. Sugiero, siguiendo a George Simmel (2002:142), que el conflicto tanto como la armonía deben ser entendidas como dos caras de la misma realidad y que es necesario otorgarle a ambas el mismo valor. De acuerdo con este autor, todas las formas sociales aparecen bajo nueva luz cuando son examinadas desde el ángulo del carácter positivo del conflicto. Así, solamente la indiferencia sería puramente negativa, mientras que el conflicto siempre contiene algo positivo.

* * *

Simmel inaugura con su teoría del conflicto una tradición, tanto en antropología como en sociología, donde el mismo comienza a estar presente en el análisis, ya no como un elemento meramente disruptor de la unidad social, sino como una verdadera forma de socialización. Dentro de la antropología, particularmente en los estudios dedicados a la política, tanto las teorías sobre segmentaridad como los trabajos dedicados a las facciones podrían ser situados dentro de esta perspectiva. En el primer caso el rol de las rivalidades y las relaciones de amistad, como formas complementarias que constituyen un sistema que se equilibra a largo plazo, ha sido trabajado por Meyer Fortes y E.E. Evans Pritchard en el libro clásico *Sistemas políticos africanos* (1941), momento a partir del cual

---

[20] *Movimiento de mujeres* y *feminismo* no son sinónimos, sin embargo las *feministas* también participan del denominado *movimiento de mujeres*. Hago referencia a este último debido a que la bibliografía es más basta en relación a él que al *feminismo* en sí mismo.

introdujeron la noción de segmentaridad en el pensamiento antropológico. Más tarde la teoría de la segmentaridad sería discutida y redefinida con el aporte de muchos otros autores, incluyendo sus propios creadores[21]. Uno de los puntos de debate más importantes acerca de la segmentaridad trata sobre su "morfologismo", es decir, la segmentaridad como un modo específico de organización social. Esta característica dejaría fuera del análisis por un lado los valores que pudieran influenciar esa forma de organización y por otro los aspectos funcionales de la misma. A comienzos de los 60 el movimiento procesualista de la antropología social británica abre una discusión que coloca el acento en la diferencia entre proceso y morfología, substituyendo la noción de grupo por las de redes y procesos, y dando mayor atención a las interacciones sociales concretas (Goldman e Palmeira, 1996). Finalmente, la noción de segmentaridad, pensada originalmente para comprender la política en sociedades "sin estado", es actualmente reconocida como un aspecto universal de la vida política y se ha convertido en un instrumento útil para analizar la política en diferentes contextos incluidas las sociedades "con estado" (Herzfeld, 1987; 1992).

En cuanto a los trabajos sobre faccionalismo considero pertinente hacer aquí una breve referencia. La definición de las facciones como unidades de conflictos que se accionan en momentos específicos (Palmeira, 1996:43) ha sido de utilidad para pensar el feminismo. Esto permite, según mi punto de vista, introducir el tiempo como un elemento vital para comprender el lugar de la armonía y el conflicto como parte de una misma relación. Adrián Mayer (1977) destaca como un rasgo distintivo de las facciones el ser activadas en ocasiones específicas, mas que el hecho de ser mantenidas por una organización formal. Esta característica está en consonancia con la definición de política dada por Marc Swartz (1968), donde el autor pone el acento en los eventos más que en las estructuras formales[22]. Por otro lado, el hecho de que las facciones no constituyan grupos corporados no significa que las mismas no puedan perdurar por un largo período de tiempo (Nicholas, 1977. *Apud.* Palmeira op.cit.).

* * *

---

[21] Sobre este punto ver Goldman, Marcio (2001) *Segmentaridades e movimentos negros nas eleições de Ilhéus.*

[22] Según Swartz (1968:1-2), "'Politics', as I use the term, refers to the events which are involved in the determination and implementation of public goals and/or the differential distribution and use of power within the group or groups concerned with the goals being considered. (…) The definitions of 'politics' that I am advancing attributes no special significance to government or any other particular type of structure".

Además de los trabajos citados sobre segmentaridad y faccionalismo hay cuatro autores que, de distinta manera, fueron una inspiración de vital importancia para comprender el feminismo desde el punto de vista que aquí lo presento. En primer lugar Georges Simmel, al cual ya me he referido, y junto con él Edmund Leach, Norbert Elías y Gregory Bateson. Estos autores han introducido en las ciencias sociales conceptos que no reconocen la existencia de grupos o identidades fijas, sino que ponen el acento en las relaciones y en el carácter inestable de las mismas. Los conceptos que quiero recuperar como herramientas heurísticas importantes para este trabajo son interacción y formas de interacción de Simmel, interdependencia y configuración de Elias y cismogénesis y ethos de Bateson.

La interacción en Simmel es siempre una relación mutua y múltiple que produce efectos mutuos, una especie de tejido que se teje continuamente. Por esta razón a partir de cualquier tipo de interacción es posible entrar en el entramado social. Así, Simmel considera que la sociología debe dedicarse no sólo al análisis de aquellas formas sociales que ya están cristalizadas (corporaciones, formas familiares, asociaciones sindicales), sino también a formas de relación y modos de interacción que, en apariencia, serían insignificantes. Estas interacciones deben, según el autor, ser consideradas como "formas formadoras de la sociedad". El concepto de figuración de Elias comparte con Simmel el significado de lo social como un conjunto de relaciones. En este sentido en las propuestas de ambos autores desaparece la oposición entre individuo y sociedad. Lo que hace a la sociedad son las relaciones que se establecen entre los individuos. Al mismo tiempo que los individuos solo existen en la sociedad. Para Elias en tanto los hombres son dependientes unos de otros y se orientan unos en relación a otros, sólo existen en cuanto pluralidades, apenas en figuraciones. Los términos acuñados por ambos autores rechazan también el concepto de causalidad. Elias utiliza el término correspondencia para referirse a que a la transformación que ocurre en una dimensión "corresponde" una transformación en otra. Tanto el concepto de interacción como el de figuración dan cuenta de relaciones y no de substancias.

También en Bateson, al igual que en Simmel y Elías los conceptos de individuo y sociedad no aparecen como opuestos en tanto considera que "nuestra disciplina se define en términos de las reacciones de unos individuos a las reacciones de otros individuos" poniendo énfasis en la interdependencia de las relaciones. A través del concepto de cismogénesis llama la atención acerca de la interdependencia de los vínculos tanto entre individuos como grupos. En la definición de cismogénesis simétrica el autor identifica el alarde como modelo cultural de comportamiento de un grupo, donde otro grupo respondería también con alarde produciendo así una situación competitiva en la que el alardeo derivaría en más alardeo produciendo un cambio progresivo (Bateson, 1990:199).

Además, la introducción de la noción de "ethos" para referirse a los "énfasis emocionales de una cultura" también pone de manifiesto el interés de este autor en considerar las emociones (habitualmente pensadas como un aspecto individual y/o subjetivo) como un elemento ineludible en la comprensión de una cultura.

En cuanto a la obra de Edmund Leach *Sistemas Políticos de la Alta Birmania* (1954) considero que se trata de una referencia teórica significativa en tanto incorpora las hostilidades como sociológicamente productivas sin que esto presuponga la existencia de un sistema en equilibrio que reproduzca las formas de organización. Leach llama la atención acerca de un equilibrio esencialmente inestable donde los procesos de fisión y reagrupamiento dan lugar a la emergencia de estructuras sociales nuevas y de un tipo diferente al que existía anteriormente. Por otra parte llama la atención sobre la inestabilidad en el tiempo de la organización kachin.

En un registro de discusiones más contemporáneas, y más cercanas al tema específico de este trabajo, se ubican las reflexiones de Rogers Brubaker (2001) acerca del término identidad. El autor observa que este concepto, especialmente a partir de los 90, es utilizado al mismo tiempo como categoría de la práctica social y política y como categoría de análisis. Según su diagnóstico el problema residiría en la confluencia no controlada de acepciones sociales y sociológicas en el significado de esta palabra. Dada la ambigüedad del término en tanto concepto analítico, Brubaker propone desdoblarlo y reemplazarlo por otros conceptos menos cargados. De los tres grupos que propone destacaré aquí solamente dos: "identificación y categorización" y "autocomprensión y localización social". Identificación y categorización son términos que implican una actividad y un proceso, que derivan de verbos y evocan actos específicos de identificación y de categorización llevados a cabo por "identificadores" y "categorizadores" particulares (Brubaker, 2001:77). Mientras que el término autocomprensión permite introducir en el análisis una visión particularista del yo y de su ubicación social, centrales en las dinámicas feministas. Según Brubaker (op.cit), autocomprensión es definido como un término "disposicional" que designa lo que podría denominarse "subjetividad situada", es decir la concepción que cada persona tiene de lo que es, de su ubicación en el espacio social y de cómo se prepara para la acción.

Por otra parte, la manera en que el feminismo se constituye en su dimensión colectiva es análoga a lo planteado por Boltanski en su estudio sobre la construcción de "les cadres", en Francia, como grupo social. Boltanski muestra, entre otras cosas, que los materiales que un agente singular pone en obra son producto de un trabajo colectivo y que la constitución del grupo es producto, al menos parcialmente, de un trabajo social de unificación comparable al trabajo político de movilización (Boltanski, 1982). En este sentido, considero que tanto la historia de las categorías verbales, como de las oposiciones y los conflictos entre las *feministas* es también la historia del *feminismo* y de la construcción de sentidos y significados compartidos que desaparecen, permanecen marginales o llegan a imponerse.

Finalmente, quiero aclarar el uso de algunos de los conceptos mencionados que apareceran frecuentemente a lo largo de este libro. Utilizaré espacio social como un concepto descriptivo que de cuenta de la heterogeneidad de lo que denomino "espacio del feminismo". Los términos forma social o formación social serán incorporados para dar cuenta de cómo la interrelación entre feministas está basada en oposiciones y acusaciones como maneras de reconocimiento y articulación. Mientras que el concepto de figuración, tomado de Elias, como un tipo específico de relación de interdependencia y tensión donde el conflicto y las tensiones son centrales, en este caso, para sostener una noción de persona y de mujer definida por la individualidad, la autonomía y una forma de entender la política a ellas asociada. El concepto de figuración, tal como es utilizado por este autor, tiene la particularidad de incluir a los seres humanos en su formación siendo su rasgo característico la interdependencia de unos con otros. Sin embargo, no se trata solo de una sumatoria de personas, sino que las figuraciones siempre tienen una forma determinada.

Buscando el campo

Dado el título de este libro, *Feministas en todas partes*, no podía dejar de incluir en la introducción un apartado que hiciera referencia al "lugar" donde realicé mi trabajo de campo. Si bien actualmente algunos trabajos discuten la pertinencia de la etnografía clásica en un contexto histórico en que los lugares de observación parecerían cada más difícil de ser situados, considero que uno de los puntos centrales a tener en cuenta en el ejercicio de una reflexión crítica al momento de definir el "sitio" del trabajo de campo es el punto de vista desde el cual pensar el problema de investigación[23]. En mi caso, considero que la definición del "dónde" del trabajo de campo quedó resuelta en el momento en que definí el "cómo" de mi tema de investigación. ¿Cómo pensar al *feminismo*? ¿Desde qué punto de vista?

Tanto *Sistemas Políticos de la Alta Birmania* de Leach (1954) como *Naven* de Bateson (1936) desafían la concepción de una etnografía clásica donde el trabajo de campo se concibe solamente a partir de un "lugar" geográfico definido y un tiempo delimitado. Estos autores introducen una provocación que no se refiere solamente a una mera razón metodológica, sino que implica un cuestionamiento a los supuestos sobre el carácter de la realidad social. En este sentido *Naven* no responde al modelo de realismo etnográfico propio de las monografías funcionalistas de la época, ni se somete a la mística del trabajo de campo. Es más, su autor declara abiertamente que la observación participante fue deficiente y fragmentaria. Bateson no privilegia ni el diálogo con las personas involucradas en las realidades observadas ni sus experiencias, sino la interacción entre las personas y las bases inconscientes de la percepción. Define su trabajo como "una descripción de cierto comportamiento ceremonial del pueblo Iatmul de Nueva Guinea" (Bateson, 1990:18) sobre la base de tres dimensiones simultáneas en las que incorpora la expresión de los estados emocionales, una suma de proposiciones ideales y una estructura cultural en función de las relaciones sociales. Más allá del conocimiento que pueda aportar sobre las ceremonias Iatmul, el autor sugiere nuevos métodos sobre cómo pensar problemas antropológicos. Por su parte Leach (1976:14) justifica que el capítulo 5 de su libro "Las categorías estructurales de la sociedad *gumsa* kachin" esté situado entre una descripción relativamente breve de una comunidad kachin directamente observada y una serie de capítulos que contienen testimonios etnográfico de segunda mano, con una declaración en la cual manifiesta que "no considero que los sistemas sociales son una realidad natural. En mi concepción, los hechos de la etnografía y de la historia sólo pueden *parecer* estar ordenados de forma sistemática si imponemos sobre estos hechos una invención del pensamiento".

---

[23] Para el caso de la realización de trabajo de campo con ONGs internacionales y la dificultad de definir lugares de observación ver por ej. Dauvin, P. & Siméant, J. (2002) y Marcowitz, L. (2001). Sobre el lugar del trabajo etnográfico en los estudios sobre "movimientos sociales" ver Edelman, M. (2001). Para una reflexión más profunda sobre este tema, que incluye el status del trabajo de campo en la disciplina y las implicaciones de la selección de sitios o áreas de investigación en la producción de conocimiento antropológico, ver Gupta, A. & Ferguson, J. (1997).

Al tomar como objeto el *feminismo* se presentaba ante mí una multi-plicidad de lugares posibles de observación. Por esa razón, los referentes empíricos de esta investigación han sido variados e itinerantes. La impo-sibilidad de definir un único, o más o menos homogéneo, lugar de ob-servación no está relacionada solamente con un problema geográfico, sino también con la necesidad que mi punto de vista me imponía de transitar diversos espacios, eventos y narrativas para comprender lo que aquí denomino como feminismo[24]. Como plantea Elias, los problemas solamente podrán comenzar a recibir solución si comprendemos que las unidades observadas poseen particularidades imposibles de dedu-cir de las particularidades de sus partes (Elias, 1990:46). Considero que, en tanto espacio social heterogéneo y basado en oposiciones, el feminismo sólo es completamente inteligible en términos de las inte-racciones que presupone[25].

Así, he privilegiado el análisis de los contextos de la *militancia feminis-ta,* donde las interacciones adquieren densidad, y a las feministas en tanto *militantes.* Es decir, que no me ocupé de insertar consistentemente a estas mujeres en sus mundos sociales y personales, donde además de feministas son también familiares, hijas, vecinas, esposas, hermanas, amantes. Por esa razón defino este trabajo como una etnografía de even-tos, narrativas y espacios en los cuales las feministas interactúan, desplie-

---

[24] Entre los lugares donde realicé mi trabajo de investigación se encuentran el Senado de la Nación, donde entrevisté a feministas que allí trabajaban; la Facultad de Filosofía y Letras de la Universidad de Buenos Aires para cursar un seminario sobre "historia argentina desde el punto de vista de las mujeres"; la ciudad bonaerense de Tandil, donde se realizó el último Encuentro de Mujeres Feministas; las páginas de internet con sitios feministas y ONGs de mujeres; la Casa de Jujuy en la Ciudad Autónoma de Buenos Aires, para reclamar por la libertad de Romina Tejerina; los seminarios de género y política organizados por la Unión de Mujeres de Argentina (UMA); las marchas por la despenalización del aborto y el Día Internacional de la Mujer; las ciudades de Rosario, Mendoza y Mar del Plata para asistir a los multitudinarios Encuentros Nacionales de Mujeres; los seminarios financiados por agen-cias internacionales y realizados en las salas del edificio del Congreso de la Nación; los "Desayunos de Mujeres" organizados por la ONG Mujeres en Igualdad (MEI); inauguracio-nes de Centros de Atención a las Mujeres en la provincia de Buenos Aires; entrevistas en casas particulares; lecturas de publicaciones feministas y reuniones en bares para definir "estrategias de acción".

[25] En tanto una de las características del feminismo es su alto grado de fragmentación y la existencia de espacios diversos donde las feministas organizan acciones militantes, inevita-blemente muchas personas, organizaciones y también puntos de vista, no aparecerán en este texto. Por esta razón, quiero aclarar que mi objetivo no fue hacer un mapa exhaustivo de todas las posiciones, agrupaciones y personas que se consideran parte del feminsmo, sino hacer hincapié en la manera característica que adquieren las relaciones que articulan a las feministas entre sí y resaltar su importancia para comprender al feminismo como una forma particular de agrupamiento.

gan sus argumentos, se enfrentan, consensúan, critican los términos que definen la realidad y los reemplazan por otros nuevos que utilizan con toda naturalidad, arman y desarman grupos, piensan estrategias de acción, establecen amistades y enemistades, delimitan territorios.

Este trabajo está construido sobre la base de tres registros diferenciados, pero que existen simultáneamente: una dimensión centrada en la individualidad y las emociones orientada a definir y redefinir categorías de percepción de la realidad; otra en un conjunto de proposiciones y valores ideales (como la "igualdad", la "autonomía" y los "derechos") y la última en una manera de articulación de las relaciones que, examinada desde una perspectiva histórica, permite vislumbrar una forma social particular. Así, el capítulo 1 está orientado a mostrar el valor de la individualidad para convertirse en *feminista*. Comienzo con relatos personales de conversión de reconocidas feministas publicados en revistas y libros. Luego hago una descripción etnográfica de un taller de iniciación al *feminismo* donde pongo de relieve el uso de técnicas y de un vocabulario específico, similares a los que aparecen en los relatos individuales. Finalmente, describo contextos donde el uso de las palabras es central para mostrar una identidad feminista en tanto la misma requiere de una recodificación de las categorías cognitivas de percepción y una conversión de la visión del mundo.

En el capítulo 2 describo uno de los espacios del feminismo, el Encuentro Nacional de Mujeres Feministas, donde se realiza un trabajo de unificación para crear la constitución de un "nosotras" y donde se enuncian y adquieren sentido los argumentos de la causa por *las mujeres*. En este contexto adquieren pleno sentido valores tales como autonomía, igualdad y horizontalidad, incluyendo las formas en que son organizadas las actividades. El conflicto aparece entonces, en algunos momentos, como una manera de reconocer la diferencia y borrar las jerarquías.

En el capítulo 3 analizo *los feminismos*, poniendo el acento en la heterogeneidad que caracteriza internamente este espacio social que en un determinado momento profundiza algunas de sus oposiciones y categorías de acusación. Presento relatos y discusiones sobre "qué es ser feminista" y, en especial, "quién es más feminista", y describo los juegos de oposiciones y las dinámicas de acusaciones como formas de sostener las diferencias y reconocer la igualdad entre las feministas que se han convertido en referentes en los diversos espacios que conforman el feminismo. Además, detallo oposiciones, a las que denomino "otras oposiciones", que si bien aparecen dentro del espacio del feminismo, no se integran de manera plena a la dinámica de acusaciones.

En el capítulo 4 profundizo la importancia de la dimensión internacional que aparece mencionada en capítulos anteriores en el análisis de vocabularios, bibliografías, encuentros y trayectorias. Indago las distintas formas de la vinculación internacional en la conformación del feminismo a través del tiempo. Intento mostrar también cómo esta dimensión influencia el proceso de unificación-oposición del feminismo, introduciendo los elementos que ocasionan una de las oposiciones más acentuada en el feminismo no sólo de Argentina, sino de América Latina, donde lo nacional y lo internacional se entrelazan para modificar las posiciones de poder de las feministas dentro del feminismo.

En el capítulo 5 analizo el Encuentro Nacional de Mujeres como un ritual en el cual las feministas se insertan en un espacio más amplio que el feminista y confrontan e intercambian opiniones y experiencias con "otras mujeres". Retomo las características del espacio del feminismo, con todas sus tensiones y complejidades, en una puesta en escena en un espacio de *mujeres* (no solo feministas) y en oposición a *las católicas*. Se trata de la descripción de un evento crítico que, cada año en un lugar diferente del país, condensa numerosos y diversos significados.

Finalmente, es necesario advertir que a lo largo de este trabajo no identifico a la mayoría de las personas que han dado su testimonio. Solamente lo hago en aquellos casos en que sus nombres ya han sido mencionados en otros espacios públicos (páginas de Internet, revistas, libros).

CAPÍTULO 1

De lo individual a lo colectivo, de lo particular a lo general, de lo personal a lo político

La palabra y su circulación modelan la esfera
pública aún más que el espacio material.
Michelle Perrot

En las páginas que siguen hago un análisis de narrativas feministas. Hay dos puntos que me interesa resaltar con relación a su construcción. En primer lugar, pondré el acento en cómo los relatos sobre qué es el feminismo y qué es ser feminista muestran agenciamientos típicos (Fillieule, 2001) que se presentan bajo la forma de un devenir, un camino a recorrer, en el cual se parte de un cambio interior –donde el lenguaje de las emociones tiene un lugar central– para proponer luego un cambio exterior o social. En segundo lugar, me interesa detenerme en la importancia del lenguaje para dar sentido a estas experiencias: la circulación internacional de las palabras, un vocabulario que da sentido a experiencias individuales y los términos que articulan las formas de la *militancia*. El lenguaje es constantemente transformado y reformado y las feministas denuncian cuando consideran que las categorías, por ellas acuñadas, han sido vaciadas de significado. Tanto la modificación del "lenguaje convencional" como las "publicaciones feministas" donde estos relatos aparecen son parte de una estrategia que se propone articular una visión de mundo y lograr lo que las mujeres feministas denominan "visibilidad de las mujeres".

Este capítulo se divide en tres partes. La primera está construida sobre el análisis de publicaciones feministas. Especialmente de *Travesías 5*, re-

39

vista donde se traza una continuidad histórica en el feminismo en Argentina desde las agrupaciones de comienzos de los años setenta, que se disuelven por la irrupción del gobierno militar en el año 1976, hasta las que surgieron con un perfil diferente de sus militantes a fines de esa década y comienzos de los ochenta con el advenimiento del período democrático. Me propongo registrar el producto de un trabajo de enunciación en los testimonios de mujeres que se autodenominan feministas e "historias" de agrupaciones feministas. Focalizo mi atención en el vocabulario de motivos que articula los relatos de las experiencias militantes que se corresponden a su vez con nociones de mujer y de persona que son útiles también para explicar cómo estas militantes entienden y viven las prácticas que ellas denominan políticas. La gran mayoría de las mujeres feministas comparten la convicción de que sus ideas y sus acciones tienen un significado "político". Este sentido de la política se construye en oposición a la "política partidaria", caracterizada por ellas como *masculina, jerárquica y patriarcal.*

En la segunda parte, describo detalladamente la experiencia de un taller de "acercamiento al feminismo" que fue parte de las actividades del último Encuentro de Mujeres Feministas de Argentina realizado en 2003. Me interesa mostrar aquí la persistencia, desde los años setenta hasta la actualidad, de un vocabulario que es producto de experiencias colectivas y que preexiste a quienes lo enuncian. Formas de "acercarse al feminismo" que, a pesar de las transformaciones producidas a través del tiempo, perduran y sobre las cuales las feministas articulan lo que denominan una "reflexión sobre sí mismas". Allí intentan relocalizar las experiencias personales según formas y un vocabulario reconocidos. El análisis de este taller, donde las feministas tratan de resolver la forma de incorporar más mujeres al *feminismo*, me permite introducir algunos elementos para comenzar a comprender cómo y por qué *el feminismo* adquiere la forma social que lo caracteriza.

En la tercera parte analizo cómo algunos términos, acuñados en eventos internacionales que nuclearon a mujeres feministas de distintos países, fueron un eje articulador en la militancia. La importación de esos conceptos, dependiendo de quiénes los introdujeron y en qué contextos, influenciaron también la forma particular del *feminismo* en Argentina. Para esto me basé en publicaciones académicas. En este punto intento mostrar la circulación internacional de las palabras, la articulación entre ámbitos diversos (llamémosle académicos y militantes) y la relevancia que adquiere el hecho de que algunas militantes feministas posean un alto capital simbólico e intelectual que es transmitido en eventos y publicaciones.

1. "Feminismo por feministas": relatos de conversión

…la subversión politique présuppose une subversión
cognitive, une conversión de la vision du monde
Pierre Bourdieu

A medida que fue pasando el tiempo y compartí varias actividades con mujeres feministas identifiqué un lenguaje específico a partir del cual relataban sus experiencias. Comencé a reconocer este lenguaje desde el momento en que algunos términos se repetían en los relatos de la mayoría de ellas, en las conversaciones, en los eventos, en las reuniones. Luego, en la lectura de publicaciones, donde se registraban testimonios de militantes, encontré nuevamente el uso de ese lenguaje típico cuando emitían opinión sobre diversos temas y especialmente cuando se referían a qué es "ser feminista" y "qué es el feminismo".

¿Cuál es el valor de estos relatos para una investigación sobre formas de *militancia* y construcción de problemas sociales? Es necesario resaltar aquí que no considero los motivos enunciados en los relatos como principios o razones subjetivas que guían la acción de las personas, sino que los analizaré desde la perspectiva de un vocabulario de los motivos y una gramática de las movilizaciones (Fillieule, 2001; Trom, 2001).[26] El modo en que las militantes feministas formulan los motivos en el momento y la situación en que se realiza una entrevista (quién la realiza, con qué fines, para ser publicada dónde, la relación entre entrevistador/a y entrevistado/a) es producto de acuerdos que prescriben el contexto de enunciación. Así, las narrativas aquí analizadas deben ser consideradas como una forma de dar cuenta de una red de interpretaciones que orientan la manera en que las personas dan sentido a sus experiencias. Considero aquí los motivos como una verbalización que permite, en situación, producir justificaciones del comportamiento.

El eje a partir del cual articulé este punto son relatos publicados en el número 5 de la *Revista Travesías. Temas del debate feminista contemporáneo* que forma parte de los "Documentos del CECYM" (Centro de Encuentros Cultura y Mujer)[27]. Fue escrito por la socióloga Silvia Chejter, titular de

---

[26] En este punto tomo distancia de las teorías de la acción racional que consideran que los actores toman decisiones en función de un cálculo estratégico y de la teoría de la movilización de recursos que considera que las organizaciones de los movimientos sociales se convierten en actores que entran en competencia con un mercado de causas, clientes, posibilidades mediáticas y agencias administrativas.

[27] Este centro se conformó como una asociación civil en el año 1993 y funciona en la Ciudad de Buenos Aires. La asociación enuncia entre sus objetivos "articular la investigación

la cátedra *Teorías Feministas* y coordinadora del Área de Género de la Facultad de Ciencias Sociales de la UBA, autora de varios libros y artículos, algunos de ellos publicados en *Le Monde Diplomatique*. El número 5 de *Travesías* fue publicado en octubre de 1996 y se titula *Feminismo por Feministas. Fragmentos para una historia del feminismo argentino 1970-1996*. El título formula la continuidad que traza la autora entre las organizaciones feministas a pesar de ser una historia interrumpida en el país por el gobierno militar denominado Proceso de Reorganización Nacional. En la contratapa se enuncia que se trata de "25 años de la historia del feminismo en Buenos Aires a través de testimonios, fotos, volantes, consignas, entrevistas, encuestas, documentos".[28] La publicación, organizada en tres décadas (los setenta, los ochenta y los noventa), incluye relatos sobre la historia de las organizaciones, una encuesta realizada en 1984, que según Chejter hoy tiene el sentido de documento histórico, y otra llevada a cabo en 1996.

Los relatos del pasado son invocados como una forma de explicar las realidades del presente: "Es imposible entender dónde estamos hoy, si no miramos nuestra propia historia" (Chejter, 1996:65).[29] Es necesario situar estas narrativas en su contexto: se trata de respuestas de mujeres feministas a una investigadora feminista para ser publicados en una revista feminista y, posiblemente, leída mayoritariamente por feministas. Los relatos muestran ante todo los sentidos a partir de los cuales las mujeres entrevistadas ordenan sus testimonios marcados por una reflexión orientada por un cuestionario organizado en tres temas que fueron esbo-

---

académica con la acción comunitaria con la finalidad de contribuir a que las relaciones intergenéricas sean más igualitarias y no violentas". Entre las actividades figuran la investigación, publicaciones, asistencia técnica, documentación, capacitación, consultoría, prevención, difusión y asesoramiento institucional. Las fuentes de recursos de la asociación son la venta de publicaciones, agencias gubernamentales extranjeras y donaciones.

[28] La publicación se enuncia como parte de un programa llamado *NO es NO*, financiado por la fundación feminista del Partido Verde Alemán *Frauen Anstiftung*. Esta fundación financiaba proyectos dirigidos a mujeres e iniciativas del movimiento feminista en diversos lugares del mundo. A fines de la década de los ochenta se fusiona junto con fundaciones de apoyo al movimiento sindical y al movimiento ecológico en la Heinrich Böll Stiftung.

[29] En el esfuerzo de integración de las acciones militantes desde los setenta hasta la actualidad, no se mapean de la misma manera las acciones de todas las mujeres, ni agrupaciones feministas y todos los acontecimientos no adquieren la misma relevancia. Hay un proceso de selección, aunque no explícito, en el que las mujeres que recuerdan con mayor precisión sucesos, nombres y fechas, las que han construido archivos personales con materiales que permiten testimoniar los hechos y las que adquirieron mayor dominio del lenguaje y de la escritura tienen mayores posibilidades de influir en la conformación de la configuración significativa de la experiencia colectiva de *militancia feminista*, como así también sus nombres tienen mayores posibilidades de no caer en el olvido.

zados por la investigadora: *Ser feminista*, *El feminismo en Argentina* y *Feminismo y política*.

Los dos libros que tomaré como referencias complementarias, cuyas autoras también son feministas, son *Mujeres y feminismo en la Argentina* de Leonor Calvera (1990) y el libro autobiográfico de María Elena Oddone (2001) *Pasión por la libertad. Memorias de una feminista*, mencionado en la introducción. La primera fue una de las ex integrantes de la Unión Feminista Argentina (UFA) surgida en 1970. En la introducción de su libro declara: "Esta es la historia de UFA: sus comienzos, sus avatares internos, sus repercusiones en el exterior", allí aparece detallada la experiencia de los grupos de autoconciencia que funcionaron en los primeros años de la década del setenta.[30] Oddone fue fundadora en 1972 del Movimiento de Liberación Femenina (MLF) y en 1980 de la Organización Feminista Argentina (OFA). En su libro se propone contar, según consta en la presentación, "Cómo me convertí en una persona que coloca su orgullo por encima de su condición sexual".

El número 5 de *Travesías* es una fuente habitualmente citada entre las militantes cuando se trata de conocer la historia del *feminismo*. Compré la revista durante el último Encuentro de Mujeres Feministas en el estand de la *Librería de Mujeres*. Conversando con feministas de alrededor de treinta años me decían: "Ahí están todas las grandes del feminismo". Lo que muestra que las narrativas allí publicadas funcionan como trayectorias ejemplares o buenos ejemplos de lo que es ser feminista para militantes más jóvenes. La utilización de un lenguaje común para expresar las experiencias de cada una muestra que los testimonios, si bien aparecen como individuales, son producto de un trabajo de representación realizado a partir de las experiencias compartidas. De las trece feministas entrevistadas por Silvia Chejter en 1984, obtuve datos biográficos de diez de ellas. Ocho son profesionales universitarias y dos se definen como "escritoras" (aunque no fue posible hallar datos específicos sobre la obtención de un título universitario). Las diez tienen publicaciones, ya sean artículos de revistas o libros o revistas y libros propios. Las profesiones varían entre abogadas, psicólogas, fotógrafas, sexólogas y periodistas.

---

[30] En el *Diccionario Biográfico de Mujeres Argentinas* (Sosa de Newton, 1996), Calvera es presentada como escritora y traductora. Entre sus trabajos se mencionan traducciones de libros del inglés, francés, italiano y sánscrito. Ha publicado libros de cuentos y poemas, uno de los cuales fue premiado por la Sociedad Argentina de Escritores. En 1982 publicó su ensayo "El género mujer". Fue co-editora de la revista *Prensa de Mujeres*. En 1985 publicó "Camila O'Gorman o El amor y el poder". Realizó la documentación histórica del filme "Camila" de María Luisa Bemberg.

Incluso, a partir de su *militancia* y trabajo en temas considerados "de mujeres", algunas de las entrevistadas se presentan y son presentadas como "feministas" o "especialistas en género" al mismo tiempo que se presenta su profesión, otorgándole la misma importancia a ser feminista y, por ejemplo, abogada (como es el caso de Magui Bellotti y Marta Fontela). Algunas de ellas, Alicia D'Amico y Gloria Bonder han realizado parte de su formación en el exterior. Otras desempeñan actividades vinculadas con formación de posgrado, ya sea participando como invitadas (como es el caso de Hilda Rais) o coordinándolos y/o teniendo alguna cátedra como Gloria Bonder. La mayoría de ellas han tenido y/o tienen contacto con organizaciones internacionales diversas, como es el caso de Sara Torres (Red No a la Trata), Gloria Bonder (UNESCO y FLACSO) y Eva Giberti (OMS y UNICEF Argentina), ya sea por formar parte de ellas, haber trabajado en algún momento, haber recibido subsidios, "premios" y/o reconocimientos. Todas tienen publicaciones relacionadas con lo que consideran "temas de mujeres" (violencia doméstica, salud sexual, *feminismo*, entre otras). Algunas han sido entrevistadas por medios gráficos de alcance nacional, otras por investigadoras y/o han sido (y son) citadas como autoridades reconocidas en trabajos vinculados a estos mismos temas o con la historia del feminismo en Argentina.

Sería imposible entender la sofisticación intelectual de los relatos de estas mujeres y el alto grado de reflexividad que los caracteriza sin tener en cuenta sus propiedades sociales y el contexto histórico en que los testimonios se sitúan. Las mujeres entrevistadas por Chejter definen el "ser feminista" desde un distanciamiento con la realidad y con su propia persona que se produciría a partir de una revisión y reflexión sobre sus experiencias de vida. "Ser feministas" supone "pensar el mundo desde una concepción feminista", "una búsqueda permanente de la propia identidad", "una actitud ante la vida", "una búsqueda de la identidad como mujer para llegar a la identidad como persona", "una forma de ver las cosas". Por otro lado, hacen referencia a "una forma de vida", "estar comprometida con una lucha contra el sistema patriarcal", "una forma de hacer política". Es en este sentido que utilizo la palabra conversión como una modificación cognitiva que cambia la visión que estas mujeres tienen del mundo, con la incorporación de nuevas categorías de percepción que se construyen en la militancia.[31]

---

[31] Considero importante aclarar que no es una palabra utilizada por las militantes. En general, cuando se refieren al "ser feminista" utilizan expresiones tales como "a partir de ahí ya era totalemnte feminista" o "en ese momento todavía no era feminista".

A partir del trabajo de campo fue posible vislumbrar que la definición de "ser feminista" también es una forma de incluir y excluir, que sirve para dar valor a quienes así se definen (y son definidas por otras) y para desautorizar a quienes muchas veces se les niega esa condición. Por ejemplo, ante la evaluación de la opinión de una mujer sobre algún tema, antes de emitir un juicio suele preguntarse: ¿pero es feminista? Y este dato condicionará la apreciación. Por otra parte, muchas mujeres han mencionado que en los primeros momentos de contacto con el feminismo sentían malestar por no identificarse con las ideas y declaraciones de otras mujeres que "ya eran feministas". Esto las hacía reflexionar y creer que ellas no eran feministas. Hasta que alguien con más trayectoria dentro del grupo las habilitaba ampliando la noción de feminismo y diciéndoles: "existen tantos feminismos como mujeres feministas".

Dentro de los tipos específicos de argumentación que aparecen en los relatos analizados es posible identificar el lenguaje que ordena emociones, consignas y definiciones que marcan particularmente la manera en que estas mujeres construyen sentidos y significados. Según Chejter, preguntar sobre el "ser feminista" pone en juego momentos de un devenir: primero hay un malestar, luego rebeldía, la búsqueda de la propia identidad, el reconocimiento de que la búsqueda es compartida con otras mujeres, el cambio interno, la conciencia de que es posible hacer algo y una actitud combativa con propuestas concretas. Como estrategia de presentación los ordenaré en cuatro ítems.

1.1 El malestar y rebeldía

En los relatos de estas mujeres, convertirse en feminista exige una transformación que es vista como parte de un proceso que no tiene necesariamente una duración definida en el tiempo. Cito a continuación algunas de las respuestas a la pregunta: ¿Qué es ser feminista?, donde el surgimiento del "ser feminista" aparece asociado a denuncias de injusticia y discriminación, condenas a situaciones de violencia y derechos no respetados de *las mujeres*:

> Lo primero que me surgió fue la bronca, una gran indignación que sigue estando presente. **Esta indignación se me remueve constantemente frente a situaciones de discriminación e injusticia contra las mujeres**, como por ejemplo, frente a la violación que sufre una mujer u otras situaciones de violencia. Y ese sentimiento de bronca no ha sido sublimado para nada (destacado mío).

Al principio era haber encontrado un marco ideológico para cosas que me había cuestionado desde chica y sobre las que no tenía respuestas satisfactorias.

Según el análisis de Chejter, luego del malestar aparece la rebeldía y la conciencia de la causa del malestar. Esto produciría en las mujeres sufrimiento-enojo-bronca y a partir de ahí se da la "búsqueda de la identidad" y el reconocimiento de que esa búsqueda se comparte con otras mujeres. En ese momento se experimenta un cambio que, tanto la autora como las mujeres que dieron su testimonio, consideran que es "sobre todo interno". Según otro de los testimonios, "Las mujeres que están descontentas con lo que les pasa y quieren modificarlo defendiendo sus derechos son feministas. En el fondo de cada mujer hay una feminista". La conciencia de que el cambio externo es posible aparece más tarde y junto con ella la actitud combativa que lleva a la acción.

Así, el *ser feminista* se constituye en un proceso que incluye dos estados que se diferencian en el relato: uno interior (que rompe con lo instituido) y otro externo (que impulsa a la acción). La militancia, como en muchos otros casos, es caracterizada como una "lucha", la particularidad del feminismo es que esa lucha tiene dos frentes: al interior de cada mujer y hacia fuera.[32] Tanto las palabras utilizadas para ordenar las experiencias como el orden en el que se relata la conversión muestran la importancia central de una versión interiorizada de la persona para convertirse en feminista, como así también para relativizar la manera en que se ordena el mundo. El alto grado de reflexividad que requiere la conversión al *feminismo* les permite situarse por fuera de la realidad vivida y pensarla desde "una concepción feminista".

---

[32] En este punto es útil mencionar la distinción que hace Norbert Elias entre un concepto de emoción amplio y otro restringido. En un sentido amplio, el término emoción es aplicado a un patrón de reacción que envuelve todo el organismo en sus aspectos somáticos, sentimentales y conductuales. En este sentido el síndrome de una emoción es visto como un patrón de reacción que tiene una función claramente reconocible en una situación específica. En su sentido estricto, que puede ser identificado en la manera en que aparece en los relatos, el término emoción se refiere solamente al componente sentimental del síndrome. Así, atribuimos tácitamente al sentimiento una posición predominante, quizás una función causal, al mismo tiempo que describiendo la conducta como expresión del sentimiento la ubicamos en una posición derivativa o dependiente, quizás aún haciendo de ella meramente un efecto. Al hablar de expresión de una emoción se presupone el sentimiento como causa y la conducta como efecto. Según el autor, en este sentido estricto el término emoción es representativo de una auto-imagen humana de acuerdo con la cual el verdadero *self* de una persona está profundamente oculto *inside*, sin poder estar completamente seguros dentro de qué (Elias, 1987:355-6).

1.2 La búsqueda de la *verdadera* identidad

La manera en que las militantes feministas de los años setenta se relacionaban entre sí estuvo fuertemente marcada por los grupos de "autoconciencia" o "autoconocimiento".[33] La idea de autoconciencia (una conciencia de sí misma) y de un autoconocimiento (un conocimiento de sí misma) muestra la noción interiorizada de persona que se promueve y se actúa en estas prácticas donde se busca descubrir un *self* verdadero que existe *inside*. La forma que adquirían estos encuentros es relatada como una "experiencia de inmersión personal fuerte y conmovedora" que "marca a las mujeres para siempre". Incluso quienes han participado de estos grupos dicen poder distinguir a otras mujeres que pasaron por esta experiencia de las que no lo hicieron. Las mujeres que relatan actualmente su experiencia en estos grupos los evocan con nostalgia y viven su interrupción como una pérdida.[34]

Según Leonor Calvera (op. cit.), uno de los espacios en los que se organizaban estos grupos era la Unión Feminista Argentina (UFA) creada en 1970. En el relato de su origen la autora menciona la publicación de un artículo de la cineasta argentina María Luisa Bemberg en un importante diario donde "se declara abiertamente feminista" y a partir de ese momento empiezan a llegarle cartas y llamados de otras mujeres con "inquietudes similares".[35] Según Calvera, el inicio de las reuniones de la

---

[33] Me referiré a estos grupos indistintamente como grupos de autoconciencia o autoconocimiento para distinguirlos de la denominación "concienciación" que le dieron las mujeres de UFA, en la cual ellas imprimen un sentido propio asociado a intereses definidos por un contexto específico.

[34] Si bien los grupos de autoconciencia no tienen el lugar central que en los relatos se les adjudica durante los setenta, en algunos casos aún hoy siguen funcionando. Por ejemplo, en "La Casa del Encuentro" (que se define como un espacio lesbo-feminista abierto a todas las mujeres) que funciona en la Ciudad Autónoma de Buenos Aires. En un discurso dado en ocasión de la celebración del segundo aniversario del lugar y reproducido en un sitio web se menciona lo siguiente: "Josefina tomó el micrófono en nombre de las 'babies-feministas', un grupo de mujeres muy jóvenes que comenzaron a reunirse todos los jueves para hablar, investigar y hacer feminismo, y agradeció especialmente a Marta Miguelez, una de las feministas históricas que coordinó ese taller en una primera etapa; destacó la importancia del grupo de reflexión de los miércoles, cuya persistencia y consolidación operaron como verdadera columna vertebral en el proceso de construcción de La Casa y terminó llamando a las otras 'babies' para entregar una nueva bandera, hecha por ellas, momento este de gran emoción que hizo que las mujeres entonáramos espontáneamente uno de los cánticos del Encuentro de Mujeres". Extraído del sitio web: http://www.casadelencuentroweb.com.ar/home_historia.htm

[35] Como en otros grupos feministas, una de las premisas identificatoria de la UFA era su oposición a los intereses políticos, entendidos como partidarios. Leonor Calvera cuenta que en los comienzos de la UFA una de sus integrantes les facilitó un local para reunirse:

UFA fue en el café Tortoni, tradicional café de la Ciudad de Buenos Aires, ubicado en la Avenida de Mayo a pocas cuadras de la simbólica Plaza de Mayo y de la Casa Rosada. Las integrantes de UFA elaboraron "las bases" de la agrupación donde definen lo que es un "grupo de concienciación". *Concienciación* es el neologismo que las integrantes de UFA utilizaron para traducir el término en inglés *conscienciousness-raising*. Es muy importante citar aquí la argumentación que justifica la elección de ese término, como una forma de mostrar el alto grado de sofisticación de las técnicas feministas de integración social e intelectual y el lugar central que le dan al lenguaje en la definición de formas de interacción y de significados:

> Atentas a que el lenguaje remite directamente al entramado de creencias y conceptos básicos y tácitos –que en nuestra sociedad son androcéntricos– procuramos introducir un significado no autoritario, no impositivo, para definir esta técnica que se había convertido en otros países en el instrumento principal del movimiento de la mujer. La traducción literal 'elevación de la conciencia' resultaba demasiado vaga. **'Concientizar', de neto corte izquierdista, implicaba un movimiento de afuera hacia adentro**, de dictar lo que la otra debía encontrar en su propio interior. 'Concienciar', en cambio, se adecuaba perfectamente al método casi mayéutico que se proponía. Lograba **describir ajustadamente el proceso de sacar de sí**, de dar nacimiento a la propia identidad (Calvera, op.cit.:37) (destacado mío).

Los grupos de autoconciencia eran cerrados, se reunían dos o tres horas semanalmente y funcionaban con una coordinación rotativa. Se organizaban en subgrupos fijos de seis u ocho integrantes y el objetivo era "descubrir el subyacente social de la problemática individual". Las técnicas utilizadas indicaban que:

"Allí se reunían también las integrantes del grupo 'Muchachas'. Compartir el mismo lugar no significa compartir las mismas ideas: su punto de partida –político– no era el nuestro". La cantidad de mujeres que participaban en UFA se fue incrementando, hecho que en apariencia estaría facilitado por el acceso irrestricto al grupo y así comenzaron a participar "mujeres con intereses políticos". En 1973 se produjo una crisis con fuertes tensiones producidas por "filtración de los partidos políticos", el grupo se fracturó y algunas "activistas" decidieron continuar con el grupo cerrado: eran cinco mujeres. La UFA funcionó hasta 1976, año del golpe militar. Junto con la UFA aparecieron en los setenta: Movimiento de Liberación Femenina, MOFEP (Movimiento Feminista Popular 1974-1976), ALMA (Asociación para la Liberación de la Mujer Argentina, 1974-1976), entre otros. El funcionamiento de estos grupo fue interrumpido con la asunción de un gobierno militar y se reanudó en los ochenta con la instauración del gobierno democrático.

- No hubiera jerarquías. Esta decisión estaba fundada en el argumento de que las mujeres estaban demasiado inducidas a adoptar roles secundarios y la "no jerarquía" debía servir para ayudar a modificar esta actitud.
- Cada mujer debía contar su experiencia tratando de "no interpretar ni teorizar".
- Entre todas había que hallar luego componentes en común, determinar las experiencias individuales, sacar conclusiones y escribirlas para comunicarlas a otros grupos.
- Era obligatorio expresarse y guardar el secreto.
- Los tópicos de discusión se proponían a partir de una enunciación previa de temas posibles a la que denominaban "temario".

Según una de las organizadoras los debates más comunes en esta práctica feminista eran sobre: dependencia económica, inseguridad, maternidad, celos, narcisismo y simulación y sexualidad en todos sus aspectos.

Los grupos de autoconciencia se realizaron en Argentina, más específicamente en la ciudad de Buenos Aires, en una época en que hubo una importante expansión de la cultura psicoanalítica. Mariano Plotkin señala que hacia fines de los sesenta, lenguaje y conceptos de origen psicoanalítico inundaban las revistas populares, los shows televisivos, el teatro, la ficción y los ensayos. Según el autor, "se podría argumentar que a lo largo de la década el psicoanálisis desbordó su campo original de aplicación y se transformó, al menos para algunos sectores sociales, en un 'núcleo de significación', que brindaba una herramienta interpretativa para comprender y explicar diversos aspectos de la realidad social y política" (Plotkin, 2003:117). De esa manera, si bien los grupos de autoconocimiento se realizaban en espacios claramente delimitados e involucraban a pocas personas, no por eso dejaban de estar en sintonía con un clima propicio para este tipo de técnicas, temas y reflexiones que se planteaban en ellos.[36]

---

[36] Plotkin también destaca que la introducción de la terapia de grupo a finales de la década de 1950 fue central para la difusión del discurso psicoanalítico. Según el autor, "la introducción de la terapia de grupo tuvo consecuencias importantes de características diversas. Primero, expandió drásticamente la clientela potencial de las terapias de orientación psicoanalítica. La terapia de grupo era más barata que la analítica tradicional y los hospitales públicos se volvieron receptivos a la aplicación de este tipo de tratamientos luego de la caída de Perón. Segundo, la definición misma de psicología de grupos también se expandió para permitir un uso no sólo terapéutico en sentido estricto sino para tratar las relaciones laborales. Grupos de orientación psicoanalítica proliferaron entre maestros de escuela, compañeros de trabajo y músicos que esperaban mejorar la dinámica de sus vínculos de trabajo y personales" (Plotkin, 2003:136-37).

Al menos algunas de las mujeres que participaban en los grupos de autoconocimiento, como por ejemplo, María Luisa Bemberg, eran portadoras de un alto capital cultural y económico que posibilitaba una circulación internacional de ideas y personas.[37] Varios de los grupos que surgieron en esa época se construyeron alrededor de proyectos editoriales, algunos tradujeron libros de feministas europeas o americanas y otros también publicaron artículos propios.[38]

Como aparece mencionado en el testimonio que cito posteriormente, las técnicas que estas mujeres aplican en los grupos de autoconciencia eran tomadas de las feministas norteamericanas. Incluso en uno de los testimonios de *Travesías* se menciona la traducción del inglés del *temario* confeccionado por las norteamericanas y que las feministas argentinas trataban de adaptar a la realidad local y lo utilizaban en las reuniones de UFA. A continuación transcribo el testimonio de Hilda Rais sobre su paso por los grupos de autoconocimiento, escrito en 1996, "25 años después", para ser publicado en el número de *Travesías*.[39]

---

[37] En su libro autobiográfico María Elena Oddone comenta sobre los contactos con profesionales de otros países que tenían las integrantes de la Unión Feminista Argentina. Según su relato, "[UFA] lo integraban sus fundadoras Gabriela Cristeller y María Luisa Bemberg junto a Nelly Bugallo, Leonor Clavera, Alicia D'Amico y un grupo numeroso de mujeres. Se reunían en una casa en el barrio de Chacarita, tenían una biblioteca y recibían a importantes personalidades a dar conferencias, como el psiquiatra español Castilla del Pino y la teóloga Beatriz Melano Cauch, y otros" (Oddone, 2001:148). Las propiedades sociales y trayectorias de algunas de estas mujeres serán tratadas con mayor detalle en el capítulo 4 donde analizo las articulaciones internacionales del espacio del feminismo.

[38] En 1970 se crea el grupo *Nueva Mujer* que se disuelve en 1972. Las versiones tanto militantes como de historiadoras difieren entre sí. Según Leonor Calvera, *Nueva Mujer* estaba integrado por Mirta Henault e Isabel Larguía y "por varios motivos no habían adherido a UFA" (Calvera, 1990:45). Según la historiadora Alejandra Vassallo, *Nueva Mujer* fue el grupo editor de UFA: "Cuando apareció el aviso de UFA en el periódico convocando a quien quisiera participar, ellas propusieron convertirse en el grupo editor de la agrupación bajo el nombre de Nueva Mujer. Desde allí publicaron algunos de los trabajos de UFA y las traducciones de los escritos traídos de afuera. La publicación más importante fue sin duda el primer libro escrito por feministas argentinas en aquella época sobre la liberación de las mujeres, *Las mujeres dicen basta*, con artículos de Henault, Isabel Larguía y Peggy Morton, dedicado precisamente "a Gabriella [Christeller]", de quien Henault copió la frase que da título al libro" (Vassallo, 2005:74). Según Silvia Chejter, la actividad de *Nueva Mujer* se articuló en torno a un proyecto editorial con alineación política marxista. Tradujeron un libro de Juliet Mitchell *Las mujeres, la revolución más larga* y publicaron también *Las mujeres dicen basta* con artículos, entre otros, de feministas argentinas (*Travesías* 5, 1996).

[39] En páginas de Internet donde aparece su nombre, Hilda Rais se define como feminista lesbiana argentina nacida en 1951, integrante del Grupo SUDESTADA –Asociación de Escritoras de Buenos Aires– y coordinadora de talleres de escritura para mujeres y grupos de reflexión sobre feminismo.
Extraído del sitio web: http://www.ciudaddemujeres.com

Buenos Aires, 1970. Tenía diecinueve años cuando una amiga me contó que estaba en un grupo de mujeres que habían creado la Unión Feminista Argentina. Reaccioné como si me hubieran anunciado la aparición de una liga para abolir la esclavitud en Argentina. Feminismo, ¿en esta época, para qué?

Con un par de charlas me recorrí velozmente el tramo que iba desde mi ignorancia histórica y la mansa aceptación de la propaganda oficial, hasta el interés por las ideas nuevas, la inquietud perturbadora y la impresión de que una telaraña comenzaba a abrirse con chispas que iluminaban zonas oscurecidas. Era verano cuando decidí ir a UFA, podría integrar con otras mujeres nuevas un grupo de concientización. Entré a la vieja casa sin tiempo para recorrerla, apenas para ver como un tesoro la biblioteca magra, casi de exposición, y pasar a la gran sala despojada, contra una pared las pilas de sillas que luego sabría insuficientes para las reuniones grandes.

En este espacio, éramos siete mujeres sentadas alrededor de una mesita, bastante tensas, curiosas, incómodas por dentro, esperando que alguien –la única que ya era integrante de UFA– nos dijera qué hacer. Dijimos nuestros nombres sin apellido. A primera vista registramos las diferencias de edad, muy pronto las de extracción social, ocupación, estilo de vida. En las bases de UFA se explicaba qué era un grupo de concientización. Se trataba de un grupo cerrado que se reunía durante dos o tres horas semanalmente y la coordinación era rotativa. En cada reunión se proponía un tema relacionado con la vida cotidiana de las mujeres; cada una, por turno contaba su experiencia tratando de no interpretar ni teorizar. Luego entre todas, hallar los componentes en común. Determinar las experiencias individuales, sacar conclusiones y escribirlas para comunicarlas a los otros grupos.

Conocer las bases, **el mecanismo de esta técnica, no pudo atenuar el tremendo impacto de vivir la experiencia**. Aquella vez el tema era la relación con nuestros padres y **aprendimos a confiar nuestra intimidad a mujeres desconocidas**. Lentamente, palabra por palabra, algo comenzó a arder. Casi todas comenzamos nuestro relato diciendo 'lo mío es algo muy particular'. **Terminamos encontrando, con asombro, algunos hilos de la trama que nos unía.**

La técnica de los grupos de concientización había sido creada por las feministas norteamericanas. **Este trabajo era el germen, la sustancia material y el saber profundo con que sostendríamos una consigna: lo personal es político.**

En uno de los materiales traducidos se proponía un temario ordenado para las reuniones (…) El temario era una buena guía al principio pero pertenecía a otra realidad socio cultural. Algunos temas eran demasiado

amplios o estaban demasiado dirigidos a encontrar rápidamente la opresión con el riesgo de envolvernos en el algodón de las generalizaciones. Nos asomamos entonces a otras zonas que no nos garantizaban *a priori* las conclusiones: la menstruación, los celos, la masturbación, una relación oculta, el llanto. Y aparecieron preocupaciones evidentemente más locales: con quién vivimos y por qué, la experiencia psicoterapéutica, el maquillaje, la moda, los ingresos en la relación de pareja, el tema del dinero. **El feminismo era un mundo nuevo, solo que era el mismo y estábamos en él; la mirada se nos iba agudizando.** Dentro de UFA crecíamos con los temas tratados, las reuniones generales, las lecturas, las discusiones teóricas, las volanteadas, las participaciones públicas, pero muy especialmente con **la experiencia inédita de un trabajo que modificaba nuestra tradicional relación entre mujeres.** En los grupos de concientización teníamos un intenso vínculo cargado de afectividad sin requerir de amistad, también tuvimos que aprender a no interrumpir, a **escuchar a la otra sin abrir inmediatamente juicios morales o de valor ante un relato,** a **bucear en la profundidad de lo íntimo y luego intentar un nivel de abstracción,** a descubrir cuánto de lo político había en lo personal, y todo esto "poniendo el cuerpo". **Desde una práctica constante revertíamos lo que habíamos adquirido como "natural":** la desconfianza hacia las mujeres, la división y la rivalidad, el chisme, el solapado.
Nuestra conciencia feminista se ampliaba, y las dificultades para producir cambios generales y en la propia vida cotidiana nos producía angustia y algunas deserciones lamentadas por el resto, así como apenaba e irritaba la ausencia a una reunión. Esta práctica que insistía en la igualdad participativa exigía cierta disciplina. No era fácil **la lucha interna** contra la timidez, la verborragia, las empecinadas negativas a coordinar, regular el tiempo o escribir las conclusiones, o saber contener grupalmente las conmociones producidas por el testimonio propio o ajeno (*Travesías 5*, 1996: 21, 22, 23) (destacado mío).

El uso de la palabra, la existencia de condiciones que inspiren confianza (los grupos son cerrados, se explicita un compromiso de expresarse y de guardar secreto, la creación de formas para contener las conmociones personales), condiciones tendientes a no jerarquizar el grupo (las coordinaciones son rotativas, es obligatorio que todas hablen), el compromiso de escuchar sin interrumpir y sin juzgar ("escuchar a la otra sin abrir inmediatamente juicios morales o de valor"), la desparticularización de los relatos (partiendo de lo "íntimo" intentar un nivel de "abstracción", buscar el "componente social") y la objetivación de las experiencias particulares (redacción de "conclusiones" que se colocan en un papel y se las hace circular entre otros grupos) fueron las técnicas utilizadas por las mujeres feministas para dar nuevos sentidos a sus experiencias. Como expresa Rais en su testimonio, "terminamos encontrando, con asombro, algunos hilos de la trama que nos unía". Las técnicas de los grupos de autoconocimiento propiciaban un microespacio para hacer posible el difícil tránsito de denunciar ante un público compuesto por mujeres desconocidas problemas que hasta ese momento ellas consideraban íntimos, es decir que solamente podían ser denunciados ante personas con las que se mantenía un vínculo de amistad o familiaridad. En palabras de Rais, "aprendimos a confiar nuestra intimidad a mujeres desconocidas". Es en este ejercicio particular donde las denominaciones de lo que es "privado" y lo que es "público" adquieren sentido para estas mujeres.[40] En este ejercicio se alteran los espacios definidos como "normales" para realizar denuncias de problemas considerados por estas mujeres como íntimos. Los relatos se efectúan ante "desconocidas" y esto causa una conmoción personal que puede ser contenida al dotar las experiencias de nuevos significados y en ese mismo ejercicio redefinir nuevos espacios de denuncias.

El trabajo que las militantes realizaban en los grupos de autoconciencia estaba destinado, según ellas, a modificar el efecto de autocoacción que produce la interiorización de las normas sociales. Se pretende producir una modificación a partir de imprimir un nuevo sentido a normas instituidas mediante experiencias, de alta carga emocional, cuidadosamente pautadas y compartidas. La obligación de no hacer juicios morales busca suspender los mecanismos de control social habituales; la obligatoriedad de guardar secreto es la forma de garantizar que el control social no pueda producirse tampoco fuera del grupo a partir de mecanismos como el chisme. En este sentido es que las mujeres feministas consideran que lo "personal" es "político" y que "el cuerpo", en tanto lugar donde se

---

[40] Boltanski (2000: 260-62) señala que la denuncia es un ejercicio que todos realizamos cotidianamente, sin embargo, para que la denuncia pueda constituirse en un acto de protesta o en una denuncia pública debe cumplir con ciertos requisitos. En una denuncia hay un sistema de relación entre cuatro actantes: el que denuncia (denunciante); aquel en cuyo favor se hace la denuncia (víctima); aquel contra quién se presenta (perseguidor); aquel a quién se dirige (juez). Las denuncias en sí mismas no tienen nada de normal o anormal. El juicio de normalidad o de extrañeza depende de la relación entre las magnitudes relativas de los cuatro actantes y de la posición respectiva que ellos ocupan entre lo singular y lo colectivo, lo particular y lo general. La anormalidad consiste solamente, en ese caso, en denunciar la injusticia sufrida en situaciones que no se prestan a ello y/o ante personas, individuales o colectivas, que no son las apropiadas. Según el autor, el origen de la anormalidad es en primer lugar cognitivo: es efectuar la denuncia en una situación que no permite la concordancia de actantes de las mismas dimensiones. Cuanto más aumenta la distancia entre las posiciones ocupadas entre lo singular y lo colectivo por los diferentes actores enfrentados por el acto de denuncia, más probable es que esta se perciba como anormal.

instalan los mecanismos de control, es una herramienta política. Un ejemplo de la fuerza que poseen los mecanismos de autocoacción aparece en el relato de Hilda Rais cuando cuenta que, a pesar de las técnicas ofrecidas por los grupos de autoconciencia, muchas de ellas no se "atrevían" a decir que eran lesbianas:

> Como estoy escribiendo exclusivamente acerca de los grupos de concientización, pienso que es necesario decir que durante ese primer período, salvo alguna excepción, las lesbianas ocultábamos serlo. **Puede parecer increíble, desde hoy, creer que con tal grado de intimidad compartida políticamente como la que describo, una lesbiana no se manifestara como tal, y no éramos pocas.** Pienso que la mezcla de sometimiento ancestral y deshonestidad hacia el compromiso con el grupo tiene que enmarcarse históricamente: hablo de los comienzos de la década del 70 en Buenos Aires, Argentina. Faltaba un poco aún para que surgiera el primer grupo de militantes homosexuales, varones; muchísimo más para la pública existencia del movimiento gay y de lesbianas. La invisibilidad era extraordinariamente mayor que ahora y la posible autoafirmación individual no tenía aún la sustentación política que también vino del feminismo. Si en una mujer lesbiana el miedo al rechazo, el miedo al miedo de la otra, ya constituía quizás parte de la adaptación a una forma de vida cercenada, a las feministas que queríamos construir y ampliar el Movimiento se nos atragantaba una encrucijada. Éramos atacadas, descalificadas, desde la derecha, la izquierda y el centro con distintos y hasta opuestos argumentos. Sin embargo, todos coincidían en un anatema: feminista-lesbiana. **Y sabíamos que la amenaza de ese estigma era el más eficaz para alejar a las mujeres, a las heterosexuales de las lesbianas.** Creo que aquel ocultamiento respondía a una tácita 'estrategia' contaminada por la opresión específica (*Travesías 5*, 1996: 23) (destacado mío).

El testimonio de Hilda Rais muestra en una visión retrospectiva la evaluación acerca de la fuerza de autocoacción, que manifiesta como un sentimiento de "miedo", para negar aquellos comportamientos que no son aceptados socialmente. Norbert Elias (1987) distingue entre autocoacción consciente y automática o inconsciente. En la autocoacción automática el miedo es, según el autor, una vía de unión privilegiada entre la estructura de la sociedad y las funciones psíquicas individuales. Junto a los autocontroles conscientes, que se van consolidando en el individuo, aparece un aparato de autocontrol automático que actúa por medio de una "barrera de miedos" tratando de impedir aquellos comportamientos que no son socialmente aceptados. Elias hace referencia también al miedo a perder lo heredado, a la infracción de las normas, pero en este caso a aquellas normas que definen la identidad de un grupo dado, la *we image*. Este tipo de miedo es sentido por los individuos ante la amenaza de perder aquello que está emocionalmente enraizado: una determinada forma de comportamiento, una cierta configuración emocional. El miedo a la pérdida o a la disminución del prestigio social es uno de los motores más poderosos del paso de coacciones externas a autocoacciones. Esto se manifiesta en lo que el autor llama "inflexibilidad emocional" y "barreras emocionales" que impiden al individuo adquirir pautas de comportamiento plausibles de cuestionar su pertenencia al grupo.[41] En el caso del testimonio citado de Rais su temor se manifiesta con claridad cuando dice: "a las feministas que queríamos construir y ampliar el Movimiento se nos atragantaba una encrucijada (…) sabíamos que la amenaza de ese estigma era el más eficaz para alejar a las mujeres heterosexuales de las lesbianas" (*Travesías 5*, 1996:23).

A partir del ejercicio de reflexión y objetivación de experiencias personales o particulares y un trabajo cuidadoso sobre las emociones, el cuerpo también es propuesto por las militantes como punto central de observación y reflexión. En estos ejercicios compartidos se considera que es necesario modificar la "relación con el cuerpo" y "la visión que se tiene de él" como una forma de lucha "contra la opresión y las estructuras patriarcales". Construyen el cuerpo como tema de reflexión y análisis y luego como lugar a partir del cual es posible "resistir a la dominación". Esto es así porque consideran que es en los relatos sobre el cuerpo, pensado por ellas mismas como lugar íntimo y personal, que la dominación se instala sobre las mujeres. Según la opinión de algunas feministas, "el cuerpo de las mujeres ha sido colonizado", entonces es necesario "trabajar" con el cuerpo para poder re-apropiárselo:

> El poder patriarcal se inmiscuye en nuestros cuerpos, los controla a través de prohibiciones y tabúes, de la ley y de la moral, de la violencia y la persuasión. **Apropiarnos de nuestros cuerpos, sustraerlos de las tenazas brutales o sutiles del poder, es una de las tareas feministas más complejas y gozosas**" (*Travesías 5*, 1996:41) (destacado mío).

"Poner el cuerpo" no significaba solamente discutir acerca del cuerpo, sino estar dispuestas a soportar todas las sensaciones emotivas que para ellas significaba someterse a la experiencia de los grupos de autoconocimiento. Discutir en espacios colectivos temas que, para quienes participaban de esos grupos eran considerados como "íntimos" o "persona-

---

[41] Esto es evidente en los análisis en Winston Parva sobre *Established and the Outsiders* (Elias, N. & Scotson, J.L. 1994), pero también es sumamente ilustrativo el caso de la nobleza y la burguesía ascendente expuesto por N. Elias (1994) en *El proceso de la civilización*.

les", con otras mujeres que hasta ese momento no tenían necesariamente una proximidad afectiva con ellas, fue en la época la estrategia utilizada por las mujeres feministas para subvertir el ideal republicano de separación y oposición entre lo público y lo privado. El objetivo para ellas era "convertir el espacio privado en público" e intentaban hacerlo con técnicas tan simples como eficaces: el uso de la palabra, la creación de un público y la utilización de espacios colectivos construidos especialmente para la reunión de mujeres con intereses feministas. Por esto la consigna *lo personal es político* fue una de las más importantes para el feminismo de los setenta y continúa siéndolo aún hoy. A partir de estas estrategias consideraban que lograban transformar "problemas personales" en "problemas políticos".

1.3 La búsqueda compartida: lo personal es político

Lo personal es político fue el eslogan principal de lo que se denominó internacionalmente "la segunda ola del feminismo". Según el *Dictionary of Feminist Theory* (Humm, 1995), la expresión fue utilizada por primera vez por Carol Hanisch y publicada en *Notes from the Second Year* en 1970. Según Humm, el *feminismo* radical utilizó ese eslogan para argumentar que las distinciones entre las esferas de lo personal y lo público eran una falacia y que los hombres dominan a las mujeres en la esfera pública de la misma manera que las dominan en la casa. Según la autora, el *feminismo* radical argumenta además que la experiencia personal de las mujeres revelada en grupos de autoconciencia puede proveer la inspiración y las bases de una "nueva política".[42]

Según una de las integrantes de UFA, "de esta manera [con los grupos de autoconocimiento] vivenciamos una de las premisas básicas del feminismo: lo personal es político. A partir de allí nos resulta evidente que el Movimiento Feminista es el único en la historia que se ha planteado modificar profundamente las estructuras vigentes desde la puerta de la casa hacia adentro" (*Travesías* 5, 1996:11). En el punto anterior mostré las estrategias que las militantes de los setenta utilizaron para convertir aspectos de la realidad que consideraban "privados" en algo que a partir de su *militancia* comienzan a considerar "político". A continuación centraré el foco de análisis de las definiciones de política dadas por feministas. Cito algunos conceptos publicados en la revista editada por la Aso-

---

[42] Según Humm, *lo personal es político* pondría el acento sobre las bases psicológicas de la opresión patriarcal y agrega: "Catherine MacKinnon argumenta que la frase establece una relación directa entre socialidad (sociality) y subjetividad, entonces conocer la situación política de la mujer es conocer la vida personal de la mujer" (Humm, 1995:204).

ciación de Trabajo y Estudio de la Mujer (ATEM) *Brujas* (1983) y que Chejter transcribe en *Travesías 5* (op.cit. 44):

> El feminismo cambia el concepto de política al decir que el sexo es político, pues contiene relaciones de poder. Abarca tanto la esfera pública como la privada y rompe con los modelos políticos tradicionales que atribuyen neutralidad al espacio individual y que definen como política la esfera pública "objetiva". Toma en cuenta el carácter subjetivo de la opresión y revela los lazos existentes entre las relaciones interpersonales y la organización política pública (...).

La definición de otra feminista del *feminismo* y la política también pone de relieve la resignificación de la oposición público/privado que se discute al establecer una continuidad que comienza en lo que ellas definen como "privado" o "individual", y más precisamente desde lo corporal, para llegar finalmente –en un ejercicio de reflexión y análisis– a transformarlo en "político":

> El feminismo es una forma de inserción en el mundo. Es también democracia. Democracia en el verdadero sentido y para las mujeres. (...) Lo importante es la democracia en la vida cotidiana, el hogar, el trabajo. Se parte de una nueva relación con una misma. Si se comienza por conocer el propio cuerpo, si una aprende lo que quiere, puede establecer relaciones basadas en el respeto, que parte del conocimiento de una misma. Es un largo aprendizaje para la vida (...) (*Travesías 5*, 1996:70).

La razón por la cual se considera que la toma de conciencia feminista comienza en el propio cuerpo se debe a que las militantes consideran que la causa de la opresión masculina también se ejerce sobre el ámbito doméstico y el cuerpo de las mujeres:

> El patriarcado es la raíz de toda dominación y provee los modelos de dominación básicos. Si el patriarcado cae, todo caería. El patriarcado puede ser definido como la dominación de los varones, como grupo social, sobre las mujeres como grupo social. Las bases de este poder se encuentran en la asignación de las mujeres al trabajo doméstico y en la apropiación del cuerpo de las mujeres (*Travesías 5*, 1996:70).

Las prácticas de movilización de las feministas están marcadas por estas reflexiones. En este sentido la identificación de la causa de la dominación y la propuesta de un cambio para abolirla condicionan el proceso de construcción del feminismo. A continuación transcribo las definiciones de política, de algunas de las feministas entrevistadas en 1984, en las que trazan las diferencias y oposiciones entre el *feminismo* y otras formas de hacer política:

> Los partidos políticos son instituciones dentro del sistema patriarcal y en los que las mujeres no pueden hacer otra cosa que obedecer (...). La posibilidad de una acción creadora feminista sólo puede darse militando en el feminismo, que pese a su aparente desorganización, su diversidad, y los problemas todavía discutibles y discutidos, tiene la fuerza de lo nuevo. (...) **La política bien entendida la hacen los grupos feministas** (op.cit.:75).
> **La lucha feminista es política. Tiene algunos elementos distintos a la mal llamada política general de una sociedad.** La política feminista incorpora temas que no han sido tomados en cuenta por la política: incorpora lo que se considera el mundo de lo privado, por entender que también en él se dan relaciones de poder; así entran en la política de lo subjetivo, la sexualidad, la familia, las relaciones interpersonales (op. cit.:77) (destacados míos).

En el *feminismo* se construye una relación de objetividad con el propio cuerpo que las feministas intentan convertir en una herramienta de acción colectiva. Las marcas, las experiencias, las sensaciones vividas, los ciclos vitales son resignificados a partir de un lenguaje y una práctica que las muestra como parte de una lógica que las excede. Atribuir al cuerpo significados que son considerados políticos permite constituirlo como lugar legítimo de disputas y sentidos. Este rasgo no es solamente propio del feminismo. Allen Feldman (1991) lo define como una característica de la modernidad tardía y considera que la situación de los militantes del IRA en el norte de Irlanda es importante para pensar acerca de la problemática de lo que él define como agencia política.[43]

1.4 No a las jerarquías

Desde los grupos de autoconocimiento las militantes plantearon el establecimiento de jerarquías como un problema para "las mujeres" y construyeron sus prácticas intentando mantener formas de organización horizontales, oponiéndose en sus discursos a instituciones que ellas distinguen como jerárquicas. Según varias de las feministas entrevistadas, las jerarquías están presentes en todas las instituciones del sistema social (Iglesia, familia, Estado, escuela) que son definidas como patriarcales, capitalistas y responsables de *la opresión de las mujeres*. El Estado y los

---

[43] En su libro *Formations of Violence* muestra como militantes del IRA utilizan su cuerpo como el lugar de diversas prácticas materiales. Se trata de prácticas y estrategias narrativas en las que se construye cierto tipo de *political agency*. Un trabajo social de movilización e integración a través del cual los/as militantes intentan desplazar formas establecidas de percepción de la realidad.

partidos políticos son el blanco constante de sus críticas debido, según ellas, a la estructura jerárquica sobre la que se sostienen:

> **El feminismo es política, no en el sentido tradicional de los partidos políticos; no se adscribe a los cánones clásicos de las estructuras de éstos que son estructuras jerárquicas.** El problema de las mujeres que actúan en el movimiento feminista es cómo introducir la temática feminista en el poder cultural detentado por los grupos financieros, la banca, la iglesia y los medios de comunicación (*Travesías 5*, op.cit.:74).

> **El feminismo supone una actitud solidaria** mientras que el partido político, por la necesidad de poder de las personas, se contrapone a la solidaridad. El objetivo feminista lo constituye la lucha contra el poder. **En los partidos políticos existen jerarquías, en tanto que el feminismo se opone a ellas** (*Travesías 5*, op.cit.:75) (destacados míos).

La importancia de la horizontalidad como argumento para sostener una forma de vincularse dentro de los espacios feministas de ese momento puede evaluarse a partir del relato testimonial de María Elena Oddone publicado en el libro *Pasión por la libertad. Memorias de una feminista*. Allí, bajo el subtítulo "Mi vida en el feminismo" cuenta cómo fue "expulsada" de varios grupos por hacer explícito su liderazgo:

> Las integrantes de la UFA criticaban mi liderazgo, como también lo han hecho otros grupos que surgieron más tarde. La identificación del liderazgo con la masculinidad, llevaba a las feministas a tratar de eliminar el liderazgo en los grupos. Yo no compartía ese concepto, porque creo que es un producto de la cultura masculina. En todas las épocas ha habido mujeres líderes. Creo que en un movimiento feminista todas las condiciones naturales de sus integrantes son útiles si están orientadas a un buen fin. Yo no negaba mi liderazgo, pero cuando había que hacer un trabajo en la calle como pegar afiches y repartir volantes yo lo hacía a la par de mis compañeras. En ese caso había una auténtica horizontalidad. No sucedía lo mismo en otros grupos como UFA, cuyas líderes no salían a la calle y las demás ni daban sus nombres cuando el periodismo las requería. Sucedía una contradicción muy curiosa, que yo atribuía a la falta de concientización. En las reuniones de los grupos se analizaban las causas de la opresión patriarcal y las nefastas consecuencias en la vida de las mujeres, señalándose como las más importantes, la baja autoestima, la inseguridad y la dependencia entre otras. Yo había logrado superar la terrible experiencia de veinticinco años de domesticidad y el largo encierro no había hecho mella en mi autoestima ni en mi estabilidad emocional. Mis compañeras debieron haber valorado este milagro, porque conocían mi vida anterior, sin embargo me criticaban y confundían liderazgo con autoritarismo (Oddone, 2001:149-50).

No es mi interés aquí establecer a través de estos relatos las "verdaderas causas" que producían los constantes conflictos, como la expulsión de Oddone de varias agrupaciones feministas durante los años setenta y ochenta, sino más bien resaltar que tanto ella como otras feministas que compartieron esa época de *militancia* hacen mención al "liderazgo" como la causa del conflicto. Elizabeth Borland (2004:294) cita el testimonio de una feminista que trabajó junto con Oddone en la campaña por la patria potestad indistinta, donde expresa en términos de acusación que María Elena Oddone "nunca estuvo interesada en la horizontalidad". Los argumentos esgrimidos tanto por Oddone como por otras feministas para explicar su "expulsión" reafirman la importancia en las *prácticas feministas* de sostener una retórica y una dinámica de trabajo con intenciones de "horizontalidad". El rechazo y el desconocimiento hacia Oddone se mantienen hasta la actualidad.[44] Aunque tal vez su única falta no haya sido tener actitudes de líder, ya que estas se observan en otras feministas, sino hacer explícita su oposición a la horizontalidad y su reconocimiento de las jerarquías.[45]

2. Acercarse al feminismo: taller *Aprendizas de Brujas*

La morale commence (…)
là où commence la vie en groupe
E. Durkheim

En *Mujeres y feminismo en Argentina* Leonor Calvera sitúa históricamente la etapa en que la UFA comenzaba a disolverse –un clima de violencia política que "acrecentaba los riesgos en el exterior"–, y dice al respecto:

> Por ende, **la incorporación de nuevas mujeres** no se hacía dentro de un panorama de conquistas significativas o conocimientos previos. Esto nos obligaba a repetir las mismas frases, a disipar las mismas dudas e

---

[44] Borland señala en su trabajo: "Oddone does not have contact with other feminist SMOs. In fact, her appearance in October 2002 in the audience for a panel on the history of a feminist group active before the dictatorship was met with surprise; I noted that few of the women Oddone had worked with in SMOs even greeted her" (Borland, 2004:291).

[45] Es interesante destacar las coincidencias entre Elizabeth Borland (2004) en su trabajo sobre los movimientos contemporáneos de mujeres en Argentina y Peter Fry (1982) en su análisis de la construcción de la homosexualidad en Brasil acerca del "rechazo al autoritarismo" que caracterizaría a los movimientos sociales en contextos latinoamericanos. Según Peter Fry, tanto el movimiento homosexual como el movimiento feminista tienen una vertiente antiautoritaria más acentuada que movimientos similares en Estados Unidos y Europa.

interrogantes, a tropezar con los mismos prejuicios. **Era un permanente recomenzar que nos agotaba la paciencia y las energías, produciendo algunos abandonos** (Calvera, op.cit.:50) (destacado mío).

Sin embargo, el problema de la incorporación de nuevas mujeres y el "permanente recomenzar" no parece explicarse solamente por la falta de posibilidad de realizar acciones externas en un clima social y político adverso a cualquier tipo de militancia. Treinta años después, en unas jornadas feministas realizadas en la Ciudad de Buenos Aires, donde se discutían propuestas para la realización del IX Encuentro Nacional de Mujeres Feministas, la cuestión de cómo transferir las experiencias y qué sucede cuando se incorporan nuevas mujeres reaparece. A continuación transcribo fragmentos del debate donde participaron mujeres de edades diversas (desde veinte hasta sesenta años):

> Yo no quiero ser pedante, pero **lo que pasa es que se desconocen las experiencias y alianzas de otros momentos** como la Multisectorial de la Mujer.
> **Uno de los problemas es cómo incorporar a otras mujeres**. Organizar talleres de formación de historia del feminismo o dar por adelantados los temas y **que las mujeres escriban para que eso suscite un pensamiento propio**. Suscitar la producción teórica.
> Yo creo que no puede ser un ámbito de formación. Pero qué hacemos las feministas entre encuentro y encuentro para que las mujeres que se acercan… **de qué manera nos damos un trabajo para generar trabajo de aproximación al feminismo**.

La expresión "las mujeres", que las militantes utilizan sobre todo cuando argumentan los motivos de "la lucha" y en las acciones militantes, adquiere nuevos sentidos cuando mujeres que no han compartido sus experiencias toman contacto con el feminismo. Allí es necesario diversificar el colectivo *mujeres* y hacer distinciones. Aparecen así matices y las mujeres que ya están militando en el feminismo hablan de "otras mujeres" y "nuevas mujeres". ¿Cómo incorporar a las "nuevas mujeres", a aquellas que aún no son feministas?

El taller que dio inicio al VIII Encuentro Nacional de Mujeres Feministas en el año 2003, y en el que participé, fue de *Aprendizas de Brujas*. Era un taller destinado a quienes comenzaban a vincularse con el *feminismo*. Una especie de taller para "principiantes". En la invitación al Encuentro se convocaba a las "compañeras" que "puedan ofrecer su experiencia para coordinar este taller". En la ficha de inscripción escrita en color lila (el color con el cual se identifican las feministas) además de los datos personales también se preguntaba si "se considera feminista".

En ese momento consideré que si quería participar –y realmente estaba muy interesada– debía definirme como "no feminista" a pesar de haber asistido algunos años atrás a eventos organizados por feministas y coordinar un programa en la universidad sobre estudios de la mujer ignoraba si podía por eso llamarme "feminista". Además creí que era el requisito para poder participar de la actividad.

2.1 Ser o no ser feminista

Desde la Ciudad Autónoma de Buenos Aires salieron dos combis con mujeres, cuyo punto de reunión fue la *Librería de Mujeres*, hacia la ciudad de Tandil donde se realizaría el Encuentro. Una salía el viernes a las cinco de la tarde y la otra el sábado a las cinco de la mañana. Mi intención era viajar junto con el resto de las mujeres, pero no podía el viernes a la tarde y si lo hacía el sábado a la mañana no llegaría para el taller de Aprendizas. Así que finalmente viajé sola el sábado a la madrugada en un micro de línea. Llegué a Tandil alrededor de las 6,45 hs., desayuné en la Terminal de Ómnibus, esperé ahí mientras leía la biografía de Alicia Moreau de Justo, médica y militante socialista reivindicada por las feministas argentinas, y cuando empezaba a amanecer tomé un remis para ir a la casa donde me alojé. María, la dueña de casa, es feminista (esta definición es central en las conversaciones y dentro del movimiento), pertenece a la *Biblioteca Popular de las Mujeres* de Tandil (son cuatro las feministas que allí están y trabajan junto con ellas cuatro mujeres que cumplen con tareas asignadas como 'contraprestación' del dinero que reciben de planes asistenciales del gobierno –Plan Trabajar– que no se consideran feministas). En su casa viven estudiantes como pensionistas, que ese fin de semana habían dejado libres los lugares para que María "aloje a las mujeres". La que me consiguió el lugar fue Zulema, que me dijo que una amiga tenía una pensión, que ellas iban allí y que había lugar. Así que me alojé con las integrantes de *Mujeres al Oeste*. Llegué, me presenté, María me hizo pasar (estaba muy apurada porque tenía que ir a la Universidad, donde se realizaba el encuentro para preparar todo). Me cambié de ropa y me fui temprano para el encuentro.

Muchos de los pequeños grandes descubrimientos de mi trabajo de campo –y que retrospectivamente considero que fueron los que me decidieron a escribir sobre el feminismo–, se produjeron en situaciones en las que me sentí totalmente desubicada, cuando se ponía en evidencia mi desconocimiento de los códigos de ese espacio social. En el VIII Encuentro de Mujeres Feministas viví un par de esas situaciones que son las que inspiraron luego la perspectiva teórica desde la que construí mi argumento. Fui la primera en inscribirme. Cuando fui a pagar los $5 de la inscripción (el pago de la inscripción es optativo y además había diferentes precios que iban de $5 a $20), Gabriela, una de las organizadoras, dijo:

— Ah, pero vos acá contestaste que no te considerás feminista, ¿entonces para qué venís?

Respondí:

— Porque quiero conocer, quiero participar....

El Encuentro era para feministas y en esas pocas palabras, pronunciadas en función de la información de la ficha de inscripción, se puso en evidencia mi condición de "extraña": ¿A qué iba? ¿Era o no era feminista? La decisión de la persona que hacía las inscripciones fue la siguiente:

— Bueno, entonces yo te inscribo en el taller y después vos ves si querés participar.

— Bueno, no hay problema...

— Sí, mejor, porque el encuentro es más un debate entre feministas, **no le damos entrada a todas**. Porque hay mujeres que vienen a debatir con el feminismo y no es eso lo que queremos debatir.

Mirando disimuladamente la lista de preinscriptas me di cuenta de que era la única que había dicho que no se consideraba feminista. Lo que para mí era una posición lógica, si quería ser "aprendiza de bruja" no podía definirme como feminista, no lo era para ellas. Como expresa Van Gennep (1969:38), los extranjeros no pueden penetrar sin mediaciones en el territorio de una tribu o una aldea, deben probar manteniendo cierta distancia sus intenciones. Me quedé parada viendo el movimiento de la organización (mujeres que entraban y salían cargando cajas, cuadros, etc.), ya no recuerdo muy bien, pero creo que me ofrecí para ayudar. Después de un tiempo Gabriela me dijo:

— Si querés te anoto igual al Encuentro.

— Bueno, creo que me voy a quedar. Pero igual prefiero inscribirme después.

— Sí, sí. Mejor. **Porque si te vas a quedar, es importante que lo sientas** (acompañando sus palabras con un gesto con las manos abiertas sobre el pecho).

Descubrí que identificarse como feminista era un punto neurálgico. Ese hecho quedó registrado tanto en mi memoria como en la de las organizadoras por mucho tiempo (incluso volvieron a mencionarlo cuando tres años más tarde nos encontramos nuevamente en Tandil porque les pedí ver las memorias del Encuentro y entrevistarlas). El último día del Encuentro, cuando estaba saliendo con otras feministas del restaurante donde todas habíamos ido a almorzar, la persona que me inscribió me dijo: "vos nos engañaste, porque nos dijiste que no eras feminista". Expliqué que había dicho que no era feminista porque quería participar del taller. Otra de las organizadoras le comentó en tono jocoso: "Esa no la habías pensado".

2.2 ¿Una liminaridad permanente?

Según "la memoria" del VII Encuentro de Mujeres Feministas de Argentina realizado en Ramos Mejías, el taller de *Aprendizas de Brujas* es:[46]

Abierto a todas aquellas mujeres que quieran acercarse a conocer qué es el feminismo como movimiento y como visión del mundo. **Será un taller vivencial, donde experiencia y reflexión estarán estrechamente vinculadas** para producir un acercamiento que nos permita continuar compartiendo entre todas los tres días del Encuentro.

En las palabras de apertura del encuentro registradas en "la memoria" hay un párrafo destinado a las *aprendizas*: "saludamos a quienes nos acompañan por primera vez y se animan a ser *Aprendizas de Brujas* y soportar 'la ceremonia de iniciación'".

- VIII Encuentro de Mujeres Feministas de Argentina - Sábado, 9:30 hs.

Quienes quisieran participar en este taller debían llegar más temprano, ya que dentro de la organización general del Encuentro este "taller bautismo" ocupaba precisamente un lugar de margen (liminar). Si bien el taller formaba parte de las actividades del Encuentro, se realizaba antes de la inauguración del mismo. Al igual que en el encuentro anterior hubo un horario de inscripción especial solo para las mujeres que iban a

---

[46] La comisión que organiza los encuentros es responsable de hacer un relatorio de las actividades que se realizaron en el encuentro y de las discusiones que se llevaron a cabo en los talleres y en la plenaria. Esa información se distribuye luego entre las mujeres que participaron y otras feministas que estén interesadas en recibirla. Las memorias del VII Encuentro de Mujeres Feministas de Argentina, las distribuyó una integrante de la Comisión Organizadora durante el XIX Encuentro Nacional de Mujeres realizado en la ciudad de Mendoza.

participar del taller de Aprendizas y una vez finalizado este taller se abrió la inscripción general al resto de las mujeres.

El taller de Aprendizas se realizaba en el mismo lugar que el resto de los talleres, pero antes de las inscripciones de quienes ya habían participado de otros encuentros y, lo que considero más importante aún, antes de la ceremonia de bienvenida y apertura. Otra diferencia con el resto de los talleres es que las coordinadoras, dos mujeres de alrededor de treinta años, ya estaban designadas y no se elegían en el momento por consenso. Esta vez se trataba de que mujeres con mayor experiencia puedan transmitirla a las principiantes. Estos dos aspectos fueron la marca más fuerte que distinguió al taller de Aprendizas de otros talleres. En el desarrollo del taller no hubo actividades destinadas a pautar el ingreso al mismo, las participantes entrábamos solas, escuchábamos algunas indicaciones muy básicas y leíamos las consignas en silencio. Siguiendo la distinción que Van Gennep (1969) hace para los ritos de pasaje en ritos de separación, ritos de margen y ritos de agregación, el taller parecería inscribirse en el período de margen. No hubo un rito de separación y al finalizar tampoco hubo actividades que puedan ser consideradas como un rito de agregación. Al finalizar el taller simplemente salíamos y si lo deseábamos continuábamos participando del Encuentro, o nos íbamos, pero nadie podía mediar en estas decisiones. En concordancia con los relatos ejemplares analizados en el primer punto, donde la conversión al *feminismo* comienza con un malestar interior y una rebeldía, desde el punto de vista de las feministas, la función de las coordinadoras nunca podría ser imponer una bendición o autorizar mediante el ritual el ingreso al *feminismo*, a no ser bajo la forma de una guía a partir de la cual se intente que las mujeres tengan una experiencia que ellas definen como "propia de cada una". Así, las coordinadoras introducían a las *aprendizas* en el uso de un lenguaje y argumentos específicos a la luz de los cuales se trataba de resignificar las experiencias particulares y leerlas bajo un mismo sentido. Según las consignas, "marcar el recorrido de un camino hacia el interior de cada una", rescatar las propias vivencias y repensarlas en un ejercicio colectivo. Contrariamente a lo que imaginaba, las mujeres que participaron del taller *Aprendizas de Brujas*, no eran todas "principiantes". hubo algunas que dijeron que lo hicieron como un ejercicio reflexivo, según dijeron, porque "les venía bien revisar algunas cosas".

Éramos alrededor de veinte mujeres. El taller se organizó en el Aula Magna de la Universidad Nacional del Centro de la Provincia de Buenos Aires, cuya sede administrativa se encuentra en el centro de la ciudad frente a la plaza principal. El salón era grande pero cálido, con piso de madera y ocho columnas en su interior (cuatro de cada lado) que marcaban el centro. Estaba ambientado con luz tenue y música instrumental muy tranquila. Se mantuvo la puerta cerrada para evitar que las mujeres entraran y salieran y de esta manera interrumpieran la concentración que se trató de inducir en las participantes. Se buscaba lograr un espacio de "intimidad" propicio para la reflexión. En la puerta había un cartel que decía: *CAMINO A LA LUNA, recorrido para conectarte con vos misma, con tu interior rebelde.* Contaba cómo era el recorrido y allí mismo estaban enunciadas las consignas: detenerse en cada parada y seleccionar al menos una de las varias frases que había pegadas en la columna.

El recorrido preveía distintas "paradas". Así, debíamos pasar primero por "lo público", luego por "lo privado", para llegar finalmente a "lo íntimo". Antes de llegar a la primera parada, cada una de nosotras se detenía en una de las columnas y leía las frases. Las autoras eran mujeres feministas, poetas o académicas (Teresa de Laurentis, Simone de Beauvoir, Flora Tristán, Judith Buttler, entre las que recuerdo). Debíamos elegir una o más frases, que nos "inspiraran algo", o con la cual nos sintiéramos identificadas. Luego pasábamos a la primera parada (segunda columna) denominada LO PÚBLICO. Allí había varios cartelitos: la calle, las Fuerzas Armadas, el Estado, etc. y solamente debíamos leer. Luego pasábamos a la segunda parada: LO PRIVADO. Al pie de la columna había muñecas y otras cosas que hacían referencia al mundo doméstico, y en la columna carteles que decían la casa y otras palabras que hacian referencia al ámbito doméstico. La cuarta columna tenía varias frases al igual que la primera. La tercera (y última) parada estaba armada sobre un espejo en la pared, con lo cual al acercarnos nos veíamos reflejadas y se llamaba: LO ÍNTIMO. Tenía dos poesías y había dos personajes contrapuestos: Lilith (la transgresora, la que no acepta las reglas) y Electra (la obediente).

El eje del taller fue identificar un sentimiento de rebeldía. Al finalizar el "camino de la luna" ingresábamos al "círculo mágico" formado por sillas colocadas en círculo. Al ingresar una de las coordinadoras acercaba a dos mujeres entre sí con la consigna de que conversaran y "traten de identificar en qué momento de sus historias se habían rebelado por primera vez, la primera vez que tuvieron una experiencia de rebeldía". La consigna era encontrar el "yo rebelde", el momento en que "dijimos un NO fuerte", luego que "trataran de conectarse con esa sensación" y rescatar junto con la compañera "lo que hay de común en esa vivencia". Luego debiamos resumir eso en una palabra para posteriormente colocarla en un afiche de papel que había en el piso, en el centro del círculo. Cada una de las parejas de mujeres contaba cual había sido su "experiencia rebelde" a las demás y escribía una palabra en el afiche.[47] Las frases que quedaron en el afiche eran: romper, aprendizaje, placer, culpa (aunque habían dicho que tenía que ser positivo), ser yo, pensar lo pensado, poder y decisión, entre otras. Hubo mujeres que no tenían frase.

Luego las mujeres nos desplazábamos a la parte del salón donde no había sillas. Allí debíamos elegir de las columnas la tarjeta que íbamos a usar para participar y luego agruparnos según los colores. En el grupo en el que estaba había solo tres mujeres. Cada grupo tenía una consigna que consistía en una forma de presentación colectiva en la que había que utilizar el cuerpo, el primero era un saludo chino, el segundo un saludo de tango y el tercero un saludo con una canción. Se trataba de manifestarse con el cuerpo y al mismo tiempo lograr la integración de las mujeres. Luego una de las participantes con los ojos tapados reorganizaba a las integrantes en nuevos grupos. Esos grupos tenían como consigna debatir sobre el contenido de las tarjetas. ¿Cuáles eran las diferentes perspectivas que aparecían? ¿En esas perspectivas se manifestaba una "posición política"? ¿Hay acciones al respecto? Seguido hubo una socialización de las conclusiones (en nuestro grupo se discutió poco).

El taller finalizó con una explicación por parte de una de las coordinadoras sobre el *feminismo de la igualdad* y el *feminismo de la diferencia* y las críticas entre unos y otros y de cada uno a su interior. Citó autoras académicas contemporáneas como Judith Buttler que "cuestiona la forma de nombrarnos y propone finalmente que nos nombremos sólo cuando sea necesario". Para el *feminismo de la diferencia* citó a Carla Lonzi (*Escupamos sobre Hegel*), Luisa Muraro (*Signos de la diferencia*), Luce Irigaray (*Speculum. Espéculo de la otra mujer*) para quienes el cuerpo sería el que determina, el dato a partir del cual miran el mundo y proponen insertarse desde la especificidad. Algunas palabras y frases que surgieron fueron: igualdad, autonomía, creadora, afinamiento, reconocer a las otras, somos sujetas,

---

[47] Durante el taller hubo un incidente que quebró las reglas propuestas por las coordinadoras. Todas permanecimos en relativo silencio y nadie emitió juicios sobre lo sucedido. Una de las participantes dijo que la palabra que se escribía en ese momento (que era madre-hija, la madre de la chica que la escribió estaba también en el círculo) no la representaba porque ella estaba en contra de las rotulaciones. La otra participante la escribió igual. Al final de la tarea M. dijo que sentía que no estaba y que iba a hacer un graffiti y tomo el lápiz y escribió "puto". Hubo un momento de silencio, una de las coordinadoras dijo: "Epa!. ¿Alguien le preguntó por qué 'puto'?" Y ella respondió que era un graffitti, que dijo que iba a hacer un graffitti y que no quería que la cuestionaran, que le respetaran su deseo que en todo caso eso se lo contaba a su terapeuta. Las coordinadoras no reaccionaron, no hubo opiniones o debate al respecto, el incidente quedó en nada y pasamos a la siguiente consigna.

no sentir que el mundo nos oprime. En la discusión sobre el *feminismo de la igualdad* y sobre la necesidad de reconocer a las otras surgió la pregunta: ¿qué pasa que las más jóvenes no se pueden reconocer en las que tienen más experiencia? Arriesgue la explicación de que tal vez la idea de igualdad sea la que interfiera en la dificultad de reconocimiento porque supondría la creación de una forma de jerarquía. La coordinadora me respondió: "no sería una jerarquía sino una forma de reconocimiento y aprendizaje mutuo". También se habló de "feminismo lésbico", "feminismo de la desconstrucción" y de "la heterosexualidad como una institución". Se citó un trabajo de Margarita Pisano, *La regalona del patriarcado*, donde según las coordinadoras se muestra cómo las mujeres acceden a lugares desde "lo que los hombres quieren" y no desde los intereses definidos por las propias mujeres.

Finalizada la experiencia las participantes nos dispersamos. Como mencioné anteriormente, el cierre del taller no preveía una instancia de incorporación de las aprendizas al resto de las militantes. Parte de la iniciación o del *acercamiento al feminismo* era que cada mujer, a partir de sus vivencias en el taller, decidiera si quería continuar participando del Encuentro o no. Siendo que, en el Taller de Aprendizas el acento fue puesto en la experiencia individual y en la importancia de "re-conocernos a nosotras mismas" y descubrir "nuestras rebeldías", los momentos de interacción entre *aprendizas* estuvieron centrados, al igual que en los grupos de autoconocimiento, en identificar que las vivencias individuales tenían características comunes a todas. Allí, la presencia de otra/s mujer/es sirvió para que cada una escuchara la experiencia personal de la otra y luego identificara lo común de esa emoción particular. Se implementaron técnicas para identificar, recordar y compartir esa experiencia y mediante un acto colectivo darle un nuevo significado. En tanto se trataba de un *acercamiento al feminismo*, ninguna de las mujeres podía salir de ahí convertida en feminista, a no ser que se hubiera producido en ellas un *cambio interior*: la autoridad proviniendo de cada una y nunca desde el exterior

3. Ser feminista desde el lenguaje: describir o prescribir

A la gente nuestro discurso a veces
le cae plomo, pesado, difícil de digerir
Militante feminista

Cuando comencé a escribir sobre este punto y para orientarme teóricamente, releí el texto de Pierre Bourdieu (1988) sobre la noción de política y descubrí, no sin cierto asombro, que la propuesta de este autor en poco difería a la definición de política que había escuchado (y leído) por parte de las militantes feministas. Así, es necesario remarcar que las discusiones que se dan en el feminismo solo se pueden comprender si tenemos en cuenta que quienes las guían son mujeres con un discurso tan hiperintelectualizado y sofisticado sobre ellas mismas que en poco difieren del discurso científico utilizado en un trabajo como este para tratar de comprender las formas de su militancia. Muchas de ellas son mujeres con un importante capital intelectual y entre sus prácticas militantes (no es así para todas) figuran la lectura y la reflexión constante sobre la teoría, pero también, y este no es un dato menor, sobre sus propias prácticas. En tanto intelectuales, gran parte del vocabulario que utilizan para dar sentido a sus prácticas proviene, como mostré en los dos puntos anteriores, de la lectura y el análisis de teorías filosóficas, antropológicas o sociológicas. Así, por ejemplo, para construir sus argumentos las feministas parten de di-visiones del mundo que se trazan a partir de análisis de reconocidos/as intelectuales.[48] La oposición público/ privado sea tal vez la más significativa en ese sentido. El uso de estas categorías es imprescindible para lograr la integración de las militantes tanto como para la movilización social.

Según Bourdieu (op.cit.), la acción política está orientada a producir e imponer representaciones del mundo social capaces de actuar sobre ese mundo actuando sobre las representaciones que de él tienen los agentes. La acción propiamente política es posible, de acuerdo con este autor, porque los agentes tienen un conocimiento social del mundo del cual forman parte y pueden actuar sobre ese mundo actuando sobre el conocimiento que tienen de él. El paso por la universidad para la mayor parte de estas mujeres, y en algunos casos una formación de postgrado en otros países, les brinda una importante experiencia de extrañamiento con sus códigos culturales y contactos con la circulación internacional de ideas. Estas vivencias les facilitan también la objetivación de su propio mundo y les brindan herramientas pertinentes para actuar sobre las categorías a partir de las cuales el mismo es aprehendido. No todas las feministas son portadoras de este capital, pero como mostraré en las páginas que siguen el mismo se transmite en la sociabilidad militante. La recodificación de

---

[48] La manera en que se invoca la persona de "los", pero especialmente de "las" intelectuales adquiere la forma de un diálogo casi cotidiano. En la militancia, dado que no existen las formas académicas, la opinión o las ideas de las intelectuales feministas aparecen en las conversaciones bajo una modalidad sin distinciones que invita a confundirlas con las militantes.

las categorías cognitivas es una tarea que se realiza en forma permanente organizando grupos de lectura, encuentros, jornadas, congresos y discusiones sobre temas y problemas puntuales y de actualidad. Tanto para Bourdieu como para las militantes feministas, la subversión política presupone una subversión cognitiva, una conversión de la visión del mundo.[49]

3.1 Los términos que explican la realidad de *las mujeres*

Las militantes realizan un cuidadoso trabajo de significación para lograr la composición de un colectivo y la creación de sentido que permita constituirlo como categoría de referencia. ¿Cómo y dónde se construyen estos cuadros de percepción y de categorización? Las feministas definen sus prácticas de *militancia* por oposición a aspectos, características y valores que le adjudican a la sociedad en general y que son denunciadas como responsables de la opresión de las mujeres en contextos de acción colectiva. Estas denuncias se articulan en general alrededor de conceptos claves, esgrimidos por las mujeres feministas, que han sido articuladores del desarrollo de la militancia. Estos términos han posibilitado erigir interpretaciones del mundo desde un punto de vista donde las integrantes de una categoría social, en este caso las mujeres, aparecen como particularmente afectadas por la "desigualdad" y la "opresión". Esta realidad es definida habitualmente como "situación de las mujeres".

El uso de estos términos ha permitido también crear estándares morales compartidos para explicar y juzgar circunstancias que se identifican como "injustas" hacia las mujeres, que posibilitan motivar y justificar las acciones militantes. Los conceptos se originan en general en ámbitos académicos y su circulación y apropiación se garantiza mediante publicaciones académicas (que en muchos casos son traducciones de publicaciones en lenguas extranjeras), en las dinámicas de trabajo de encuentros regionales, nacionales e internacionales, charlas, conferencias, cursos, en la circulación de folletos y publicaciones de divulgación destinadas a la aplicación de los mismos. Uno de estos términos, que ha sido central para el desarrollo del feminismo, es *patriarcado*.

Las feministas definen el patriarcado como el sistema que oprime a las mujeres. Es un término que forma (o al menos formó) parte de un lenguaje utilizado por mujeres militantes para dirigirse a otras mujeres con las que comparten un mismo espacio y muchos códigos. Según el relato

---

[49] En algunas ocasiones he oído hablar de "un mundo feminista", como también es común que en el intercambio de mensajes en RIMA las mujeres se despidan con "un abrazo feminista". El feminismo es considerado una visión de mundo.

de Francesca Gargallo, historiadora italiana radicada en México, publicado en *Perfiles del feminismo iberoamericano* (2002) la utilización del concepto de patriarcado como "herramienta explicativa" puede situarse en el *II Encuentro Feminista de América Latina y el Caribe*.

> Desde el II Encuentro Feminista de América Latina y el Caribe, que se efectuó en Lima, Perú, **en 1982, el patriarcado fue una categoría con que las feministas latinoamericanas explicaron la realidad entera**: éste era el responsable de la heterosexualidad compulsiva, de la represión y la doble moral sexual, de la subordinación de las mujeres, de la violencia contra las mujeres, de la prohibición del aborto y del maltrato de los niños, amén que de la guerra y las formas de injusticia social, todas ellas construidas sobre el modelo de dominación de los hombres sobre el cuerpo de las mujeres y las voluntades de las mujeres (Gargallo, 2002:117-8).

En Argentina, particularmente en la ciudad de Buenos Aires, los espacios más importantes donde los conceptos, articuladores de los cuadros de percepción propios de las *prácticas feministas*, han adquirido sentido y se han convertido en parte de una gramática política compartida, fueron *Lugar de Mujer* y las "Jornadas de ATEM".[50] ATEM se define como una asociación feminista autónoma, es decir, con "independencia de cualquier institución u organización pública o privada". Surgió en 1982 y en noviembre de ese mismo año sus integrantes publicaron el primer número de la revista *Brujas*. Esta asociación argumenta su posición a partir de la existencia de "una opresión común para las mujeres". Las Jornadas de ATEM son definidas por sus organizadoras como "Jornadas feministas". Estas Jornadas y las publicaciones de ATEM han sido (y aún continúan siendo) uno de los espacios de discusión teórica donde se construye un saber "feminista" y se reactualizan los argumentos de la militancia. Las integrantes de ATEM han manifestado en más de una oportunidad su vinculación con el "feminismo latinoamericano" participando de los Encuentros Latinoamericanos.[51] Es posible dar un ejemplo

---

[50] Ambos lugares son considerados por muchas militantes como los articuladores de la *militancia feminista* durante los años ochenta. Chejter (op.cit.: 27) los define como "los dos espacios nucleares de producción y de debate de ideas feministas (…) puntos de reunión convocantes de casi todas las feministas de la ciudad de Buenos Aires, el Gran Buenos Aires y centro de atracción para las feministas del interior del país".

[51] El nombre completo de ATEM es ATEM – 25 de Noviembre. Según una de sus fundadoras "La fecha elegida como parte de su nombre lo vincula al feminismo latinoamericano: el 25 de noviembre había sido declarado por el Primer Encuentro Feminista Latinoamericano y del Caribe –Bogotá, 1981– el 'Día Internacional contra la Violencia Social, Sexual y Política que se ejerce contra las mujeres", en homenaje a las tres hermanas Mirabel, torturadas y asesinadas por la dictadura trujillista en 1960" (Bellotti, 2002).

muy ilustrativo de esta situación con relación a la utilización del concepto de patriarcado y cómo su inserción en el espacio de la *militancia* construye sentidos y justificaciones, al mismo tiempo que adhesiones y divisiones.

A continuación cito un testimonio de una feminista de alrededor de sesenta años, socióloga, miembro de la Asociación de Especialistas Universitarias en Estudios de la Mujer (ADEUEM). Mientras conversábamos sobre la formación de la Multisectorial de la Mujer en Capital Federal me cuenta:

> ...en ese momento yo sigo con el Partido Intransigente, militando en el área mujer, y ahí formamos la Multisectorial de la Mujer en Capital Federal.
>
> P: ¿En que año fue eso?
>
> R: Creo que en el 83. Donde había políticas, sindicalistas, feministas puras...
>
> P: ¿Cómo se contactan estas mujeres, cómo es que se forma la Multisectorial?
>
> R: ¡... era una ebullición!
>
> P: ¿Dónde te las encontrabas, de dónde las conocías, cómo lo armaron, dónde se reunían?
>
> R: **Porque nosotras ya habíamos empezado antes del 83 a conocernos, ya estaba ATEM, que eran Magui y Marta, que fueron una luz... en ese momento eran como una especie de guía**
>
> P: ¿Solo ellas dos es ATEM?
>
> R: Noooo, había como diez, pero una siempre dice Magui y Marta.
>
> También estaba Lugar de Mujer (...) **Con graves dificultades internas entre nosotras porque a las que éramos de los partidos políticos las feministas, como nosotras pertenecíamos a estructuras patriarcales, que lo único que hacían era reproducir el patriarcado, porque la palabra en ese momento era patriarcado y patriarcado y todo el tiempo con patriarcado, y eso duró**, duró tanto que (...) cuando fue el Encuentro Feminista Latinoamericano y del Caribe del año 90 **a las políticas no nos dejaron entrar a la organización, a las políticas partidarias...** (destacado mío).

El testimonio citado da cuenta del uso y la importancia de la palabra *patriarcado* en 1983 para la configuración del feminismo en Buenos Aires.

Lo que evidencia la rápida circulación de estos conceptos en ese momento en América Latina y la manera en que a partir de su uso las feministas articularon prácticas, sentidos y formas de organización. Como expresa Elias (1989:60), son términos que se acuñan sobre la base de vivencias comunes y crecen y cambian con el propio grupo del que son expresión. Son palabras que tienen mucho significado para las personas involucradas mientras que para los extraños generalmente no dicen nada importante. El testimonio citado muestra la intensidad del significado de la palabra *patriarcado* durante la década de los ochenta y evidencia también cómo su uso y su sentido se prolonga en el tiempo al menos hasta 1990 con la misma eficacia. Si esa era la categoría con la que las feministas explicaban la realidad entera, y los partidos políticos eran estructuras patriarcales, las mujeres que militaban en partidos políticos no eran bienvenidas entre las feministas "puras". Así, la palabra *patriarcado* fue durante varios años una forma de establecer fronteras, identificaciones y oposiciones.

Estas palabras, que adquieren un poder casi mágico para ordenar los saberes y las acciones sobre el mundo social, no solo son útiles para orientar las prácticas actuales, sino también interpretar y reordenar el discurso histórico. Los términos que circulan en los espacios del feminismo y los marcos de percepción a ellos asociados son utilizados también para crear una continuidad histórica con hechos pasados reubicándolos actualmente a partir de este vocabulario. Así, en el artículo citado de Francesca Gargallo, la autora expresa:

> **En la década de los setenta, el feminismo latinoamericano ya tenía historia.** Quizás las organizaciones de mujeres en México, en los años treinta, habían exigido del cardenismo el derecho a voto y a la participación política activa; que en Colombia, en 1912, se manifestaron a favor de los derechos civiles de la mujer casada; que en Ecuador, en 1928, demandaron ante la corte la aplicación de sus derechos políticos (...) **no tuvieron una conciencia explícita de la necesidad de desconceptualizar lo femenino como naturaleza en la dicotomía mujer-hombre construida por las culturas patriarcales sobre y contra su cuerpo sexuado. Sin embargo, ya eran movimientos feministas** que reivindicaban transformaciones sociales y políticas tendientes a revertir la opresión, la subordinación y la explotación de las mujeres, con base en una idea de justicia entendida como igualdad de derechos y en una idea nacional que las llevaba a reivindicar personajes de culturas prehispánicas, de la época colonial o de la lucha independentista con quien identificar su importancia femenina (...).

> **La gran diferencia de las expresiones feministas anteriores y el feminismo que empieza a expresarse en la década del 1970 en América Latina es el descubrimiento de las mujeres de su "mismidad".**
> (Gargallo, 2002: 113-14) (destacado mío).

Durante el intercambio entre feministas, especialmente en los espacios de encuentros, nuevas reflexiones y nuevos términos surgen constantemente como una forma de actuar sobre las categorías de acción y de percepción que ordenan y definen sentidos. Por ejemplo, el uso de la palabra "mismidad" les permite a las militantes referirse a sí mismas desde una percepción objetivada de su cuerpo y su "yo". Una posición desde la que pueden reflexionar sobre "sus sentimientos", "sus experiencias", "sus saberes" y que se origina en la construcción de una distancia que permite hablar de sí mismas situándose en una relación de alteridad. Otra de esas expresiones que ordenan sentidos y que se discuten actualmente entre las feministas es "mujeres en situación de prostitución", a partir de la cual se da por sentado que ninguna mujer "es" prostituta y al mismo tiempo cualquier mujer puede potencialmente estar en esa situación.

Inclusive, en algunos casos dada la importancia que han adquirido a través de los años la actuación de las militantes feministas dentro del ámbito académico, muchas de las reflexiones dieron origen a conceptos que se han articulado para formar lo que algunos denominan "teoría feminista". Según ciertas académicas, no solo sería distinta, sino opuesta a las teorías de "dominación masculina":

> En estos transcursos, la teoría feminista latinoamericana ha creado significaciones distintas, y a veces opuestas, a las de dominación masculina, manteniendo su autonomía de las ideologías de los partidos políticos y de los estados, exigiendo igualdad de derecho a la expresión del propio ser entre mujeres y hombres, planteando el libre ejercicio de las sexualidades y la crítica a la heterosexualidad normativa (Gargallo, 2002: 108-9).

Desde la producción académica muchas feministas han creado términos y esquemas de interpretación que han permitido articular el sentido de prácticas por fuera de este espacio. La existencia y la utilización de un lenguaje específico permite no sólo explicar realidades y justificar acciones, sino también articular un conjunto de *performances* que presentadas públicamente crean una gramática que intenta garantizar la visibilidad y la legitimidad pública de una determinada visión de mundo. Este trabajo minucioso, que se da al interior del espacio del feminismo, para lograr una identificación cognitiva, no necesariamente tiene como objetivo lograr una "identidad feminista". En tanto la identificación puede darse a través de discursos o relatos públicos, sin que medien obligatoriamente personas o instituciones, mujeres que no se consideran a si mismas *feministas* adhieren sin embargo a causas construidas por las feministas como la despenalización y legalización del aborto.

3.2 El sexo de las palabras y la "invisibilización" de *las mujeres*

Muchas feministas consideran que el *sistema patriarcal* oprime a las mujeres y la ideología que lo caracteriza está presente en el lenguaje que usamos, en la mayoría de las instituciones y hasta ha disciplinado el cuerpo de las mujeres. Según este punto de vista, la forma en que nos expresamos está teñida por una visión considerada androcéntrica y heterosexista que el sistema nos impone. En el uso del lenguaje las feministas identifican una percepción del mundo en la cual las mujeres están "invisivilizadas".[52] Al ser nombradas con términos expresados en masculino y que se refieren a hombres y mujeres sin distinción, las mujeres dejarían de existir. Las feministas no solo llaman la atención sobre la manera en que habitualmente otras personas nombran a las mujeres, sino también en cómo las mujeres "se nombran a sí mismas", o más específicamente cómo las palabras con las que se nombran las hacen permanecer ausentes.

Así, en un grupo conformado solo por mujeres (como son los grupos de feministas) se pone el acento en que no se trata de "nosotros", sino de "nosotras". Si el colectivo fuera mixto, lo correcto sería decir "nosotros y nosotras" y de esa manera las mujeres estarían siendo nombradas y, por lo tanto, "visibles". El objetivo es evidenciar en el uso del lenguaje que palabras como "hombre", en los casos en que se usa de manera indiferenciada como prototipo de la especie humana (por ejemplo, cuando se menciona "el origen del hombre"), ocultan la existencia de las mujeres.

La atención especial que requiere una vigilancia epistemológica sobre el uso de las palabras y su significado, especialmente cuando el mismo es considerado político, e intentar subvertirlo es para la mayoría de las militantes un ejercicio tedioso, especialmente para las mujeres que recién comienzan. Además, debido a que muchas son categorías de uso cotidiano y están fuertemente incorporadas, es casi imposible que en algún momento no se las utilice de modo corriente. Cuando es así, suele crearse un clima tenso y algunas veces alguna mujer suele llamar la atención hacia el uso que "aún siendo feministas" se hace del lenguaje. En gene-

---

[52] Desde comienzos de los años setenta se ha generado también dentro de las estructuras académicas "estrategias de visibilidad" de las mujeres. Según Selma Leydesdorff, "Gran parte de la historiografía feminista se originó en la necesidad de tener un pasado con el cual pudiera identificarse el movimiento feminista y también las mujeres en lo individual" (Leydesdorff, 1992:91).

ral, utilizan esa situación para argumentar sobre la intensidad con que el *patriarcado* se inmiscuye en la vida de las mujeres.

En una entrevista colectiva con mujeres miembros de la Biblioteca Popular de las Mujeres integrada por feministas, una de las integrantes que "aún" no se autodenomina feminista –ya que considera que es un largo camino y que le falta "interiorizarse sobre algunas cosas"– dice que ella es "el fruto de sus compañeras feministas". Otra mujer que se denomina feminista la corrige y le dice: "**el** fruto no, **la** fruta". Y ella se corrige: "soy la fruta de ellas". Y luego cuenta que a partir de las cosas que escucha de sus compañeras empieza a percibir su realidad cotidiana de manera diferente. Cita como ejemplo lo que le sucede cuando va a la iglesia y escucha el discurso religioso: "A veces en la iglesia dicen algo y dicen.... eran tantos hombres y yo pienso: no dicen las mujeres". El capital cultural de esta mujer, a diferencia de otras, es escaso. Sin embargo, poco a poco va incorporando algunas de las reflexiones de las otras militantes en su cotidiano. Pero se trata de un proceso prolongado.

Otro de los diálogos que surgió durante la misma entrevista, esta vez entre dos mujeres que se reconocen feministas, fue el siguiente:

> G: Ella siempre habla de nosotros y yo siempre te lo digo. Yo creo que es una manera…, fijate que es una cosa que siempre nos cargamos, decimos nosotros-nosotras… y efectivamente vos siempre tenés dentro de tu cabeza lo que querés incluir y me parece bien, que son los Pedros o quienes sean [en referencia a los hombres] y yo no. A veces digo, "¿tendría que decir nosotros?". Me pasó cuando juntaba las firmas por la campaña del aborto, en un momento pensé, "digo nosotros" para que no quede que solo las mujeres estamos juntando firmas. Entonces a todos les decía "nosotros" porque me parecía que era mejor. Pero es una diferencia que siempre ha estado, pero que podemos tolerar, podemos soportar.

> L: Pero tiene vinculación con los lugares donde te movés. Si yo hago un escrito, es muy probable que tenga en cuenta ese tipo de cosas, si entro a un salón digo chicas y chicos. Ahora si te movés en una reunión de docentes y estoy hablando con una directora, digo nosotros. O con los vecinos digo nosotros.

> P: No decís, nosotros/nosotras, vecinos/vecinas. Tendrías que incluir…

> L: En la Cámara de Diputados un tipo dijo "colegas y colegos", me encantó. Es que es más fácil que uno detecte este tipo de cosas en el discurso de otros a que uno lo incorpore. Cuando un tipo se refiere a otros y dice "señores, vamos a hacer tal cosa", vos decís: "¿cómo, nosotras somos de palo?".

La subversión herética, a la que hace referencia Bourdieu (1988), que se produce a través del trabajo de enunciación provoca una crisis que, en el ejercicio de las prácticas feministas, tiene por objetivo romper la correspondencia entre los nuevos principios de clasificación y el orden establecido. Según las militantes, esa ruptura tiene diferentes impactos de acuerdo al espacio social en el que sea enunciada. Ellas reconocen el peso de las categorías cognitivas en la representación que tenemos del mundo, pero también enuncian la dificultad que tienen para hacer, utilizando los términos de Bourdieu, un "enunciado herético". Esto es subrayado especialmente por aquellas mujeres que trabajan en relación de dependencia en la administración pública. También mencionan la dificultad de llevar esta "visión de mundo feminista" a sus espacios cotidianos. Como dice Mary, "en mi casa creen que soy feminista. Cuando digo algo me dicen: 'ya habló Biblioteca de las Mujeres'".

La vigilancia sobre la distinción sexual, que se hace a través de las palabras para hacer referencia a las personas, también se hace en algunos casos sobre objetos a los cuales se les cambia el género. A veces esto implica la creación de neologismos, por ejemplo, un boletín pasa a llamarse "boletina" y un bar una "barcita". Así, el mundo comienza a ser no solo más femenino sino "más feminista", debido a que la inversión del género de los objetos y la atención puesta en que las palabras nombren a las mujeres es parte de la estrategia política feminista.

Entre las feministas el uso del lenguaje no es impugnado solamente por no nombrar específicamente a las mujeres al incluirlas en el genérico "nosotros" o "los hombres" cuando se usa para referirse a hombres y mujeres, sino también en la manera en que las mujeres suelen ser nombradas en determinadas situaciones. Militantes feministas cuentan su experiencia en una reunión de un 8 de marzo (Día Internacional de la Mujer[53]) con el intendente de una ciudad del interior de la provincia de Buenos Aires para discutir cuáles serían las políticas públicas dirigidas a las mujeres durante su gestión:

G: (…) como nos pasó con el intendente, cuando dijo niñas y hubo problema. Pero estuvo bien planteado.

P: ¿Qué le dijiste?

G: Y bueno, nada… **que era una reunión política, era el 8 de marzo… estaba sentado con las mujeres para pensar juntos qué políticas iba a**

[53] En 1975 la Organización de las Naciones Unidas declaró el 8 de marzo como Día Internacional de la Mujer. Esta fecha fue apropiada por el feminismo a nivel internacional y se convirtió en una referencia a partir de la cual las militantes organizan acciones públicas, como marchas, entrega de petitorios, *performances*, etc.

diseñar en su gestión que recién comenzaba, que si nos pensaba como niñas era muy poco lo que íbamos a poder trabajar con él...

L: Dijo algo peor cuando quiso explicarlo: que él estaba acostumbrado a decir niñas porque trabajaba con muchas mamás, o sea que a las mamás también les diría niñas...

G: Pero bueno, **son cosas políticas, que alguna se aviva y las dice desde su corazón. Y a la otra no siempre le cae bien** (destacado mío).

Las feministas que allí estuvieron consideraban que esta reunión era política. Dos características de cómo se expresa esta militante, y que refuerzan el significado político que le dan a la reunión, merecen ser destacadas. En primer lugar, la mención al 8 de marzo, dicho con un tono que mostraba lo obvio de la importancia de esa fecha para ellas, donde reunión política y 8 de marzo aparecen casi como sinónimos: "era una reunión política, era el 8 de marzo". Segundo, cuando dice: "estaba sentado con **las mujeres**", el uso en plural y generalizado de esta categoría (las mujeres) muestra que en esa situación ellas no consideran que estén defendiendo intereses propios, sino que hablan en representación de un colectivo. En ese contexto, llamar la atención acerca de la categoría utilizada por el intendente para referirse a ellas fue la forma de dejar registro ante este interlocutor del carácter político de esa reunión.

Según Bourdieu (1988:69), la correspondencia entre las divisiones objetivas y los esquemas clasificatorios, entre las estructuras objetivas y las estructuras mentales está en el principio de una suerte de adhesión originaria al orden establecido y la modificación de ese orden no se da sin conflictos. Los mismos no solo se dan hacia afuera del espacio del feminismo, sino también hacia adentro. En el caso mencionado se trataba de mujeres entre cuarenta y ocho y cincuenta y cinco años y el funcionario se refirió a ellas como "niñas". Esto es interpretado por ellas como el establecimiento de un estatus menor que las perjudicaba al momento de acordar políticas públicas: no se trataría de una discusión entre iguales. El resultado de la intervención de las militantes fue en principio el ofuscamiento del funcionario, que según ellas al intentar remediar su "error" lo reafirmaba. Pero también estas acciones producen desacuerdos entre las propias militantes que muchas veces consideran que este tipo de intervenciones son demasiado "radicales" y perjudican las posibilidades de diálogo y negociación que permitan futuras acciones.

El encuentro entre las mujeres feministas y el intendente de la ciudad fue considerado por las feministas un encuentro político con un alto contenido simbólico. Se realizó en el despacho municipal, el 8 de marzo, fecha cargada de significado para las militantes y uno de los días más importante en el calendario de acciones del feminismo. Según Bourdieu, todas las formas de capital simbólico son vulnerables a la acción destructora de las palabras que develan y desencantan. Denunciar y revertir la forma en que el funcionario se refirió a las mujeres fue considerada una acción política en sí misma.

Conclusiones

En su artículo "O gênero da representação: movimento de mulheres e representação política no Brasil (1980-1990)" Elisabeth Souza Lobo afirma que no es la naturaleza de las reivindicaciones sino la forma de agenciamiento colectivo la que abre camino para la construcción de un campo social nuevo y para la reflexión sobre los actores, en especial para los actores dominados (Souza Lobo, 1991). A esta aseveración quisiera agregar que en el caso del feminismo, la "naturaleza de las reivindicaciones" realizadas por las feministas sitúa la *política* en la propia definición de persona, en las emociones y en las categorías cognitivas en tanto la visión de mundo es considerada una posición política. Si bien la naturaleza de las reivindicaciones no conlleva necesariamente en sí misma la construcción de un "campo social nuevo", sí podría decirse que las exigencias feministas, en tanto parten de una noción individualizada y autónoma de persona, influyen en las formas de interacción a partir de las cuales se configura ese espacio social. Así, los principales términos que estructuraron las formas de interacción del feminismo a partir de los años setenta fueron: la rebeldía; la concepción de una "identidad femenina verdadera", que es necesario develar a partir de un trabajo interior orientado a una fuerte individualización; el eslogan *lo personal es político*, que habilita una definición de política que incluye las relaciones entre los sexos en sus dimensiones consideradas más íntimas o "privadas" como la sexualidad y el cuerpo; y la oposición a las jerarquías.

En este capítulo intenté dar cuenta, a partir del análisis de narrativas desarrolladas en diferentes espacios y situaciones, de algunas de las formas específicas que adquieren las *prácticas feministas*. Los relatos dan cuenta de un léxico y de sentidos compartidos que permiten situar trayectorias personales a partir de argumentos y lógicas sociales. Se trata de producir una transformación cognitiva en cada mujer con el fin de que pueda despojarse de las categorías que, según sus interpretaciones, les fueron impuestas desde un *sistema opresor*. En la nota introductoria a la reedición de 1964 de *Sistema Políticos de la Alta Birmania* Leach (1976:14-15) afirma que su intento de encontrar una ordenación sistemática de los acontecimientos históricos no se basa en hechos empíricos, sino que depende de la cambiante valoración de las categorías verbales. Y agrega que el "sistema" es un asunto de relaciones entre conceptos y no de relaciones "verdaderamente existentes" dentro de los datos fácticos brutos. Para el caso de los kachin, según el autor, el conjunto de categorías verbales, que él describe en el capítulo 5 del libro, constituye un conjunto estructural persistente y es siempre en los términos de ese tipo de categorías como los kachin pretenden interpretar (a ellos mismos y a otros) los fenómenos sociales empíricos que observan a su alrededor.

El taller de *Aprendizas de Brujas* y los relatos de conversión dan cuenta de la manera en que las feministas disponen de un vocabulario y de técnicas específicas para que cada mujer se reconozca como autónoma buscando en primer lugar la liberación "dentro de sí misma". Según esto, es en la acción individual y reflexiva donde se aloja la posibilidad de rebelarse. Hasta ahora puse el acento en la importancia que para las feministas posee la conversión de las categorías cognitivas y las maneras, interiorizadas e individualizadas, de transformarse en feministas. En el capítulo siguiente me dedicaré a describir el modo en que las militantes intentan sostener los ejes enunciados anteriormente en un espacio de acción colectiva que exige, al mismo tiempo, una forma de organización práctica y una movilización social por la causa de *las mujeres*.

CAPÍTULO 2
Dinámicas feministas: autonomía y horizontalidad

*Entre la inmovilidad de la política tradicional y
la impermanencia de las organizaciones de mujeres
media la diferencia que va de la paz de los sepulcros
a la vitalidad de una plaza de juegos.*
Leonor Calvera.
Mujeres y feminismo en Argentina

En el capítulo 1 intenté mostrar cómo, desde el punto de vista de las feministas, la liberación de cada mujer requiere un intenso trabajo de reflexión sobre categorías que definen una visión de mundo para producir una nueva forma de pensar y "pensarse". Sin embargo, no se trata de un acto individual, sino de un ejercicio de individualización que requiere de técnicas, vocabulario y sentidos construidos en forma colectiva. La transformación de las categorías cognitivas es considerada un acción *política*.

En este capítulo quiero poner el acento en cómo se modelan y se regulan las interacciones entre las militantes feministas en uno de los espacios de socialización al que se convoca a mujeres de todo el país. Se trata de los Encuentros Nacionales de Mujeres Feministas. Intento dar cuenta aquí de la dinámica de las acciones en las que se producen las razones de la militancia (las situaciones donde se confrontan discursos de denuncia de injusticias y de reivindicación de derechos) y las formas a partir de las cuales se enuncian e intentan ponerse en práctica principios orientados por valores como la horizontalidad y la igualdad. Se trata de reconstruir, a partir de la observación etnográfica, la gramática que caracteriza esas situaciones de interacción donde las jerarquías solo se aceptan bajo argumentos igualitarios.

Estos espacios que las militantes definen como autónomos, en oposición a otras formas de militancia y de hacer política, cumplen en principio una doble función. A través de las mismas prácticas, y en una tensión constante entre igualdad y diferencia, las mujeres feministas construyen argumentos de movilización social, que requieren hacer visible una situación particular definida como "la situación de las mujeres", a partir de la cual se construye una causa que deberá ser convertida en digna de la atención de un público; y, por otro lado, despliegan una forma de organización, que ellas definen como política, cuyo objetivo es desafiar la organización jerárquica a través de prácticas orientadas a lograr una forma de organización horizontal. Esta doble función se corresponde con la polisemia que la noción de igualdad adquiere en situaciones empíricas.

Para identificar los sentidos diversos de la *igualdad* en la práctica militante considero pertinente introducir aquí una distinción analítica. Por un lado, se trata de un sentido de la igualdad que permite concebir a "las mujeres" como una categoría o clase (en el sentido de clasificación), es decir, definir la constitución de una comunidad o un "nosotras". Por otro lado, se trata de una igualdad como ausencia de jerarquías en las formas de hacer política que proponen las mujeres feministas. Utilizando el lenguaje de las matemáticas, definiré la primera igualdad como equivalencia (dos números reales son iguales si representan la misma clase) y la última igualdad de orden (dos números reales son iguales, si la relación de orden cumple para ellos la propiedad antisimétrica).

El primer sentido de la igualdad se construye a partir de un trabajo de enunciación y formulación de argumentos, dirigidos a un público específico, con el objetivo de lograr la legitimación y el reconocimiento de temas que son construidos como afectando particularmente a los miembros de una misma clase: *las mujeres*.[54] El segundo sentido se refiere a formas de interacción definidas por las feministas como políticas que

---

[54] De manera muy lúcida la militante feminista Margarita Bellotti (2003:57) expresa: "El sujeto colectivo 'mujeres' es una construcción política. Se trata de un sujeto situado en contextos históricos, sociales y culturales específicos, no es estático ni homogéneo, sino cambiante y complejo". Con esta cita intento dejar claro que no pretendo debatir con las militantes acerca de categorías que, dadas las características de este campo, y el hecho de que muchas feministas pertecen al mundo intelectual, ya han sido exploradas y largamente discutidas. No se trata de que las feministas ignoren la gran heterogeneidad que cabe en la expresión "las mujeres", sino que intento mostrar cómo la militancia exige para hacer posible la acción un complejo juego de identificaciones, oposiciones y límites y, en última instancia, una lectura simplificada de la realidad.

buscan explícitamente negar las jerarquías y se construyen a partir de la utilización de conceptos que denotan horizontalidad y prácticas que intentan demostrar la ausencia de asimetrías. Si bien en contextos empíricos ambas nociones aparecen juntas, incluso en algunos casos se entremezclan, estimo que esta diferenciación es útil para comprender la forma particular del feminismo y abordar los conflictos constantes que se dan en estos espacios desde un punto de vista que los considere como una forma de relación y no como un problema no resuelto, la ruptura de relaciones o como relaciones negativas.

1. *Nosotras, Entre Nosotras, Desde Nosotras*

Las formas de integración en las prácticas feministas se construyen intentando respetar las nociones de mujer que las feministas consideran legítimas y las visiones de mundo en nombre de las cuales el movimiento se articula. Así, según las militantes, los encuentros deben garantizar la autonomía, la horizontalidad, la fidelidad a sí mismas (al propio interior), la importancia del cuerpo como lugar de lucha, el no sometimiento, el uso no sexista del lenguaje, etc. Los encuentros feministas se organizan a partir de diferentes momentos: el taller de *Aprendizas de Brujas*, descripto en el capítulo anterior; la apertura con palabras de bienvenida a cargo de integrantes de la Comisión Organizadora; los talleres propuestos por la Comisión Organizadora; tiempo para el cuerpo y talleres libres propuestos por las participantes que estuvieran interesadas en hacerlo; las plenarias parciales realizadas al final de cada día de trabajo; la fiesta, con cantos poesías y música; la plenaria final realizada el último día y que reunía al igual que en la apertura a todas las participantes; la elección de la próxima sede del encuentro, que se hace en el mismo espacio y a continuación de la plenaria y un almuerzo de despedida.

En el último encuentro, realizado en la ciudad de Tandil los días 14, 15 y 16 de junio de 2003, cada taller tenía un nombre y bajo esa denominación la Comisión Organizadora sugería los ejes que articularían el debate. Los mismos se constituyeron a partir de los tópicos que la Comisión Organizadora identificó como "las dos o tres preocupaciones importantes en el movimiento". Una de ellas fue las acciones políticas y la acción del movimiento con otras fuerzas, con otros grupos o con el Estado. Otra era las "complicaciones" al interior del movimiento. Y, por último, el tema de la subjetividad como forma de reflexionar "sobre la práctica de cada una y la forma en que se vive el feminismo".

Sobre la base de estas premisas se definieron tres talleres cuyas denominaciones marcaban el itinerario de las reflexiones: desde lo interior hacia la relación con "otros". Un énfasis especial se colocó en la manera de nombrar a las participantes en una categoría inclusiva: nosotras. Así, los tres talleres fueron: Nosotras, Entre Nosotras y Desde Nosotras. Al igual que el "devenir" en el proceso de transformación al *feminismo* mencionado en el capítulo uno, los nombres de los talleres hacían referencia a un movimiento desde el interior "nosotras" (en referencia a "cada una"); luego, "entre nosotras" (en referencia a el/los feminismos) y finalmente "desde nosotras" (un desplazamiento hacia un exterior).

Una vez que la Comisión Organizadora definió los tres talleres, decidió "no cerrarlos" y enviar información por correo electrónico al resto de las feministas para que hagan nuevas propuestas o modifiquen la que ellas habían elaborado:

> Hicimos algo **bastante democrático** porque me acuerdo que dijimos, "no cerremos los talleres, invitemos a las otras a que propongan o temas o modificaciones a esto". Entonces hicimos una vuelta para ver si proponían algún otro tipo de talleres. Fue como una especie de puntapié inicial sobre estas tres cosas que estaban preocupándonos y después hicimos una vuelta para ver si se proponían otros temas (destacado mío).

También, al igual que en el encuentro anterior, se dejó abierta la posibilidad de realizar "talleres libres" que podían ser propuestos por cualquier otra feminista interesada en trabajar algún tema en particular. En este encuentro los talleres libres fueron: *Aborto Seguro. Un derecho de Ciudadanía de las Mujeres*, coordinado por una médica ginecóloga de alrededor de cincuenta y cinco años y una socióloga de veintiocho años y *La heterosexualidad como institución*, coordinado por dos mujeres lesbianas de alrededor de treinta años.

El programa del encuentro, donde aparecían organizadas las actividades, estaba impreso en blanco y negro y luego fotocopiado y doblado en forma de tríptico. Esta información se entregaba a cada una de las participantes en el momento de su inscripción junto con una carpeta, con hojas en blanco para tomar notas y una lapicera. En el programa se enunciaban los temas para ser discutidos en cada taller. La forma de organización preveía que, en cada grupo que se constituyera en forma de taller, se discutieran los ejes propuestos por la comisión para cada uno de los tres talleres durante esos dos días.

El primer taller, denominado *Nosotras*, proponía los siguientes temas: nuestras opciones sexuales; nuestros abortos; nuestros cuerpos violentados, abusados, violados, mutilados, prostituidos, pornografiados; nuestras maternidades; nuestras menstruaciones y menopausias; nuestras espiritualidades; nuestros interiores (todos) en relación con nuestras políticas feministas; el poder en el ámbito privado y su vinculación con el ámbito público; relación entre el poder sexual y el poder político, económico, cultural, social y religioso; nuestros cuerpos y nuestra sexualidad para el patriarcado, el capitalismo y el Estado; continum lesbiano entre *feministas* y el *feminismo* dentro de mi casa y dentro de mi cuerpo.

El segundo taller, *Entre Nosotras*, proponía discutir los siguientes temas: nuestros feminismos, diferencias y acuerdos; nuestras luchas acciones y estrategias hoy en Argentina; nosotras en América Latina y en el mundo; el poder al interior del feminismo, cómo articulamos, cómo construir un espacio feminista de debate; el impulso de acciones; "las feministas en todas partes"; autonomía: ¿qué proyecto feminista queremos?; "Mi feminismo con las otras feministas".

El taller tres, *Desde Nosotras*, propuso: ¿con o contra las otras?; nosotras y los partidos políticos; nosotras y las religiones; nosotras y los medios de comunicación; nosotras y los movimientos sociales; nosotras en el Encuentro Nacional de Rosario; nosotras y el gobierno nacional, provincial y municipal; pactos y negociaciones posibles. En los dos puntos que siguen analizo a partir de una etnografía de dos de los diversos espacios que tienen los Encuentros de Mujeres Feministas, los talleres y la plenaria, los diferentes sentidos de la noción de igualdad que son parte de esta forma de hacer política.

2. *Las mujeres* como categoría de acción política: construyendo la causa

Tal como llama la atención Durkheim en *Las Reglas del Método Sociológico*, una de las dificultades más importantes con que se encuentra un investigador de las ciencias sociales son las representaciones preestablecidas sobre su objeto de estudio. En el caso de este trabajo la mayor dificultad con la que tuve que lidiar fue el riesgo de tomar la categoría *mujer* o *mujeres* como naturales, o como principio dado de constitución de un grupo social (Lenoir, 1989). Al ser remitida a un dato biológico, la categoría mujer pareciera explicarse por sí misma. Sin embargo, la constitución de un colectivo, en este caso *las mujeres*, nada tiene de obvio ni de evidente. En este punto haré hincapié en lo que anteriormente definí como igualdad en tanto equivalencia. Es decir, la construcción de un sentido que considera que dos personas son iguales si pertenecen a la misma categoría clasificatoria, en este caso ser mujer. Así, analizaré cómo se construye el colectivo *mujeres* en unos de los espacios del feminismo, al mismo tiempo que la categoría que se le opone: *los hombres*. Es en el desarrollo de los talleres donde la construcción de la igualdad como equivalencia adquiere mayor sentido, a diferencia de la plenaria donde prima el sentido de una igualdad de orden. La definición de lo que es *ser mujer* en estos espacios puede ser analizada en diferentes niveles: en el aspecto espacial y organizacional, en lo discursivo y en las prácticas. Los términos que en muchos casos son utilizados por las militantes como principios explicativos son aquí analizados en tanto herramientas utilizadas estratégicamente para desafiar las visiones de mundo dominantes con la finalidad de instalar una nueva forma de entender la política y las relaciones entre los sexos.

2.1 La dinámica de los talleres

> *Al mismo tiempo que cansa, es impresionante ver*
> *ese funcionamiento sin un orden o un protocolo*
> *establecido, donde todas hablan y todas confrontan.*
> Militante feminista

Con respecto al primer nivel, merecen ser destacadas algunas características. La decisión de la disposición de las sillas en círculo y las observaciones en las formas de la coordinación durante el funcionamiento de los talleres se sustentan en el argumento de que *las mujeres* están habitualmente inscriptas en estructuras jerárquicas que, consideradas moralmente condenables en tanto injustas, las feministas no quieren reproducir en esos espacios.

Así, para las militantes es importante contestar las maneras en que el *sistema patriarcal* se organiza y no reproducir en la dinámica de acciones militantes las formas jerárquicas que, según la visión feminista, son propias del mismo y subyugan a *las mujeres*. En general, prestan especial atención a desarrollar formas de interacción que borren las marcas de posibles desigualdades. Una de las maneras de hacer esto es la distribución espacial de las mujeres con el objetivo de igualar a las participantes. Habitualmente, los encuentros se realizan en edificios donde funcionan escuelas o universidades. La primera tarea antes de comenzar un taller era cambiar la disposición espacial de las sillas de las salas de aulas y colocarlas en círculo. Algunas veces se utilizaba el pizarrón para registrar las conclusiones y que las mismas puedan ser vistas por todas las integrantes; otras directamente se cerraba el círculo y el pizarrón no formaba parte de la estrategia para llevar adelante el debate.

En el programa del año 2003 junto con la mención de los temas a discutir en los talleres se incluía una recomendación sobre el funcionamiento de los mismos destinada a garantizar la "horizontalidad" en la coordinación y la posterior circulación de las conclusiones entre todas las participantes del Encuentro. Las indicaciones eran las siguientes: "Elegir y rotar la coordinación para la Reflexión (dos horas); disponer media hora para anotar conclusiones y propuestas, elegir una relatora para lectura de esto y entregar copia (con letra clara) a la Comisión Organizadora". De acuerdo a las sugerencias la coordinadora, no debía ser designada con anterioridad a la existencia del taller, sino ser elegida por las mujeres que asistían en el momento de su formación. La coordinación rotativa aconsejada en la práctica y en el clima de acalorados debates generalmente no se respetaba, al mismo tiempo que si no se estaba presente en el momento de la decisión era difícil saber quién coordinaba, ya que las discusiones se daban de manera espontánea y desordenada. Después de cada sesión se realizaba una "plenaria parcial", que consistía en la reunión de las participantes de los diferentes talleres para leer las conclusiones que surgían del debate y compartirlas con el resto de las mujeres.

Por otra parte, con vistas a que todas pudieran hacer uso de la palabra se limitaba la cantidad de integrantes de los talleres a no más de quince o veinte mujeres. En tanto, según los argumentos feministas, *las mujeres* han sido privadas de la palabra durante mucho tiempo, esos espacios deberían garantizar también que todas desean hablar si es que así lo deseaban. La Comisión Organizadora daba una normativa general de funcionamiento, dejando luego abierta la posibilidad de que las propias integrantes decidieran, por ejemplo, quién o quiénes coordinarían la actividad. En el Encuentro anterior la posibilidad de decidir de cada grupo era más explícita que en el último y estaba incluida en una serie de consignas definidas como "pautas de funcionamiento de los talleres":

- Cada taller decidirá si aborda todos los temas propuestos o solo algunos y la profundidad con que los desarrollará.

- Cada taller resolverá en qué momento hacen un corte en el debate para descansar, si es que quieren hacerlo.

- También resolverá si harán un alto para hacer alguna actividad física coordinada por alguna participante que tenga experiencia en ello.

Así, desde la organización se prestó especial atención a la *autonomía* con la que se consideraba que debían funcionar las mujeres agrupadas en talleres. Existe el supuesto de que cada taller posee autoridad sobre sí mismo y es independiente, por eso el argumento de que "los talleres son soberanos" se escucha asiduamente.

También suele suceder que las pretensiones de horizontalidad hagan que nadie quiera asumir roles diferenciados, lo cual puede dificultar el funcionamiento del taller.[55] Este testimonio, extraído de las memorias del VI Encuentro de Mujeres Feministas, muestra cómo las militantes resuelven en la práctica estas disquisiciones:

> El primer día nadie quiso tomar nota. El segundo día mejoramos un poco esto, dos compañeras se ofrecieron y fueron tomando nota. Era bueno que pudiéramos dar cuenta de las cosas que se discutieron en el taller. En cuanto a la propuesta de la Comisión Organizadora de las preguntas y ejes temáticos no hubo un acuerdo de discutirlos de esa manera, así que los temas un poco fueron y vinieron.

Por otra parte, la decisión de las integrantes de los talleres de discutir o no los temas propuestos por las organizadoras también es vista como una muestra de la *autonomía* que las feministas consideran condición que garantiza *la libertad de las mujeres*. Ejemplo de esto es uno de los talleres donde, en vez de discutir los temas sugeridos en el tríptico, las integrantes decidieron (con la importancia que el poder de decisión tiene en ese ámbito) analizar el lenguaje con el que estaban expresados los tópicos y mostrar la omnipresencia del *discurso dominante*:

> Las integrantes de este mini-taller, en lugar de priorizar un tema determinado, al leer el temario del encuentro en el primer día, vemos cómo el **discurso dominante** se nos filtra y nos quedamos entrampadas, mirándonos como somos miradas. **Nos llama la atención como aparece una detallada enumeración de las "victimizaciones"** y queda eludido el cuerpo erótico, el cuerpo gozoso, el placer, lo lúdico. Quedarnos en la victimización nos congela, nos quita fuerza. También notamos que seguimos hablando de "cuerpos" y no son solo los cuerpos, ni los victimizados, ni los gozosos, **somos "nosotras", cada una** (destacado mío).

Una vez que se inicia el debate, las intervenciones son en general desordenadas y es necesario tener voz fuerte y firme y/o seguridad para opinar. En tanto estas son características desigualmente distribuidas entre las participantes, no todas se manifiestan por igual. Sin embargo, dado que no se le otorga a nadie el poder de dar la palabra a otras, quien

---

[55] Es común que en los talleres no se cumplan las pautan dadas por la Comisión Organizadora.

quiera hablar debe aprender a usar su voz para ser escuchada y a sostener su opinión en oposición a las demás. Cuando el desorden impide el entendimiento algunas veces se discute sobre cómo ordenar la discusión. Lo más común es que no se implemente ninguna modalidad específica. Por ejemplo, una lista de oradoras, que podría ser pensada como una forma de garantizar que todas puedan hablar, es rechazada por considerarla una metodología propia de los partidos políticos. Pero sobre todo porque significa que una mujer estaría detentando el poder de dar la palabra. Dentro de la dinámica feminista se entiende que ninguna mujer tiene autoridad para hacerlo, según los términos de una militante, cada mujer "debe autorizarse a sí misma". Formalmente nadie se somete a la autoridad de nadie. Como principio igualitario, cada opinión debe ser respetada y, por eso, se rechazan las conclusiones por votación donde solo estaría representada la opinión de la mayoría.

En el uso de la palabra en un espacio de acción colectiva y de confrontación de ideas se otorga valor a la individualidad y la opinión de cada mujer. Estas prácticas donde las militantes exponen sus argumentos tienen, para las feministas, en sí mismas un significado político. Así, se imprimen en los debates dinámicas que van constituyendo desde el punto de vista de las feministas formas de hacer política. Podría decirse que las formas de funcionamiento pautadas para el desarrollo de los Encuentros de Mujeres muestran a la vez estructuras de pensamiento y estructuras de acción. La forma en que funcionan los talleres favorece no solo la puesta en común de argumentos e ideas, sino que se trata de un espacio donde las participantes ejercen un trabajo permanente de observación recíproca, de evaluación, de comparación y de confrontación que permite a cada una construir su propia posición junto a las demás, pero al mismo tiempo en oposición a ellas (de manera similar a los grupos de autoconocimiento). En la puesta en práctica de una semántica de la igualdad (expresada en la organización del espacio, en las formas del lenguaje, en las ideas y en la interacción), se construyen los principios feministas y la práctica militante. Tal como lo plantea Geertz, las ideas no son algo mental cuya observación es imposible, sino que son significados que se vehiculizan a través de símbolos, en tanto "significan". En esta interacción, donde las ideas y la acción no aparecen como opuestas (sino que están en relación de correspondencia), es donde se construyen las formas de hacer política propias del feminismo.[56] Los significados propues-

---

[56] Este ejercicio favorece también el aprendizaje del uso de la voz y de la argumentación en público, los reposicionamientos identitarios y una actualización de las formas de justificación de la militancia.

tos por el movimiento se construyen en la propia acción militante en una especie de *performance* (a través de la forma y el contenido).

2.2 Singularidad de la causa y desingularización de los problemas

En el nivel discursivo el uso de la palabra en los talleres oscila entre registros de denuncias y reivindicaciones. La militancia requiere de un vocabulario y un conjunto de reglas específicas para dar inteligibilidad a los discursos de protesta y reivindicación de acuerdo al público al que se dirijan. Siguiendo la distinción hecha por Perrot (1997) entre la conversación y la palabra pública, podríamos decir que los talleres son una síntesis de ambas modalidades.[57] Integrados por un público exclusivamente femenino, considerando que uno de los argumentos feministas es que a *las mujeres* se les ha negado el uso de la palabra, los talleres se convierten en una especie de conversaciones públicas. Se asemejan a una conversación en tanto existe circulación e intercambio y se difuminan las fronteras. Por otra parte, tienen características del uso de la palabra pública, como la organización de los discursos a partir de un temario y/o un acuerdo entre las participantes, inserción en lugares especiales y definición de un estilo específico.

Como mencioné anteriormente, el primer taller que se realizó durante el VIII Encuentro de Mujeres Feministas de Argentina fue denominado *Nosotras*. La utilización de esta palabra es central en la construcción de la categoría *las mujeres*. Durante los talleres cuando las militantes hablan de *nosotras* no hacen una distinción entre las feministas allí reunidas y *las mujeres*. Es un *nosotras* que se refiere a *las mujeres* y a las feministas en tanto representantes de esa categoría. Sin embargo, es necesario llamar la atención acerca de que *nosotras* se construye en diálogo con otros términos propios de la *militancia* que van determinando los límites, aunque difusos, de esa denominación. Y, por otro lado, el uso del *nosotras* también lleva las marcas de la diversidad que ha sido denunciada en varios de los espacios del *feminismo* a lo largo de los años.

La construcción de esta categoría, en tanto las militantes reivindican la individualidad, no obedece necesariamente a una tendencia a borrar

---

[57] Según la autora, la conversación, de ejercicio privado y a veces pública por su contenido, es circulación e intercambio, difumina las fronteras. La palabra pública es mucho más organizada, reglamentada, inserta en lugares, en un estilo. El arte oratorio que culmina en la revolución es para Perrot "la revancha ostentosa de la virtud viril y de la elocuencia masculina" sobre el afeminamiento de las conversaciones de salón (Perrot, 1997).

las diferencias. Las mismas deben convivir con la necesidad de crear cierta homogeneización requerida por la práctica política. Así, las discusiones sobre la propia noción de *nosotras,* no cuestionan la existencia de la categoría en sí misma, sino más bien están orientadas a complejizar las diferencias que en el desarrollo del *feminismo,* a través del tiempo y en diferentes países, fueron surgiendo dentro de la categoría *mujeres* (mujeres negras, mujeres lesbianas, mujeres pobres). Así, cuestionándola, se la hace más heterogénea, pero no por eso la categoría *nosotras* (las mujeres) deja de ser utilizada.

> **¿Quiénes somos ese "nosotras"?** Después de las presentaciones registramos nuevamente que **nosotras es una MULTIPLICIDAD, NO UNA UNIDAD,** y que cada una con su singularidad va produciendo un **"nosotras" situado, contextuado y CAMBIANTE.** Cuando usamos el "nosotras" intentamos cuidadosamente, cada vez, no deslizarnos hacia la homogeneidad empobrecedora que aparece con las sirenas del "nosotras" seduciéndonos. Usamos la palabra situadamente o estratégicamente, pero sin creernos que estamos aludiendo a una unidad permanente. Hoy, "nosotras", serían reflexiones sobre cada una, pero terminaríamos divididas en pedazos, descuartizadas: menstruación, menopausia, sexualidad, maternidad, espiritualidad, cuerpo. Utilizando un lenguaje que nos viene dado, lo asumimos, y eso nos impide pensarnos más allá de este lenguaje que está basado en los paradigmas de lo verdadero-falso, y que produce las distintas dicotomías excluyentes: adentro/afuera; cuerpo/espíritu; cuerpo/mente; cuerpo/alma; privado/público. Este proceso de estar feministas, de desmontar lenguajes, discursos, prácticas, para no reproducir lo existente, es un trabajo de construcción, **una lucha permanente con otras-otros y con nosotras mismas.** Porque queremos cambiarnos y cambiar la vida (destacado mío).

En otro de los talleres *Nosotras* nos mezclábamos mujeres de entre veinticinco y treinta y cinco años y algunas de más de cincuenta con una larga trayectoria en el *feminismo.* Allí se decidió que cada una elija tres temas de los enunciados en el programa que quisiera hablar y se discutirían los que estuvieran más repetidos. Finalmente surgieron: "El poder en el ámbito privado y su vinculación con el ámbito público"; "Relación entre el poder sexual y el poder político, económico, cultural, social y religioso" y "El feminismo dentro de mi casa y dentro de mi cuerpo". Estas denominaciones muestran un discurso articulado alrededor de palabras claves que sitúan un campo de sentidos durante las discusiones. Así, en los temas de los talleres las organizadoras definieron las nociones a partir de las cuales se piensa esa categoría abstracta que son "las mujeres". La distinción entre *ámbito privado* y *ámbito público*, el *poder*, el *feminismo*, el *feminismo dentro de mi casa* y el *feminismo dentro de mi cuerpo* son parte del repertorio semántico que las militantes usaron para dar contenido y hacer inteligible esta categoría. Comenzamos el taller hablando del "feminismo dentro de mi casa y dentro de mi cuerpo".

A continuación detallo parte del registro de los temas y las palabras usadas durante el debate, donde el sentido de la igualdad es construido como equivalencia. En estos casos cuando las integrantes de los talleres se refirieron a *las mujeres,* se trataba de *las mujeres oprimidas*, las víctimas de un sistema desigual. La discusión comenzó con el *feminismo* como *práctica política en lo cotidiano*. Alguien preguntó: "¿a qué se refiere cuando se dice 'el feminismo dentro de mi cuerpo'?" Una militante de alrededor de sesenta años agrega: "desde que tomé conciencia que soy feminista tomé conciencia de cómo dañé mi cuerpo" y así comienza una discusión sobre el hecho de fumar. El *feminismo* es nombrado aquí como lo que permite tomar distancia de la opresión y, por lo tanto, como la posibilidad de revertir la desigualdad. Se habló luego de la necesidad de "tomar conciencia del cuerpo y decidir cuándo y cómo tener placer": "Cuando no sos feminista hacés lo que te imponen, el *feminismo* es la liberación de eso. Se trata de ver cómo las relaciones de poder inciden en nuestros cuerpos y el feminismo como resistencia". Otra mujer agregó: "la historia está inscripta en nuestros cuerpos y esto se vincula con nuestros cuerpos violados, abusados, etc. Lo que sucede es que a veces no tenemos la autonomía suficiente como para decir: 'esta soy yo', 'esta es mi casa', etc.". "A veces al cuerpo se lo cuida cuando es para otros, los hijos, los padres, pero nunca para la mismidad". Otro punto que se mencionó es "Cómo nuestras experiencias, en nuestros cuerpos está marcada por el poder (por ejemplo, la menstruación como enfermedad) y la dificultad para amar el propio cuerpo. Ese cuerpo es la base donde se construyó el patriarcado: somos feministas desde hace años y cómo nos preocupa, por ejemplo, el tema de la edad". Una mujer de unos treinta años opinó: "no es malo que haya contradicciones". Otra mujer llamó la atención sobre lo que hizo el *patriarcado* con *el cuerpo de las mujeres*, la dualidad mente cuerpo: "Durante años el patriarcado nos impuso determinados modelos (…)". La construcción de *las mujeres* implica, por un lado, marcar oposiciones y a partir de ellas realizar una denuncia y una crítica. Las oposiciones son al patriarcado, al poder (económico, político, religioso), al Estado, a los partidos políticos y especialmente a la Iglesia Católica. Cada una de estas figuras es identificada como responsable de algún padecimiento de *las mujeres* y denunciada en ese ámbito.

Para construir un colectivo se requiere también involucrar a las personas y esto se da de tres formas en los enunciados de críticas y denuncias. Se habla en nombre propio, en nombre de las feministas o en nombre de las mujeres. Los discursos en primera persona tienen la forma de testimonio, en tiempo real, de la opresión: "tomé conciencia de cómo dañé mi cuerpo". Otra forma de involucramiento se da a nivel de la categoría que convoca a las mujeres presentes: "Cómo nuestras experiencias, en nuestros cuerpos están marcadas por el poder (…) somos feministas desde hace años y cómo nos preocupa, por ejemplo, el tema de la edad". Allí el enunciado marca una diferencia entre las feministas y el resto de las mujeres. Finalmente, existe un tipo de enunciado que se distancia personalmente de la situación de opresión y trae a escena a personas ausentes. Es cuando en el intercambio de argumentos y razones se habla de *las mujeres*: "lo que hizo el patriarcado con el cuerpo de las mujeres, la dualidad mente cuerpo (…)". Es aquí donde la *militancia feminista* adquiere sentido constituyéndose en una causa que se expresa en la indignación ante el sufrimiento de "otras", en la rebelación ante las jerarquías y en asumir luego la defensa de esas *víctimas* definidas, en sus versiones, de manera abstracta.

El despliegue de denuncias sirve para mostrar las razones para revelarse y luchar por una buena causa como el *bienestar de las mujeres, los derechos de las mujeres, la vida de las mujeres, la salud de las mujeres*. Así, durante los talleres las militantes, mediante un trabajo de diálogos e intercambios sobre las razones para actuar, van diseñando y reactualizando colectivamente los argumentos de la militancia. El trabajo *político* que se desarrolla en estos talleres consiste en nombrar, es decir, designar las necesidades que comienzan a construirse como legítimas en un espacio de acción colectiva en un ejercicio que pone a prueba un vocabulario de motivos.[58]

Lo que se pone en práctica en los talleres desarrollados durante los encuentros feministas es precisamente un proceso de desingularización, a través de un trabajo de movilización y creación de recursos lingüísticos colectivos, que permitan la conversion de conflictos que enunciados en otro contexto podrían ser considerados personales y así pasan a ser conflictos categoriales. Es decir, conflictos donde los/as participantes involucrados/as puedan ser tratados como miembros de una categoría y puedan

---

[58] Para un estudio detallado sobre la construcción de un colectivo y de una causa pública, con especial atención en la experiencia de la vida cotidiana de las personas involucradas ver "Lieux et moments d'une mobilisation collective. Le cas d'une association de quartier" (Cefaï y Lafaye, 2001).

ser sustituido/as por cualquier otro/a miembro de la misma categoría (Boltanski, op.cit.). Es este trabajo el que permite a las feministas manejar al nivel de una lógica política problemas hasta ese momento considerados singulares. Este recurso de desingularización de los conflictos es muy utilizado en *acciones militantes*. Por ejemplo en la ciudad de Tandil le fue prohibida la entrada a un lugar público a una mujer negra que ejercía la prostitución. Las feministas de esa ciudad realizaron entonces una manifestación con carteles que decían: "todas somos putas, todas somos negras".

2.3 Privilegiando la igualdad como equivalencia

En el tercer nivel de las prácticas, una de las formas para intentar borrar las jerarquías y garantizar la autonomía de *las mujeres* es la libertad de cada una para decidir en qué taller, de los que se van formando, desea participar. ¿Si en todos se tratan los mismos temas, cómo se distribuyen las militantes entre los diferentes talleres? En este punto es preciso llamar la atención acerca de la coexistencia, en una misma temporalidad, de diferentes órdenes de racionalidad de inversiones militantes (Fillieule, 2001). Mientras algunas mujeres acarrean más de veinte años de *militancia* y son reconocidas por las que militan hace menos tiempo como portadoras de la *historia del movimiento*, otras acreditan menos años de experiencia. Esta distinción coincide en gran parte, aunque no necesariamente, con una distinción generacional.[59] Aquí se establece una relación de dependencia, que preocupa tanto a unas como a otras y en caso de romperse amenazaría la existencia del *movimiento*.[60] Las más *jóvenes* dependen de las más *viejas* para la transmisión de la historia de la militancia, mientras que las más *viejas* solo pueden delegar sus experiencias en las más *jóvenes*.

Esta distinción es importante para entender la distribución de las participantes en los talleres del Encuentro. Las más jóvenes suelen elegir alguno donde esté una de las mujeres más experimentadas que ellas ad-

---

[59] Digo "no necesariamente" porque las que recién comienzan no son todas jóvenes. En este sentido una edad más avanzada no es sinónimo de más experiencia.

[60] Ver capítulo 1. Cuando analicé el taller de *Aprendizas de Brujas* esta preocupación surgió en forma de pregunta "¿qué pasa que las más jóvenes no se pueden reconocer en las que tienen más experiencia?". Mientras que del lado de las más viejas ese tema surgió en las entrevistas: "Y el tema que teníamos en los noventa, era el tema del recambio generacional, nos falta una generación en el medio, mujeres de treinta-cuarenta años (…). Pero ahora ya lo logramos, eso también lo hicimos".

miren o reconozcan; mientras que para el caso de las "que tienen más años en el movimiento" esa decisión está fuertemente influenciada por la configuración de relaciones basadas en experiencias previas donde se ponen en juego afinidades y disensos, amistades y enemistades. Las militantes comparten un fondo de conocimiento común acerca de quienes participan del Encuentro y los conflictos y diferencias con otras mujeres acumulados a través del tiempo están presentes en la elección del taller. Este fondo está hecho de reputaciones, entendidas estas últimas como la opinión que otras mujeres tienen de una mujer en particular (Bailey, 1971). En esa decisión se revela la intención de compartir un espacio con otras o evitar encontrarse con ellas. Así, la distribución de las mujeres en los talleres está mediada por relaciones de evitación (Radcliffe Brown, 1974).

En tanto los talleres son el lugar donde se privilegia el intercambio de argumentos militantes y un espacio para las denuncias de opresión e injusticia, no son bienvenidos posibles conflictos que amenacen con romper la semántica de la igualdad entendida como equivalencia. El riesgo de que dos mujeres reconocidas como *referentes del movimiento* participen del mismo taller es que para sostener posiciones diferentes (u opuestas) en un mismo nivel de jerarquía es posible que generen una discusión donde se monopolice el uso de la palabra y se impida el desarrollo del temario y/o que las demás hablen. Simmel (2002:144-45) considera que la oposición de un elemento frente a otro en una misma sociedad no es un factor social meramente negativo, aunque solo sea porque muchas veces es el único medio que hace posible la convivencia con personalidades propiamente intolerables. En este caso considero que se trata de personalidades que se tornarían "intolerables" en una figuración social que se pretende igualitaria y donde sus integrantes se ven obligadas a lidiar con la amenaza de que se destruya la *performance* de la igualdad bajo la cual se organizan. Según el autor, la oposición nos permite adquirir conciencia de nuestra fuerza y proporciona vivacidad a relaciones que de otro modo no soportariamos, y esto sucede no solo cuando la oposición llega a resultados perceptibles, sino incluso cuando apenas se manifiesta exteriormente y queda solo en lo puramente interior, como sería el caso de las evitaciones, donde se produciría un equilibrio y un sentimiento ideal de poder que salva las relaciones. En una conversación, una militante de veintiocho años me comentó con cierto asombro, y gesto de desaprobación, que hablando con una de las *feminsitas viejas*, le había dicho que no participaría de VIII Encuentro feminista porque "ese era territorio de B". Y agrega indignada cuando lo cuenta: "¿Qué es eso de territorio? Al final parece que hacemos el mismo tipo de política que los partidos". Para Simmel (op.cit.), la oposición se convierte en un elemento de la relación misma y adquiere los mismos derechos que los demás motivos que la hacen posible.

Quien participa por primera vez en un encuentro feminista verá discurrir ante sus ojos una forma de vinculación difícil de dilucidar que solo cobra sentido a la luz de historias que una principiante generalmente desconoce. El acceso al fondo de conocimiento de las reputaciones está reservado a quienes comparten los espacios de *militancia* y es ese conocimiento el que permite a las otras participantes interpretar las lógicas que pautan las relaciones de evitación. Las principiantes, como era mi caso, pueden tener acceso a esa información básicamente por haber sido reconocidas e invitadas por una de las mujeres de *más años en el movimiento* (entonces se les puede preguntar a ellas "en confianza"), o por compartir dudas y desconciertos con otras mujeres de la misma generación que estén un poco más informadas.[61] Las relaciones de evitación permiten minimizar en los talleres los riesgos de que se desate algún conflicto propiciado por la presencia de dos mujeres que se igualen en autoridad (igualdad de orden) y que se vean inducidas a sostener su posición por oposición a quien reconocen como una igual en honor (Bourdieu, 1972). Una situación de enfrentamiento de dos participantes pondría en peligro la construcción de una igualdad de equivalencia. Así, las relaciones de evitación muestran que en los talleres se privilegia la construcción de una igualdad de equivalencia por sobre una igualdad de orden.

3. Construyendo la igualdad

La organización voluntaria está obligada, por necesidades
políticas internas, a hacer de la igualdad una virtud.
Mary Douglas

En este punto pondré el acento en cómo se construye la noción de igualdad en tanto igualdad de orden. El reconocimiento de la individualidad y la horizontalidad como valores son centrales para comprender el

---

[61] Diálogos como este, en los momentos de ocio durante el Encuentro, eran más o menos habituales: "No entendí cuando A se enojó tanto con B"; "Lo que pasa es que A y B tienen dos posiciones enfrentadas con respecto a este tema" o "Están peleadas desde hace muchos años entonces siempre discuten (…) Al principio cuando pasaban esas cosas yo tampoco entendía nada".

significado que las feministas dan a las nociones de igualdad que se construyen en la militancia, al mismo tiempo que pautan la forma de interacción entre ellas. Se trata de igualarse en la autoridad. La autoridad de una nunca puede ser superior a la de la otra, ya que las feministas consideran que cada mujer tiene la autoridad suficiente para hacer valer su palabra y su opinión ante las demás.[62]

Las militantes sostienen que no solo el contenido de los debates, sino también las formas a partir de las cuales ese contenido es puesto en consideración, tienen un significado político. Así, "movimiento", "redes", "encuentros", "asambleas", "asociaciones" y "colectivas" son algunas de las palabras que utilizan para definir sus maneras de organizarse y rechazan, en términos generales, definiciones que presuponen estructuras organizativas con roles establecidos como grupo o comisión. Si bien esta tendencia es mucho más acentuada en las agrupaciones feministas que se denominan autónomas, también se dio en los años ochenta y noventa en las estructuras académicas con la creación de los "Estudios de la Mujer".[63] No se trata de organizarse para alcanzar un fin a través de medios que se miden sólo por su eficacia estratégica, sino que los medios, en este caso las formas de socialización, se constituyen en sí mismas en una expresión política. En ese sentido, la noción de "encuentro" respeta la dinámica feminista en tanto no presupone jerarquías, tanto como la idea de taller y de plenaria.[64]

Más allá de todo el desarrollo cuidadoso de una semántica de la igualdad y de la puesta en práctica de la dinámica feminista destinada a crear

---

[62] En una observación acerca de las formas que adquieren las prácticas feministas en función de la ideología que las propias *feministas* reivindican, Franchetto, Cavalcanti y Heilborn sugieren que la lógica que considera que las mujeres son iguales entre sí se expresa en la organización política en una radicalización de la práctica democrática (Franchetto *et al.*, 1980).

[63] Las académicas feministas intentaron formas de organización denominadas "centros" o "programas" que pretendían romper con la organización por departamentos, facilitar el trabajo interdisciplinario e instaurar una nueva dinámica orientada, según su punto de vista, a una interacción mayor con la sociedad a fin de facilitar acciones tendientes a revertir la situación de discriminación de las mujeres en la sociedad. Según una de las fundadoras del Centro de Estudios de la Mujer (CEM): "Los Estudios de la Mujer se plantean una serie de transformaciones profundas de las estructuras teóricas e institucionales tradicionales en los ámbitos académicos. Así surge el énfasis en la interdisciplina, el desarrollo de metodologías de investigación y prácticas pedagógicas innovadoras, etc. Sin embargo, esta propuesta de cambio radical no ha logrado quebrar el aislamiento de nuestras universidades respecto de otras instituciones sociales" (Bonder, 2002).

[64] Según el diccionario de la lengua española de la Real Academia Española, la palabra "encuentro" es definida como el "Acto de coincidir en un punto dos o más cosas, por lo común chocando una contra otra".

una igualdad de equivalencia, que mostré en el punto anterior, es importante abordar cómo son administradas las diferencias entre las mujeres feministas. En este punto donde la igualdad de orden adquiere sentido. Mencioné brevemente en el apartado anterior las diferencias que generan los años de *militancia* acumulados. Además, pondré especial atención en revisar qué sucede con los argumentos de igualdad cuando confluyen en los mismos espacios mujeres que acreditan la misma cantidad de años de militancia y por lo tanto poseen ante las demás una autoridad similar. Así, en las actividades del Encuentro también se pone en juego la autoridad y el prestigio de militantes reconocidas como referentes. Teniendo en cuenta que se trata de un contexto donde se denuncian las jerarquías estas diferencias solo son toleradas a partir de argumentos de igualdad.

Mientras las diferencias "generacionales" no son reconocidas de manera explícita como jerarquías, y la forma de jerarquía que suponen es aceptada de manera implícita, una jerarquización entre mujeres de la misma generación, que tienen cierta cantidad de años de militancia, difícilmente es tolerada. Así, posibles distinciones que surjan entre ellas nunca son reconocidas de manera explícita a no ser en términos acusatorios ("miserabilidades", "quintitas", "lucimientos personales", etc.), como una especie de individualismo exacerbado que atentaría contra la igualdad.

Esas acusaciones son enunciadas (o denunciadas) solo en ocasiones de conversaciones más íntimas donde participan pocas mujeres intercambiando opiniones en un clima de "confianza". Con esta observación no pretendo contrariar el argumento de igualdad esbozado por las militantes, sino dar cuenta de este hecho y tratar de comprenderlo en contexto. En una dinámica que defiende la horizontalidad y niega la posibilidad de delegar decisiones en una representación ¿cómo funcionan la autoridad, el prestigio y el reconocimiento?

3.1 Autoridad y reconocimiento

> *Nos hablábamos y nos peleábamos*
> *como se pelean las feministas.*
> Militante feminista

Si en los talleres las mujeres "de más años en el movimiento" tienen la posibilidad de poner en práctica las relaciones de evitación, esto no sucede en la plenaria del Encuentro, donde todas comparten el mismo espacio. La plenaria del último Encuentro se realizó en el Aula Magna de la Universidad Nacional del Centro de la Provincia de Buenos Aires, el mismo espacio donde se llevó a cabo el taller *Aprendizas de Brujas*. Al igual que en los talleres no había ninguna distribución espacial que dividiera jerárquicamente a las participantes. Todas, alrededor de ochenta mujeres, estábamos agrupadas en círculo. Algunas sentadas en sillas, otras en el piso delante de las sillas y otras paradas detrás. A diferencia de los talleres no había ninguna pauta escrita de cómo la plenaria debería funcionar, ni estaba pautado quiénes coordinarían la discusión. Se trata de situaciones regidas por convenciones implícitas, que suelen tener más fuerza normativa que las pautas escritas. El inicio de la plenaria, al igual que en otros encuentros, fue responsabilidad de la Comisión Organizadora.

Este espacio es reservado para socializar los resultados de las discusiones de los diferentes talleres, en forma de conclusiones (o no), con todas las integrantes del Encuentro. Es el lugar donde se radicaliza la práctica política feminista de la igualdad en tanto igualdad de orden, es decir, se intenta mostrar que entre ellas no existen asimetrías. La reunión comenzó con un balance del Encuentro realizado por la Comisión Organizadora. Los aspectos positivos mencionados fueron la posibilidad de trabajar juntas, la experiencia nueva en la ciudad, que por ser una ciudad pequeña y alejada de los centros urbanos, se considera un lugar "conservador"; que fue posible el cuidado mutuo entre mujeres, aunque también se mencionaron aspectos de descuido como, por ejemplo, la escasa participación en las actividades de distensión y "en las cosas del cuerpo". Entre los aspectos negativos citaron el hecho de no leer las conclusiones del Encuentro anterior, la dificultad de evaluar permanentemente la tarea debido a que eran solo cinco mujeres las organizadoras. Apareció una referencia a que la comisión estaba integrada por dos grupos y que "no todas pudieron participar" (esto se explica por la ruptura de una agrupación feminista de la ciudad denominada Sin Moldes, que unos años atrás había dividido a las mujeres en dos segmentos). Como aspecto negativo también se mencionó que no resultó la estrategia de incorporar nuevas mujeres a los talleres y se criticó la difusión del Encuentro porque aparentemente algunas no habrían recibido la información. Finalmente, previendo una situación de conflicto una de las organizadoras se refirió a los "cuestionamientos del sistema patriarcal del que hacemos uso, hicimos y haremos. No somos ingenuas al hacerlo. Esto generó mucho malestar entre nosotras". Luego de esta "evaluación", que responde a un ejercicio que coincide con cierta rutina en la modalidad de los Encuentros, llegó el momento en que el resto de las participantes podían hacer uso de la palabra.

A diferencia de las plenarias de reuniones de trabajadores rurales en Brasil, analizadas por Comerford (1999), donde es posible diferenciar a los participantes entre los que tienen la atribución de coordinar y los que no, en la plenaria del Encuentro feminista no existe un lugar definido de coordinación.[65] Sin embargo, a pesar de esta diferencia entre los dos universos empíricos observados, algunos efectos descriptos por el autor también pueden ser identificados en el caso analizado en el sentido de que más allá de que exista o no una coordinación, que detente la atribución de guiar la discusión, igualmente se accionan durante la plenaria criterios implícitos de jerarquización de las participantes y de la importancia de sus discursos. En estos espacios se pone a prueba la capacidad retórica y de argumentación de las militantes, muy especialmente de aquellas de "más años en el movimiento". ¿Cómo se resuelve la situación donde el discurso de algunas mujeres tiene más importancia que el de las demás?

Abordar en las conversaciones y en las entrevistas el tema de las jerarquías, en un mundo social que hace de la igualdad un valor moral, fue durante mi trabajo de campo una situación cuanto menos incómoda.[66] Luego descubrí que el tema no era tan difícil de hablar si lo planteaba a las militantes individualmente. También descubrí que algunas mujeres tenían menos prejuicios que otras para hablar del tema y que esta disposición estaba asociada a la posición que ocupaban dentro de la militancia.[67] Así, las mujeres estaban más dispuestas a dar ejemplos de autoridad cuando, siendo externas a esa categoría, no se sentían personalmente cuestionadas:

P: ¿Se puede decir que hay autoridades en los Encuentros?

---

[65] Comeford muestra que la o las personas a cargo de la coordinación de las plenarias, a pesar de que su control pareciera ser solo relativo, ejercen un poder que no deja de ser significativo. Entre otras cosas los coordinadores pueden cambiar el rumbo de las discusiones, ser más o menos rígidos con el tiempo destinado a cada discusión, accionar criterios implícitos de jerarquización de los participantes; también, al relatar las conclusiones inevitablemente transforman lo expresado al hacer intervenir otras formas del lenguaje y alteran las formas con riesgo de alterar el contenido.

[66] Borland (2004:322) en su trabajo sobre *movimiento de mujeres* en Argentina comenta que cuando preguntaba a activistas feministas de grupos que reivindicaban la horizontalidad sobre el liderzgo y las formas en que se tomaban las decisiones, estas a menudo parecían sorprendidas ante el hecho de que ella aún pueda creer que usaran formas jerárquicas, u otro método que no fuera el consenso, para tomar decisiones.

[67] Boltanski (1982) llama la atención acerca de las diferencias entre las categorías de los grupos y las categorías "naturales" (que definen formas, colores, categorías zoológicas). Las primeras deben entenderse como producto de la historia del propio grupo. Pero, apunta también a una propiedad que les conferiría, según su punto de vista, un estatus original: los instrumentos de clasificación del mundo social nativo se aplican al mismo universo al que pertenece quien los usa, y al utilizarlos para ordenar objetos exteriores determina su propia posición relativa. Así, considera que las categorías comprometen intereses y no son nunca objeto de una recepción y una utilización neutra o pasiva.

R: **Sí, hay autoridades. Y hay cacicazgos.**

P: ¿Quiénes son?

R: No quiero decirlo con nombres, pero… se vio claramente con el Encuentro de feminismo. (…)

R: ¿Pero esas autoridades no se reconocen? ¿O sí?

R: **Yo creo que sí se reconocen y se disputan. A veces disputarse por una frase.** Si se pone la palabra genocida, si no [en un folleto]. Y vos decías hasta dónde es tan importante como para que lleve dos horas de discusión? Y yo creo que ahí se están jugando otras cosas, no solo la palabra que ponen en ese folleto (…)

P: ¿Quiénes serían las que no tienen autoridad, si hay algunas que la tienen?

R: Todas las demás que están ahí. **Si yo tuviera que pensar en un encuentro… pienso seis o siete u ocho dotadas de autoridad que se la han dado o que la han impuesto.**

P: ¿Por qué crees que algunas adquieren más poder?

R: No lo sé… Algunas será por trayectoria, otras porque reproducen prácticas que son de dominación como en cualquier otro grupo, **algunas porque dominan la palabra, yo creo que en la mayoría de las que he visto es un dominio del lenguaje muy fuerte.** Porque acá no es por prepotencia, ni por cantidad de gente que tenés atrás: 'Bueno, yo tengo tantos y me convierto en caudillo'. **Prepotencia laburo** también, **hay algunas que han tenido mucho trabajo detrás y eso las hace erigirse como autoridades. Pero no es por cantidad de gente que vos tengas atrás, esto es claro. No es por eso.** Eso lo tengo claro, lo otro me parece más difuso (destacado mío).

Las "siete u ocho dotadas de autoridad" a las que se refiere esta militante son mujeres de alrededor de sesenta años o más que acreditan a través de sus trayectorias un compromiso con la causa de las mujeres y que son reconocidas por sus capacidades oratorias y su claridad para expresar argumentos. Como aparece en el testimonio citado, dan cuenta de su compromiso movilizando complejos argumentos finamente elaborados. El prestigio de estas militantes es acreditado en este espacio a través de la demostración de un uso preciso de la terminología feminista, la movilización de argumentos complejos, la utilización de argumentos basados en hechos históricos en los que muchas han participado. La plenaria es el lugar apropiado para ello: allí estaría representado de alguna manera la totalidad del feminismo, sumando también las ausencias con las que habitualmente se dialoga. Es el lugar donde el despliegue de las capacidades de cada una y la puesta en escena de los argumentos militantes adquieren pleno sentido en tanto es el espacio donde las feministas se ven representadas como *movimiento*. El enorme valor que se da a la testificación del prestigio de estas mujeres en estos casos (Elias, 1996), mediante el cumplimiento de ciertas pautas (en algunos casos extremadamente minuciosas) no remite a insignificancias, sino a una manera de sostener y actualizar los valores y argumentos propios del *feminismo* que tienen una importancia vital tanto para la autoidentificación como para la identificación de las otras feministas. Esto es lo que sucede cuando grandes discusiones se desatan alrededor de temas o palabras que a los ojos de un lego podrían parecer irrelevantes.[68]

Dado que la jerarquía como valor no se condice con las formas de socialización que se privilegian en el desarrollo del Encuentro, ninguna de las mujeres consideradas "dotadas de autoridad" ocupó algún lugar destacado en la distribución espacial. Si bien es posible, como mostré para el caso de los talleres, aplicar reglas y técnicas con el objetivo de garantizar la horizontalidad entre las participantes de los Encuentros, en este caso es mucho más difícil regular la tensión que provoca la economía de jerarquías implícitas basada en las reputaciones construidas durante años de actividades y sentidos compartidos. Es así como se incorpora a esta figuración social una dimensión que amenaza la pretensión de horizontalidad propia de las prácticas militantes de las feministas. Estas diferencias, si bien están presentes y son reconocidas todo el tiempo, se ponen de manifiesto de manera más clara en las plenarias. ¿Qué sucede entonces con esas jerarquías implícitas en un espacio cuyas participantes hacen de la igualdad un valor? En este punto considero que se enfrentan dos valores compartidos por quienes interacutúan en los espacios del feminismo. Por un lado, el reconocimiento de los años de experiencia y compromiso militante de las *feministas viejas*, por otro el valor dado a la igualdad de orden como forma de relación privilegiada y dotada de sentido *político* por las feministas.

---

[68] En la organización de la conmemoración de un 8 de marzo presencié una discusión de horas sobre el uso de las palabras para redactar un panfleto. No se trataba de un panfleto con un eslogan fácilmente legible, sino de un panfleto pequeño, con varios pequeños párrafos que en general las personas no leen con mucho detenimiento. Sin embargo, considero que la importancia de esa discusión estaba más centrada en la actualización de los argumentos de la militancia y las posiciones de autoridad que en los/as destinatarios/as en sí mismos/as. En el acto de redacción de un panfleto es posible aprender mucho acerca de las discusiones y argumentos que circulan en la militancia y la articulan.

3.2 La manifestación del conflicto: igualdad y reactualización de valores

Dumont (1985) sostiene que si los defensores de la diferencia reclaman al mismo tiempo igualdad y reconocimiento están exigiendo lo imposible. La igualdad solo sería verdadera en el nivel de la representación, mientras que las formas prácticas de la integración, remiten a un todo y son implícitamente jerárquicas, o solo el conflicto se califica como integrador. Considero que en el caso observado las diferencias generacionales son reconocidas de manera implícita a partir de una jerarquía mediada por formas igualitarias, mientras que las diferencias entre las feministas de una misma generación son reconocidas a partir del conflicto (garantizando de esta manera una igualdad de orden y al mismo tiempo reactualizando la autonomía como valor). Aquellas mujeres que recién iniciadas no comparten aún el fondo de conocimiento común que organiza las reputaciones, tampoco conocen las formas de administrar los enfrentamientos, los conflictos y las oposiciones. Esto no significa necesariamente que no hablaran durante las plenarias, pero sus intervenciones eran introducidas en la discusión por la siguiente fórmula: "Este es mi primer encuentro…". Con esa expresión dejaban en claro que la autoridad de sus palabras era relativa y de alguna manera esa condición las situaba fuera de las disputas más intensas. Algunas feministas de menos edad (alrededor de treinta años), pero que ya acumularon años en la militancia, poco a poco van adquiriendo autoridad demostrando en su desempeño que también ellas poseen los mismos atributos que "las dotadas de autoridad", a pesar de tener menos años de experiencia. Son pocas, pero también hablan en las plenarias y lo hacen demostrando una actitud de autoridad (voz elevada y consignas u opiniones claramente definidas), características que dependen de cualidades personales y que no les son necesarias a quienes ya saben que poseen autoridad.

Quienes tienen alguna experiencia, pero aún no están plenamente "dotadas de autoridad", en las plenarias deben aprender a (y/o mostrar su habilidad para) soportar el test al que son sometidas sus acciones y opiniones por las voces autorizadas. Su derecho a réplica en estos casos depende, además de la capacidad de imponer su voz, de la posición adquirida en la historia de militancia. Cito nuevamente un testimonio de una de las integrantes de la Comisión Organizadora del último encuentro, que cuenta acerca de las críticas que algunas militantes realizaron durante la plenaria a la Comisión Organizadora:

> Nos mataron, en ese Encuentro nos mataron. Yo quedé muy mal, después del encuentro me enfermé, no podía respirar, después me di cuenta

que fue por eso, pero me agarró una bronquitis. Algunas mujeres son muy crueles, nos criticaron muchísimo.

P: ¿Pero por qué las criticaron?

R: Por todo. Por las lapiceras, por los papeles que llevamos para escribir, por el lugar donde hicimos el Encuentro, por el vino, porque lo hicimos en la sede del Partido Radical, que eso no era feminista. Por quien había financiado el Encuentro, que si éramos independientes o no. Y nosotras fuimos independientes, no quedamos comprometidas con nadie, pero para que las cosas funcionen tenés que negociar (...)

Por otra parte y por eso te digo que lo mío es tan contradictorio. Porque vengo rabiosa de esos encuentros, pero te abre la cabeza (...). Es tanto lo que aparece en esas discusiones. Probablemente uno se fastidie tanto porque no podés tomar en ese momento partido, no tenés palabra, no tenés argumento para tomar partido, pero es importante que se dé esa discusión. El problema es cuando se agreden de tal manera que te sentís parte de una... carnicería. Porque en ese encuentro más de una se fue llorando. Había cosas que L. [integrante de la Comisión Organizadora con más experiencia de *militancia feminista*] nos decía: "No, no contestes. No, dejalas pasar".

De esta manera quienes aún no aprendieron el sentido de los conflictos en esos contextos con la propia experiencia, muchas veces se quedan perplejas ante la escenificación de esas grandes batallas, que se generan como una forma de mantener una igualdad de orden. Sin embargo, hay otras que entienden que ese conflicto es parte de la práctica feminista y desarrollan estrategias para soportar mejor emocionalmente esas presiones, como el hecho de no responder a las críticas. Las disputas evidencian la competencia por la autoridad y el prestigio entre las pocas "dotadas de autoridad". Las más intensas se dan, parafraseando a una militante joven, entre "las vedettes del feminismo". Según la opinión de una feminista, habría entre las "dotadas de autoridad" una autopercepción de ser portadoras de un saber especial y esto generaría disputas entre ellas que tienen que ver con destacarse unas frente a otras:

Y además están muy subidas al podio, algunas son... palabra santa. (...) es pensarse que son la vanguardia y que pueden ir a dar clases de cosas... **yo creo que hay lucimientos personales, yo he visto lucimientos personales. Yo he visto cosas que son sanguinarias entre unas y otras, que son para lucimientos personales.**

P: Otra de las cosas que te preguntaba es el tema de la **antigüedad.**

R: Que pesa…

P: Yo creo, ¿no?

R: Sí, pesa… Pesan los años, **sobre todo porque por ahí somos portadoras de alguna historia del feminismo.** Yo te digo porque también a mí ya me empieza a cargar eso, que vienen compañeras y te dicen, pero bueno vos que has estado en más encuentros, ¿ha pasado esto antes? **Entonces vos hacés un poco de historia de lo que se ha ido dando y eso pesa** (destacado mío).

Considero que lo que se pone en juego en las peleas entre las "vedettes del feminismo", más allá de posibles lucimientos personales, es la condición de garantizar una igualdad de orden, uno de los valores centrales que regula las interacciones que caracterizan la forma social propia del feminismo. La palabra de ninguna de las consideradas *referentes del feminismo* puede valer más que la de otra sin amenazar convertirse en representante del resto de las feministas en esos espacios. Es importante resaltar que en la plenaria no se trata de representar a *las mujeres* ni se invierten esfuerzos en lograr una identificación, sino que es el lugar donde lo que está en juego es el *feminismo* y las *feministas*. Mientras que en los talleres cualquier feminista tenía autoridad para hablar en nombre de *las mujeres* dotando de sentido a la noción de igualdad como equivalencia, en la plenaria ninguna *feminista* puede hablar en nombre de las *feministas* sin amenazar la igualdad de orden.

Por otra parte, en esos contextos las "dotadas de autoridad" deben mostrar, con sus enfrentamientos, que la individualidad, la autonomía, la igualdad y la horizontalidad son valores preciados en los espacios feministas. En tanto son reconocidas como portadoras de los valores y la historia del feminismo deben dar cuenta de ello ante las demás. Sugiero que en una dinámica donde la jerarquía solo se sostiene mediada por argumentos igualitarios la autoafirmación de las "dotadas de autoridad" frente a otras también "dotadas de autoridad" (es decir sus iguales) reactualizan el valor de la horizontalidad como forma organizativa en el desarrollo de las acciones *militantes*.

3.3 El feminismo: un *movimiento subversivo*

Viendo el tema de si somos transgresoras, nos pareció que era importante analizar que transgresor o transgresora no es necesariamente quien subvierte el orden (Menem es transgresor, por ejemplo). Entonces proponemos cambiar el concepto de transgresión por el de subversión. El feminismo lo que quiere es subvertir el orden. Entonces somos subversivas.[69]

Otro punto que merece ser destacado para pensar el conflicto, y la necesidad de sostener entre las militantes una igualdad de orden, es la forma en que la mayoría relata sus experiencias de convertirse en feministas. Como mostré en el capítulo anterior, una palabra que aparece a menudo en los relatos es "rebeldía". En el taller de *Aprendizas de Brujas* se les pide a las participantes que identifiquen un momento de sus vidas cuando dijeron un "no grande" y se reivindica al final del recorrido a una personaje transgresora en oposición a la que acata las reglas. La oposición, la rebeldía, la bronca, la desobediencia son para las militantes parte de la identidad feminista. Si bien las militantes construyen sus argumentos de movilización basándose en datos que muestran que las mujeres son oprimidas y/o víctimas de un sistema opresor, la autoridad en la *militancia* no se sustenta en la autoridad moral de la opresión y el sufrimiento, sino en una "actitud combativa".[70] La decisión de acercarse al *feminismo* o la conversión al *feminismo* no se produce a partir de relatos de trayectorias de sufrimiento y opresión, sino a partir de una ruptura con la realidad observada. Una militante de cincuenta años dice que las más jóvenes "(...) entran porque **se revelan contra la injusticia, la jerarquización y ese tipo de cosas**, o entran por problemas personales que han vivido **y ahí lo han notado, que la conciencia se empieza a hacer cargo de alguna de ellas**" (destacado mío). Si bien en algunos casos puede haber *problemas personales* que influyan en sus decisiones, no son los problemas en sí mismos que se constituyen en argumento de autoridad, sino la conciencia de la *injusticia* y la *jerarquización*.

Durante la realización de la plenaria del último Encuentro de Mujeres Feministas hubo una fuerte discusión porque las feministas lesbianas querían hacer una acción callejera, que no todas sabían en qué consistía. Algunas de las mujeres de la Comisión Organizadora querían saber de qué se trataba porque consideraban que esas acciones repercutirían luego en sus vidas cotidianas, ya que el tamaño de la ciudad permitía identificarlas como "las feministas". La discusión se extendía, mientras escucha-

---

[69] Extraído del relatorio del VI Encuentro Feminista de Argentina realizado en 2001.

[70] Aquí deseo llamar la atención sobre una diferencia que percibo entre los argumentos esgrimidos en la construcción de la causa y los argumentos de movilización en nombre de esa causa. En el primer caso *las mujeres* son representadas como víctimas, en el segundo se trata de *las mujeres* como capaces de subvertir el orden establecido. Sugiero que este punto es central para comprender la distinción entre las feministas y las mujeres, del cual me ocuparé en el capítulo 5

ba atentamente tratando de entender. En un momento me pareció que, más allá del intercambio con voz subida de tono de los argumentos y las respuestas entre las mujeres, todas estaban diciendo lo mismo. Para mí era claro que existía un acuerdo que no estaba siendo explicitado.[71] Como la situación de conflicto me producía gran incomodidad y deseaba que se resolviera, propuse, para que el acuerdo que yo veía pudiera hacerse explícito ante todas, que levantáramos la mano las que coincidíamos con esa decisión. Recibí una virulenta respuesta a mi propuesta que me desconcertó totalmente:

> No voy a votar. Somos lo suficientemente autónomas y feministas para hacer sin pedir permiso. Yo no me puedo hacer cargo de la subjetividad de la otra, que le pasa a la otra con mi acción. Ella pidió que a la iglesia no. Yo le dije a la iglesia no vamos a ir y con eso creí que la cuidaba. Pero ella considera que la haga donde la haga la descuido. De eso no me hago cargo porque dejo de ser la feminista que me considero. Si le molesta que me bese con mi compañera lo siento.

Cuando terminó la plenaria la mujer que me había invitado al encuentro me dijo: "A. se pasa de vueltas, fue muy grosera con vos". Y la mujer que me respondió en la plenaria, un tanto divertida y simpática (restándole importancia al hecho) me pidió disculpas. Las disculpas no son comunes en los casos en que lo que se discute es definido como político, por eso considero que lo hizo porque era evidente que yo recién empezaba y no entendía gran parte de las reglas del juego, sino debería haber entendido que esa respuesta era una forma de sostener su autonomía y de mostrar cuán feminista ella era.

Esta historia quedó dando vueltas en mi cabeza durante mucho tiempo. Al principio lo interpreté como el error de proponer una votación en espacios donde las decisiones se toman por consenso. Pero, aunque esa explicación contenía cierta lógica, no me satisfacía. Finalmente, después de un tiempo, articulando datos de entrevistas y otras reuniones percibí que las situaciones de enfrentamiento no eran necesariamente mal vistas por las militantes. Incluso, algunas de ellas convivían con mucha habilidad con el conflicto (especialmente las de mayor experiencia en la militancia) y, lo que fue más importante para mí, no lo consideraban necesariamente como algo negativo. Eso me permitió ver que la incomodidad

---

[71] Como mencioné en el capítulo anterior, muchos de los descubrimientos de mi trabajo de campo se produjeron en situaciones sumamente incómodas y en las que se ponía en evidencia el desconocimiento de algunas reglas de ese mundo. Pero fueron precisamente esas situaciones las que se convirtieron en herramientas necesarias para construir un distanciamiento con mi objeto y, sobre todo, con mi propia perspectiva.

con el conflicto era más mía que de ellas, y mi punto de vista me llevaba todo el tiempo a buscar sus causas, a pensar en cómo solucionarlo y por qué las feministas no lo hacían.

Muchas de las militantes no se preocupan por resolver el conflicto, en tanto el mismo es considerado parte del feminismo. Por otro lado, vale la pena destacar que la autoridad moral para hablar en nombre de *las mujeres* que las militantes construyen no es a partir del propio sufrimiento, sino más bien a partir de una distancia con los propios intereses (Memmi, 1992). La autoridad para la acción se construye a partir de la rebeldía, el rechazo de la opresión y la propuesta de elaborar un nuevo conjunto de criterios para determinar formas de distribución del poder, la manera de ejercerlo, la distribución de tareas, el reconocimiento y cumplimiento de "los derechos" entre otras cosas. Como expresa Barrington Moore (1978) Vencer la autoridad moral del sufrimiento y de la opresión significa persuadirse y persuadir a otros de la necesidad de cambiar el contrato social y para eso es necesaria una actitud de rebeldía.

Los reclamos que se hicieron durante la plenaria a la Comisión Organizadora estuvieron dirigidos a cuestionar decisiones de la organización que ponían en cuestión valores caros al movimiento. Así, apareció el tema de la autonomía, de la coherencia en la militancia, de las formas en que se tomaron las decisiones, la visibilidad de las mujeres lesbianas, el compromiso militante, la pasión feminista y la escasa participación. Cito algunas de las intervenciones durante la plenaria:

M: Quiero hablar sobre los patrocinios y esponsores, hay que ser cuidadosa con esto. Es cuestión del colectivo decidir si vamos a aceptar patrocinio de laboratorios [las lapiceras habían sido donadas por un laboratorio]. Esto compromete al colectivo feminista. Lo de la casa radical [donde se organizó la fiesta] no me hace gracia. ¿Cuál es el criterio para mantener la autonomía del movimiento? La autonomía es central. Me preocupa la poca participación que es responsabilidad de todas. Ver cómo hacemos para llegar a más mujeres. Después el encuentro me pareció bien.

L: En primer lugar me preocupa que podamos crecer, pero son momentos difíciles. Me preocupa más la escasa representación federal que la cantidad. Poner a consideración para la próxima comisión. Hay provincias en las que habría que abrir debate y estamos muy flojas.

C: Estamos de acuerdo en los papeles de las lesbianas tienen que ser visibles y después no las dejamos hacer cosas. Que se expresen como quieran y las demás tenemos que bancárnosla. Las demás se la bancan.

V: Me tengo que bancar tener que aclarar todo el tiempo que el feminismo que yo entiendo no es el feminismo de la ley de cuotas. Yo sé lo que es estar en un lugar pequeño. Los procesos se hacen cuando me enfrento con la diferencia y para que cambie hay que enfrentarlo. ¡Acción política es eso! ¡Yo voy a ir donde quiera y hacer lo que yo quiera!

G: Lo que me preocupa es que yo hago y me voy y le dejo la pelota a la otra.

Este extracto, en el que aparecen algunas de las discusiones que se dieron en la plenaria del Encuentro, es útil para mostrar cómo en estos espacios se pone en juego la defensa de los valores que orientan la práctica feminista a partir de una actitud combativa.[72] Ante cada situación que se presenta como problema se desarrolla una discusión en la que se exponen un sinnúmero de explicaciones de las cuales se nutren todas las participantes. Así, la formulación de motivos, la circulación de información, la reivindicación de valores y la articulación de argumentos se apoyan en estas interacciones muchas veces necesariamente conflictivas.

La próxima sede

Los conflictos, sobre los que focalicé mi atención en este capítulo, no son todo lo que sucede en las plenarias, aunque son hechos que se registran con intensidad en la memoria de las feministas. Cuando las agresiones eran consideradas muy intensas la manera de ponerle límites al conflicto provenía de feministas menos reconocidas que desplegaban argumentos con énfasis en la dimensión de aprendizaje de estos espacios: "Por favor, un poco más de respeto, hay compañeras que es la primera vez que vienen, nadie nació sabiendo". O bien colocaban el sentido de la igualdad como equivalencia por sobre el de la igualdad de orden: "Es mi primer encuentro y veo las caras y son todas caras de culo. **Las otras feministas también son mujeres.** Por favor chicas, si no somos verticalistas cuidémonos más" (destacado mío). Así, la igualdad de equivalencia es utilizada en estos casos para atenuar los conflictos a través de los cuales se intenta sostener la igualdad de orden. Existe una especie de inversión de los sentidos de la noción de igualdad en los talleres y en la plenaria. Mientras, que en los talleres suele hablarse en nombre de *las*

---

[72] Anthony Oberschall (1973: 179) considera que las "ideas de protesta" o "ideologías de oposición" son útiles para producir respuestas colectivas: "It is best to think of protest ideas and opposition ideologies as producing a collective reponse in conjunction with the presence of real or felt grievances, discontents, and suffering. The ideas serve to explain private wrongs and sufferings experienced by individuals in terms not of private shortcomings, of accidental events, or of eternal, inalterable status, but in terms of shortcomings of the society that can be remedied and of particular groups responsible for the collective welfare".

mujeres, en la plenaria prevalece la posición personal: "voy a hacer lo que quiera" o "soy lo suficientemente feminista para" o se habla del *movimiento* y de "cómo nos organizamos". La plenaria adquiere una dimensión más teatral donde aparecen las mujeres individualmente ensayando un juego de fuerzas, a diferencia de los talleres donde se interviene desde el discurso individual para hablar de *las mujeres*[73].

Para quienes privilegian los Encuentros como medios de discutir temas de interés o tomar decisiones y pretenden irse con propuestas concretas de acción, estas reuniones suelen producir sentimientos de frustración. Una militante proveniente de la provincia de Entre Ríos lo expresó durante la plenaria de esta manera:

> Yo me voy muy preocupada. A mí el Movimiento Feminista se me corporiza en los Encuentros. Me voy sin estrategias. Si hubo alguna no la cacé. No hicimos ningún análisis político de Argentina. Tiene que haber en los Encuentros un análisis político, sino hablamos y ¿después que hacemos? El recurso económico con el que hacemos las cosas es otro tema que no es una cuestión menor. La foto que tengo del Movimiento Feminista es que no vemos lo que está sucediendo.

Las palabras de esta participante recibieron algunos aplausos, sin embargo, la discusión no se dirigió en ningún momento hacia sus intereses. Otro de los temas importantes que se trató en la plenaria, pero sobre el cual no se acordó de manera unánime ninguna estrategia sino que se enunciaron diversas posibilidades, fue cuáles serían las estrategias a desarrollar para enfrentar a "las católicas" en el Encuentro Nacional de Mujeres que se desarrollaría en la ciudad de Mendoza ese mismo año.[74] A

---

[73] En este punto es interesante relacionar las diferencias talleres-plenaria que se dan en los Encuentros feministas y la distinción que Palmeira y Heredia (1995) muestran en los poblados del interior de Brasil donde el "tiempo de la política", que se inicia con las elecciones, subvierte lo cotidiano y la política es asociada a "división". En el caso que aquí examino, es durante la plenaria cuando se escenifican las oposiciones y se legitima el conflicto. Mientras que en el espacio de los talleres se privilegia la integración mediante un diálogo y el intercambio de argumentos.

[74] Los Encuentros Nacionales de Mujeres fueron creados por feministas en el año 1986 (abordo este punto en detalle en el capítulo 5). Con el trascurso de los años la participación de mujeres se acrescentó de manera notable. De 800 mujeres que participaron en 1986 se calcula que en el Encuentro de Mar del Plata realizado en 2005 había entre 25.000 a 30.000 mujeres. Frente a la creciente participación de mujeres de sectores populares organizadas bajo formas diversas ("piqueteras", "mujeres de los pueblos originarios", sindicalistas, etc.), las feministas pasaron a ser minoría. Es así que en el Encuentro realizado en la ciudad de La Plata las feministas decidieron organizar, entre otras actividades, un grupo que se llamó "Feministas en el Encuentro" y propusieron un panel denominado "ABC del feminismo". [Datos extraídos de "Mis impresiones del Encuentro" (Vasallo, 2001)].

partir de lo que pude observar, las estrategias de acción se acuerdan y se articulan por fuera de estos espacios de discusión colectiva, generalmente entre mujeres que tienen una afinidad personal o basada en lazos de amistad. Es decir, se enuncian en estos espacios, pero finalmente las acciones concretas acaban resolviéndose de manera práctica posteriormente. Así, en medio de discusiones que se van perdiendo, conversaciones entre pequeños grupos y alguna pequeña amenaza de dispersión una de las mujeres "dotadas de autoridad" propone que se defina la próxima sede. No demoró demasiado en decidirse que sería la Ciudad Autónoma de Buenos Aires. Hasta la fecha, después de varias reuniones con muy escasa participación el IX Encuentro no se llevó a cabo. Antes de que las participantes se dispersasen totalmente hubo aplausos prolongados en agradecimiento a las organizadoras.

Conclusiones

En este capítulo realicé una distinción entre dos sentidos de la noción de igualdad, igualdad como equivalencia e igualdad de orden, que si bien aparecen juntos en la práctica, existen determinados espacios y momentos en que uno se privilegia por sobre otro.[75] En el primer caso, la construcción de la causa por *las mujeres* requiere la existencia de esta categoría abstracta, cuyo principio de clasificación se basa en una distinción biológica, que cobra sentido en las denuncias de opresión. En el segundo, la adhesión a una visión de mundo que condena la jerarquía y donde la manera en que se organizan las interacciones tiene un significado político requiere de una organización horizontal. Utilicé la distinción entre igualdad de equivalencia e igualdad de orden para evidenciar que los conflictos, que habitualmente aparecen con cierta virulencia entre las militantes, no les impiden necesariamente realizar un trabajo de movilización destinado a la enunciación, formulación, reconocimiento y legitimación de temas que ellas consideran que afectan de manera peculiar a *las mujeres*. Desde este punto de vista los conflictos no remiten necesariamente a una disfunción del *movimiento*, ni tampoco a una contradicción de acuerdo a una supuesta "solidaridad" que debería existir entre las mujeres por pertenecer todas a una misma categoría clasificatoria y la

---

[75] En otro contexto y en un registro diferente del que presento aquí, pero no por eso menos estimulante, considero importante para continuar pensando acerca de los diversos significados de la palabra *igualdad* citar la discusión que se dio en Francia entre *igualitaristas* y *paritaristas* a propósito de la Ley sobre la paridad. Ver al respecto el artículo de Rose Marie Lagrave (2000) y la crítica de Eric Fassin (2002).

manera "conflictiva" en que las feministas se relacionan entre ellas. El hecho de considerar que las formas organizativas tienen en sí mismas un contenido político requiere que las feministas intenten sostener interacciones no jerárquicas. Como mostré, el conflicto se acentúa entre aquellas mujeres que tienen un reconocimiento implícito del resto de las feministas, generalmente por sus trayectorias militantes y el dominio del lenguaje, como referentes del *movimiento*. En el caso de las plenarias, uno de los espacios donde el *feminismo* cobra entidad como un todo, pareciera ser que sólo el conflicto garantiza entre ellas reconocimiento e igualdad de orden al mismo tiempo. Resumiendo, la construcción de una igualdad de orden, en el sentido de ausencia de asimetrías, que se garantiza con la expresión del conflicto como posibilidad de integración, no les impide construir una igualdad en el sentido de pertenencia a una misma categoría necesaria para sostener la causa. Sugiero incluso que es la convivencia de ambos sentidos lo que hace posible la existencia del *feminismo* bajo su forma particular. Se configura una forma de sociabilidad específica donde las hostilidades no sólo impiden que se borren las diferencias, que hasta pueden ser provocadas deliberadamente como garantía de las constituciones existentes, sino que son sociológicamente productivas y gracias a ellas las personalidades encuentran posiciones propias (Simmel, 2002:144). Así, en el próximo capítulo me detendré a analizar las oposiciones reconocidas "oficialmente" por las militantes que me conducen al análisis de los diversos espacios donde se consolidan sus posiciones.

CAPÍTULO 3
"Los feminismos": oposiciones, acusaciones y conflictos

El brujo es el ser del cual hablan aquellos que tienen el
discurso de la brujería y aparece solamente como sujeto del
enunciado.
Jeanne Favret-Saada

En este capítulo analizaré la dinámica de acusaciones y oposiciones que configuran el espacio social del feminismo en Argentina. En el capítulo anterior hice referencia al fondo de reputaciones común formado por la opinión que unas tienen de otras. En ese fondo común, que requiere una actitud de observación muy dedicada y años de conocimiento de las acciones compartidas, se basan las militantes para argumentar sobre las acusaciones y oposiciones a partir de las cuales se regulan sus interacciones. Sin embargo, lo importante no es detenerse solamente en el contenido de los enunciados o tratar de descifrarlos, sino comprender quién habla y a quién.[76] De la misma manera que con el concepto de igualdad, analizado en el capítulo 2, el énfasis aquí recaerá sobre las modalidades prácticas de uso de las categorías reconocidas en las oposiciones. Las palabras "feminismo", "feminismos", "feminista", "feministas" y los adjetivos que muchas veces dentro del espacio de la militancia las acompañan, "feministas puras", "feministas académicas", "académicas

---

[76] Favret-Saada (1977) muestra en su trabajo sobre brujería en Francia que la misma implica un sistema de acusaciones. Y llama la atención acerca de que la única manera de poder estudiar la brujería es aceptar estar incluida en situaciones donde esta se manifiesta y en el lenguaje en que se expresa. Muestra así la imposibilidad de realizar su trabajo de campo desde la posición de "testigo imparcial" debido a que la misma está ausente en el discurso de la brujería.

113

puras", "feministas institucionalizadas", "feministas autónomas", "lesbianas feministas", "feministas políticas" no pueden comprenderse aisladas de quienes las utilizan y de los procesos que les dieron lugar. Mientras que para personas que no comparten estas experiencias y no se han formado en esas situaciones no alcanzan nunca todo su significado, para quienes las emplean tienen una alta carga valorativa. Las denominaciones diversas, que conforman el feminismo y lo convierten al plural *feminismos*, traducen al lenguaje, bajo la forma de taxonomías, el juego de oposiciones a partir del cual las feministas, dotadas de propiedades sociales específicas parcialmente diferentes, pero en parte también comunes, se reconocen entre sí. En lugar de tratar las oposiciones como impedimento para alcanzar una unidad ideal en el feminismo como movimiento propongo intentar comprender el sentido que esta dinámica tiene en la constitución de esta figuración social.

En el caso de las feministas no existe ninguna "versión auténtica" de qué es *ser feminista* o qué es el *feminismo* en la que todas estén de acuerdo, sino cierto número de historias que se ocupan más o menos del mismo conjunto de elementos, utilizan el mismo lenguaje y la misma clase de simbolismos, pero que difieren unas de otras en detalles de crucial importancia según quién relate los hechos. La divergencia entre las versiones de qué es *ser feminista* y qué es el *feminismo* sirven para validar el estatus y la posición de quiénes la cuentan. Así, estimo que en el caso que aquí presento las contradicciones son más significativas que las uniformidades en tanto en cada versión se vislumbra una tendencia a apoyar la autoridad de quienes tienen allí intereses implicados (Leach, 1976:287-8).

En síntesis, son denominaciones que reflejan la situación y la historia de una forma social y para comprenderlas es necesario situarlas a partir de quiénes las enuncian.

1. El "femistómetro": ¿qué feminista es la más feminista?

Una característica que despertó mi curiosidad y asombro cuando tomé contacto con las primeras feministas y comencé a participar de algunos eventos fue la multiplicidad no solo de visiones acerca de lo que es el *feminismo*, sino también de agrupaciones y organizaciones. En conversaciones que se daban en pequeños grupos, en ocasión de encuentros, jornadas o actividades recreativas, escuché a algunas mujeres mencionar su dificultad en las primeras incursiones en la militancia para definir si eran o no *feministas*. Una de ellas relata que cuando empezó a militar escuchaba a otras mujeres y no se identificaba en absoluto con lo que decían. Entonces, cuenta, "yo pensaba, si eso es el feminismo yo no soy feminista. Pero luego hablando con mujeres más experimentadas ellas me decían que hay tantos feminismos como feministas". El relato de otra militante durante una entrevista también ayuda a mostrar la complejidad que encierra el "ser feminista":

> Vos podés decir, por ejemplo, en un partido político "soy de este partido político" o decir "defiendo los derechos humanos". Tenés maneras de comprometerte con esa lucha y mostrás ese compromiso y se terminó. **Acá en el feminismo es más difícil decir por qué sos feminista y si sos feminista o no sos feminista**. ¿Sos feminista porque lo declarás? ¿Sos feminista porque estás trabajando con las cuestiones de las mujeres y solamente por eso? Sos feminista porque tenés toda una carrera, una trayectoria y te ponés a laburar sobre eso y eso forma parte de tu práctica diaria… Como nunca sabés los grados, **hay muchas mujeres que se acercan y todavía no se dicen feministas o creen que no han accedido. Como si fuera un cielo donde te bendicen o te hacen el ingreso**. Te acordás que había una pregunta ¿Se considera feminista? [se refiere al último Encuentro Nacional de Mujeres Feministas. Ver capítulo 1], vos creo que contestaste que no, no soy feminista. Y había chicas que sí eran feministas, porque peleando en sus casas por sus derechos, los padres o las madres les gritaban: "¡sos feminista!" **Las hacen autodefinir como feministas. Otras consideraban que por tener dieciocho o diecinueve años no podían ser feministas, por no tener la conciencia**… Es la misma discusión que se hizo con la conciencia de los trabajadores (destacado mío).

Débora Tooker (1992) pone en cuestión la noción interiorizada de creencia, que considera propia de la sociedad occidental. La autora afirma que otras formas de identidad no podrían comprenderse en toda su complejidad si son analizadas desde esta concepción de creencia. Teniendo en cuenta esta reflexión ¿cómo pensar la identidad *feminista* cuando las mismas militantes son las que acentúan la importancia de la "interioridad" y cómo juega esa manera de concebir una "interioridad" para establecer la identidad? Michael Rhum (1993) critica esta observación de Tooker sosteniendo que el ejemplo de la tradición europea muestra que la exterioridad puede ser importante aun cuando la interioridad sea subrayada. Considero que la observación de Rhum es pertinente para pensar el caso de la identidad feminista. Esta, a pesar de estar basada en una fuerte interiorización, que se sostiene y se refuerza en la noción de individuo y de autonomía, en tanto se propone también como práctica política, tiene una dimensión de exterioridad que es tan importante como la primera, y en ese sentido ambas deben ser tenidas en cuenta en el análisis. Cito a continuación varios testimonios donde estas diferentes dimensiones son enunciadas:

[Cuenta su primer viaje a un Encuentro Nacional de Mujeres]

Yo ya estaba atendiendo mujeres, **no era feminista y no me decía feminista**, pero fue la primera vez que pasé tres días con un grupo de mujeres. Y ahí empiezo a escuchar discusiones… Me encantó que con nosotras viajaba un camarógrafo que era de un grupo de derechos humanos y pareja de una de ellas. Y todo bien con el tipo en el viaje y cuando llegamos empezamos a ir a algunos talleres en los que no lo dejaban entrar. Y yo al principio preguntaba por qué. Como que el resto de las que venían me explicaban por qué. Y ahí yo aprendí un montón. Y ahí fue como el primer clic.(…) Cuando vuelvo del Encuentro de San Bernardo **ahí decido presentarme como feminista cada vez que me presente. Hasta ese momento yo me sentía feminista, pero no me animaba a decirlo públicamente**, y a partir de ese momento incluso decido incorporarme el apellido de mi madre también. Para mí, el feminista latinoamericano, todo lo que pasó ahí, …yo alojé mujeres feministas después acá en Tandil que vinieron… **todo eso, toda esa ciudad de las mujeres.. fue como que me convenció que esa era yo, que ese plural era yo**. Esas éramos… yo pertenecía a ese nosotras.
Es decir, **yo era feminista, sin saber que era feminista**. Digámoslo así. A pesar de que la contradicción principal era la clase etc., etc. Clara Zetlin, que se enamoró del hijo de Rosa Luxemburgo, y todas ellas para mi eran modelos… modelos ideológicos y después muuucho más modelo (…) **En el año 83 yo ya estaba totalmente feminista.**
Porque yo hace dos años que me digo feminista. Por una cuestión estratégica yo no me decía feminista, pero desde hace dos años me digo feminista.
Era el gobierno radical, **y yo me declaraba feminista**. Los periodistas abrían los ojos así y les decía, quién defiende los derechos de las mujeres y habla de la igualdad de oportunidades entre hombres y mujeres es feminista, y ahí tenía que aclarar que aquí se ha estigmatizado esa palabra. Y ahí viene todo mi desarrollo en el feminismo…

Los testimonios muestran las distinciones que estas mujeres hacen en sus relatos. La diferencia entre ser feminista, sentirse feminista, decirse feminista y estar feminista[77]. Entonces ¿cómo se establece quién es femi-

---

[77] La expresión "estar feminista" casi no aparece en las entrevistas. De hecho considero que es más reciente que las otras expresiones y no aparece en los testimonios de las feministas entrevistadas por Silvia Chejter en 1984 (*Travesías 5*, 1996). Es muy probable que esta expresión haya comenzado a utilizarse cuando aparecieron críticas a las teorías de la

nista y quién no? ¿Quiénes son consideradas en los espacios de militancia las "verdaderas" feministas? En la definición de quién es y quién no es feminista se ponen de manifiesto los valores de la militancia y las formas de hacer política que las feministas defienden. Se trata de una definición compleja y en constante cambio en la que se ponen en juego tres dimensiones: una interior (sentirse o considerarse feminista); otra que requiere exteriorización (decirse feminista), en la que la propia enunciación es considerada una acción política; y una dimensión de reconocimiento externo (ser reconocida por otros como feminista), que depende de las prácticas y/o de la trayectoria militante. A continuación intento dar cuenta de las posibles combinaciones de estas tres dimensiones. Una mujer puede:

- ser considerada feminista por los/as demás, sin reconocerse personalmente como tal; se dice de ella que "no se dice feminista, pero todo lo que hace y dice demuestra que sí lo es".

- decir que es feminista y, sin embargo, no ser considerada feminista por los/as demás, especialmente por otras militantes; "dice que es feminista, pero en realidad no lo es"; se considera que no manifiesta la verdad, ya que sus declaraciones no se condicen con prácticas que otras militantes consideran propias del *feminismo*.

- considerarse feminista y no decirlo públicamente; se considera feminista, pero no lo dice públicamente por el costo social o por una estrategia de inserción en determinados ámbitos.

- considerarse a sí misma, ser considerada por los demás y decirse feminista; este sería un caso ejemplar que reúne las tres dimensiones. Cuando he preguntado a algunas militantes si manifiestan públicamente que son feministas y por qué, han respondido: "lo considero parte de mi compromiso" o "porque es mi identidad política".

Todas estas variantes que definen el "ser feminista" son utilizadas en el momento de accionar una dinámica de acusaciones que marca las adhesiones, oposiciones y conflictos que configuran y le dan existencia a lo que Boltanski (1982) denomina la "personalidad colectiva" cuando se refiere a la formación de la categoría "les cadres" en Francia, al mismo tiempo que es lo suficientemente amplia como para albergar a muchas formas posibles de vincularse a la categoría *feminismo*. Aquí adquiere pleno sentido la propuesta de Brubaker (2001: 75) de reemplazar el término "identidad" por "identificación" en tanto este último exige especificar quién o quienes identifican y, por otro lado, no presuponen que

___

identidad y las advertencias sobre los "peligros" de la esencialización (por ejemplo, el libro de Judith Buttler, *Gender Trouble. Feminism and the Subversion of Identity*, publicado en 1990).

una identificación tiene como consecuencia necesaria la similitud interna, la "grupalidad" y la distinción. Para el caso que aquí analizo, la insistencia y la preocupación en determinar grados en el ser feministas dio origen entre las militantes al neologismo "femistómetro" que pone de manifiesto, con cierta ironía, la intensión y al mismo tiempo la imposibilidad de definir quién es más feminista. Esta discusión evidencia la existencia de una categoría que ellas contribuyen a crear y en la cual al mismo tiempo se basan para construir su identidad.

A continuación desarrollaré las oposiciones más visibles que configuran actualmente el espacio del feminismo y que considero están relacionadas con las propiedades sociales de estas mujeres, las posiciones que determinan sus inserciones sociales específicas y al mismo tiempo con las oposiciones dentro del *feminismo latinoamericano*. Las acusaciones actuadas en estos Encuentros internacionales se recrean luego en Argentina a partir de lugares como publicaciones donde las feministas dan testimonios y opiniones personales de lo sucedido. Así como la divulgación de determinados conceptos tienen referencias internacionales (reuniones y encuentros), también algunas acusaciones las tienen.[78]

2. Acerca de las oposiciones y categorías de acusación

> *Ante todo debo realizar una aclaración muy importante:*
> *para mí el movimiento feminista se compone de organizaciones feministas propiamente dichas, feministas insertas en organizaciones sociales de mujeres, en los partidos políticos, en los sindicatos, en la academia y también en los espacios institucionalizados.*
> Cecilia Lipszic
> *Los feminismos en la Argentina (1983-2004)*

Para comenzar analizaré las oposiciones que aparecen con mayor fuerza en el espacio del *feminismo* para luego situarlas en tanto acusaciones y/o autoadscripciones. Solo para ordenar el relato y ubicar al lector/a las mencionaré primero desde el punto de vista de las *feministas* que se autodenominan *autónomas*. Las categorías son: "feministas autónomas", "feministas institucionalizadas", "feministas académicas" y "feministas políticas". Antes de continuar es necesario decir que en la dinámica de oposiciones quienes utilizan las categorías de acusación, en primer, lugar reconocen a las otras mujeres como *feministas* y las definen a partir de un

---

[78] Si bien a lo largo de todo el libro aparecen menciones a la dimensión internacional me ocuparé de este punto con más detalle en el próximo capítulo.

lenguaje básicamente taxonómico que expresa los conflictos que acompañaron la formación del espacio del feminismo. Se trata de la institución de un sistema de lugares a partir de los cuales las mujeres dialogan e interpretan el feminismo. En los casos que he observado, cuando las feministas utilizan estas oposiciones como argumentos de acusación, no lo hacen como una forma de insulto o desaprobación personal. Estas denominaciones se usan habitualmente en plural (*las académicas, las mujeres de los partidos, las feministas puras, las académicas puras*) y funcionan como un mapa de clasificaciones en el cual todas ellas pueden ser ubicadas.[79] En tanto no se trata de atributos personales, ni de categorías que encuentren una expresión pura en situaciones empíricas, en la práctica algunas mujeres transitan a través de estas fronteras demarcadas a partir de ese ordenamiento simbólico.

Las categorías que configuran la dinámica de oposiciones se refieren al espacio social donde las mujeres inscriben su práctica militante. En cada uno de ellos es posible identificar una o varias mujeres que son reconocidas, por otras militantes más jóvenes o con menor trayectoria, como referentes o autoridades. También es común que quienes se constituyen como referentes de uno de esos espacios transiten por los demás, en tanto, como mencioné anteriormente, estas categorías no representan atributos personales sino que adquieren sentido en el juego de oposiciones. En una entrevista realizada, al tratar el tema de las "autoridades" en los Encuentros Nacionales de Mujeres Feministas, una militante consideraba que, más allá de la dinámica de horizontalidad que se intenta mantener, hay autoridades "cacicazgos".[80] ¿Quiénes son esas autoridades?

> (…) se vio claramente con el Encuentro de Feminismo. De pronto una cosa era Magui y Marta hablando y otra cosa era María José Lubertino y otra cosa era Zulema Palma y otra Dora Coledesky. Y otra cosa si estuviéramos en otro Encuentro podría ser… (interrupción)

> Ah y otra de la que no te hablé que también es un referente importante, que para mí fue un referente importante, es Martha Rosenberg. Martha para mí es palabra que escucho, pero es complicada. No puedo llevar a cualquiera a que escuche un discurso de Martha Rosenberg. Diana Maffia es otra, son personas que hablan y tienen una… Diana es más académica.

---

[79] Nunca escuché que alguna de estas acusaciones se utilice en singular e incluso en casos donde estas clasificaciones se usaron para referirse a una sola persona la formulación era la siguiente "pero creo que ella es de las feministas puras".

[80] Es importantes en este punto aclarar que este testimonio es el mismo que fue citado en el capítulo 2, bajo el subtítulo "Autoridad y reconcimiento", ya que allí me refiero a la posición que esta mujer ocupaba en la militancia, que siendo externa al lugar de "referente del movimiento" estaba más dispuesta a dar ejemplos de "autoridades" dentro del espacio del feminismo.

Las mujeres mencionadas anteriormente pertenecen a ámbitos diversos a partir de los cuales se enuncian las oposiciones que constituyen el *feminismo*. Sin embargo, hay una característica común a todas ellas: ser reconocidas como "autoridades" o "referentes" para otras militantes.[81] "Magui y Marta" son Margarita Bellotti y Marta Fontenla, abogadas, fundadoras de ATEM, uno de los grupos autodenominados *autónomos*. María José Lubertino es abogada, fundadora del Instituto Social y Político de la Mujer (ISPM), fue congresal constituyente de la Ciudad Autónoma de Buenos Aires por la Unión Cívica Radical, diputada nacional y es considerada por las autodenominadas *autónomas* una de las *mujeres de los partidos*. Actualmente es la presidenta del Instituto Nacional contra la Discriminación, la Xenofobia y el Racismo (INADI). Zulema Palma es médica ginecóloga, una de las fundadoras de *Mujeres al Oeste*, organización no gubernamental que trabaja con "mujeres de base" y en articulación con el municipio de Morón. La ONG a la que pertenece recibe algunos subsidios de organizaciones internacionales y forma parte de redes como la Red de Salud de las Mujeres Latinoamericanas y del Caribe (RSMLAC). Pero al no ser ella, como persona, quien forma parte de una red internacional y como participa activamente de encuentros, jornadas y manifestaciones callejeras, podría, en principio, arrogarse el derecho de ser parte del *feminismo autónomo* y ser considerada por la mayoría también como *autónoma*.[82] Dora Coledesky es abogada y estuvo exiliada en Francia en la época del gobierno militar, donde participó de agrupaciones feministas. Es una de las mujeres de mayor antigüedad en el *movimiento* y es reconocida por la mayoría por "su compromiso con la causa de la legalización del aborto".[83] Martha Rosenberg es psicoanalista, integrante del Foro por

---

[81] De manera similar a lo que muestra Boltanski en su análisis de "les cadres", los casos ejemplares que vienen espontáneamente a la memoria y que sirven de puntos de referencia constituyen una representación estilizada y esquematizada. Las militantes mencionan espontáneamente ejemplos paradigmáticos pertenecientes a diferentes categorías, evitando pensar los casos límites situados en los márgenes. Estos ejemplos se ajustan al producto del trabajo de representación realizado en el grupo (Boltanski, 1982).

[82] En este punto simplifico el uso de las categorías propias de la dinámica de oposiciones para poder trazar un mapa inicial. Las trabajaré tomando en cuenta su complejidad en los apartados que siguen. En cuanto a la relación entre la dinámica de oposiciones y la dimensión internacional, será profundizada en el próximo capítulo.

[83] En una nota publicada en el sitio web Artemisa en noviembre de 2005, la periodista Sandra Chaher la describe de la siguiente manera, bajo el subtítulo *Camino al exilio y al feminismo*: "Llegó al feminismo a través del marxismo, y al movimiento feminista argentino después de haber militado con las francesas. Estos pasajes determinaron su claridad y amplitud de pensamiento. Esto, y el haber transitado siempre por el centro y los márgenes a la vez, otra sana y creativa estrategia."
Sitio web: http://www.artemisanoticias.com.ar/site/notas.asp?id=50&idnota=1008

120

los Derechos Sexuales y Reproductivos y otra de las portavoces en la causa por la legalización del aborto. Diana Maffía es filósofa profesora de la Universidad de Buenos Aires, integrante del Instituto Interdisciplinario de Estudios de Género.

Así, junto con la constitución de una historia del *feminismo* se han ido construyendo también, a partir de los espacios donde las mujeres inscriben su *militancia*, ejemplos sobresalientes de *feministas* y *feminismos* con perfiles diversos. Si alguna de estas referentes intentara erigirse como representante del *feminismo*, esto siempre sería en detrimento de otras. Las oposiciones entre las representantes de estos "buenos ejemplos" pueden entenderse como un intento de constituirse como siendo a la vez iguales y diferentes entre sí. Iguales, en el sentido de que cualquiera de ellas tendría tanta autoridad como las otras (igualdad de orden), pero diferentes en tanto inscriben su militancia en ámbitos que requieren de propiedades sociales y de lógicas de inserción totalmente diversas. Como expresé en el capítulo anterior, las hostilidades son productivas en tanto impiden que se borren las diferencias y también gracias a ellas las mujeres encuentran posiciones propias.

En las páginas que siguen intento mostrar cómo la noción de *autonomía*, en referencia al feminismo (no me refiero en este caso a la autonomía de cada mujer), comienza a adquirir importancia hasta convertirse en una categoría que integra el sistema de oposiciones. Luego, tomando como ejemplo lo sucedido en el *VII Encuentro Feminista Latinoamericano y del Caribe* realizado en Chile, analizo cómo operan las categorías de acusación en la práctica.

2.1 Feministas "institucionalizadas" versus feministas "autónomas"

En la *encuesta feminista* realizada por Silvia Chejter en el año 1984 (*Travesías 5*, 1996) el término *autonomía* es escasamente mencionado en los testimonios de las feministas entrevistadas cuando se refieren al *feminismo*. Dado que en el año 1983 fue el inicio de un nuevo periodo democrático, en el apartado dedicado a "La Política" la mayor parte de las opiniones se refieren a las diferencias entre *la política feminista* y la *política de los partidos*. No aparecen oposiciones claramente definidas, con la excepción de uno de los testimonios donde se da una definición de *feminismo*. Pero, en ese momento las diferenciaciones al interior del feminismo eran otras:

> El feminismo es un movimiento con diferentes áreas de acción: habría
> un área del **feminismo reformista**, más vinculado a la política tradicio-

nal, centrado en la lucha por reivindicaciones, o sea, por obtener reformas legales, laborales, que mejoren la situación de la mujer dentro de este sistema. Por otro lado, está el **feminismo radicalizado** con una acción diversa: los estudios de la mujer en el campo académico, los grupos de concientización, la difusión de los cuestionameintos más radicales, la creación de espacios autónomos y alternativos de las mujeres, el trabajo en la sexualidad, la vida cotidiana, las pautas culturales, el cuestionamiento a los roles sexuales. Y habría una tercera posibilidad, asumida por **feministas que militan en los partidos políticos**, porque piensan que hay que modificarlos desde adentro y luchar desde allí por la cuestión de la mujer (*Travesías 5*, op.cit.:73) (destacado mío).

Algunos años más tarde, la preocupación por la *autonomía* comenzaría a adquirir fuerza hasta convertirse en una categoría clasificatoria para las *feministas*. Está presente en la encuesta realizada por Chejter en 1996, donde reunió dos grupos de *feministas* en grupos de trabajo y discutieron sobre temas similares a los planteados en 1984. Los resultados fueron publicados en *Travesías 5* (op. cit.) bajo el título "Ser Feminista en los 90". Por un lado, una mujer que también milita en un partido político declara que percibe una mejor articulación entre *movimiento autónomo* y partidos políticos: "Ahora siento que esto está mucho más tolerado, que una pueda estar no solo en el movimiento autónomo". La respuesta de la integrante de un grupo autodenominado *autónomo* fue la siguiente:

> (…) tengo la percepción contraria a la de M.J. **Nosotras teníamos una posición mucho más optimista respecto a las relaciones entre feministas autónomas y feministas de partidos políticos en los años 83 y 84 que ahora**. Y no creo que esto sea un problema de edades, sino de políticas. Teníamos una concepción más reformista y más gradualista. Me refiero a nuestro grupo no al conjunto de feministas autónomas.

Por otro lado, también aparecen opiniones donde estas mujeres hablan de la "institucionalización" y la consideran perjudicial a las reivindicaciones hechas por el *feminismo*, en este caso el que ellas consideran *autónomo*:

> Veo un proceso de separación del mundo público de lo privado; esa separación contra la que luchábamos. **Eso está pasando a todo nivel, sobre todo a las feministas que están en partidos políticos y en otras instituciones** (…) Pasa en los partidos políticos y en lo que ahora se llama "lo institucional", lo único que se pide son reivindicaciones y se ha perdido el viejo eslogan del feminismo *lo personal es político* (…) (destacado mío).

También se menciona la no discusión acerca de una ética del financiamiento como un obstáculo para una *política feminista*:

> El problema es que con los grupos de mujeres feministas no se puede debatir. Por ejemplo, **no se habla del financiamiento, de la dependencia del financiamiento, no se rinden cuentas, es un tema tabú**. (…)
> No todos los financiamientos son iguales, ni todas las ONGs son iguales, pero no podemos discutir sobre eso (destacado mío)

La intensificación de la oposición entre *autónomas* e *institucionalizadas* o entre *utópicas* y el *feminismo de lo posible* tuvo como resultado, a partir de un determinado momento, que la palabra *feminismo* comenzara a ser utilizada por las militantes en plural: *feminismos*. Francesca Gargallo (2002:106) en su artículo "El feminismo múltiple: prácticas e ideas feministas en América Latina" sitúa ese momento en el año 1993 durante el *VI Encuentro Feminista Latinoamericano y del Caribe* y considera que "la polarización de las diferencias sobre los aspectos éticos de la política de las mujeres (y de su financiamiento) llevó a un debate sobre la 'verdadera' identidad feminista latinoamericana". Pero fue en el *VII Encuentro Feminista Latinoamericano y del Caribe*, realizado en Chile en 1996, donde estalló la oposición entre las mujeres que trabajaban en ONGs y estaban insertas en redes internacionales y aquellas que se identificaron con la denominación *autónomas*.[84] En lo que las militantes describen como un clima de agresión que causó estupor, las primeras fueron acusadas de *institucionalizadas* por quienes se denominaron *autónomas*. Las agresiones de estas últimas estuvieron dirigidas a Gina Vargas acusada de "vendida al imperialismo"; mientras que la referente de las *autónomas*, acusadas de *utópicas* por quienes reivindicaban un "feminismo de lo posible", era Margarita Pisano. Lo sucedido en Chile en 1996 fue el tema en Argentina de dos publicaciones *feministas. Brujas* (Año 16 Nº 24), revista de ATEM, publicó ocho artículos referidos al tema. Entre ellos uno de Margarita Pisano, identificada con las *autónomas* y una entrevista a una militante del *Movimiento Feminista Autónomo de Chile. Feminaria* (Año X Nº 19), según relatan las editoras, convocó a "una reunión ampliada entre feminis-

---

[84] Después de 1996 es común encontrar en publicaciones de feministas argentinas la palabra *feminismos* para describir la militancia. Algunos ejemplos son el artículo de Marcela Nari (1997) "En busca de un pasado: revistas, feminismo y memoria. Una historia de las revistas feministas, 1982-1997", donde incorpora un ítem denominado *feminismos*. Otros ejemplos son el artículo de Martha Rosenberg (2004) "ONGs, feminismos latinoamericanos y movimientos sociales a 10 años del Cairo" y el capítulo de Cecilia Lipszyc "Los feminismos en la Argentina (1983-2004)" incluido en el libro *Perfiles del feminismo iberoamericano* (Femenías, 2005).

tas con diferentes miradas que representan diferentes posturas reflejadas en el Encuentro" y publicó las versiones de cinco mujeres que participaron, más la de Margarita Bellotti (ATEM) que no aceptó participar, pero envió sus opiniones por escrito. Transcribo a continuación algunos de los argumentos de unas y otras:

> **Hasta Chile, el feminismo latinoamericano y caribeño tenía una voz "oficial": la que lideró el proceso hacia Beijing, la que tiene en sus manos los medios de comunicación feministas más importantes y los mayores recursos, la que se arrogó representatividades nunca otorgadas.** Un feminismo cuya estrategia fundamental es el acceso a las instituciones políticas y económicas nacionales e internacionales (incluida la Banca Multilateral: Banco Mundial, Banco Interamericano de Desarrollo), la consecución de cuotas de poder en las mismas y las reformas legales. Toda voz disidente era descalificada (y lo sigue siendo) por utópica, por imposible, nostálgica. Este proceso, que se viene desarrollando desde hace varios años, fue creando fuertes tensiones, que se expresaron en Cartagena. **El Encuentro de Chile permitió que esas otras voces se escucharan. Ninguna fue acallada.** Incluso aquellas que, en su momento, boicotearon el Encuentro y hasta propusieron un cambio de sede, tuvieron espacio.
>
> El chupetín de fondos no autogenerados es un vehículo que puede –y a veces lo logra- hacer transitar por la vía rápida hacia la concesión. Sin embargo, hay casos –y son muchísimos– donde esto no solamente no ocurre sino que la entidad se convierte en todo un organismo autónomo que extiende la mano a otras personas y organizaciones. (…) **En fin, el grito violento junto con la violencia de autoproclamarse autónomas mientras, para ellas, las otras no solo no éramos autónomas sino traidoras, me sigue resultando preocupante.** Emplear un método usado desde siempre contra las mujeres para llamarnos la atención me parece inaceptable. Sin embargo, me llamó la atención. Eso sí, como pocas cosas, me llamó la atención. **¿Qué hacen los movimientos feministas latinoamericanos con ese grito? ¿Nos vamos a escuchar mutuamente?** (destacados míos).

Estos testimonios ayudan a mostrar que los relatos no cuestionan la veracidad de los hechos en sí, sino que las feministas utilizan las acusaciones para discrepar sobre incidentes que suponen cruciales para sancionar el estatus de las demás. Así, a partir de las categorías de acusación, basadas en oposiciones, desafían las deducciones que surgen en cada caso y hacen un relato donde validan su posición y niegan o desacreditan los principios de acusación de las otras.

La constitución de la mujer como tema y su internacionalización de la mano de organismos de financiamiento no son posibles sin el surgimiento de profesionales expertas en diversos países del mundo. Esto provocó un proceso de elitización en el espacio del feminismo donde algunas mujeres con determinadas competencias tuvieron acceso a lugares y recursos que las otras no tuvieran. Se modificaron así los espacios de poder y esto llevó al cuestionamiento de quienes ocuparon esos lugares:

> El liderazgo alcanzado por Gina [la feminista acusada de "institucionalizada"] en los últimos años generó, sin dudas rivalidades, envidias que obturaron el diálogo y la posibilidad de confrontación en el plano de las ideas.

Entre los argumentos esgrimidos para relativizar las acusaciones a Gina Vargas y ponerles un límite, esta feminista cita la causa que habría llevado a Gina a ocupar algunos de estos lugares "de poder". La misma tiene su origen en la oposición del feminismo a "otras mujeres", frente a las cuales las feministas deberían minimizar esas diferencias y permanecer unidas:

> Quizá vale recordar que Gina ocupó el cargo de coordinadora del Foro de América Latina, a propuesta de numerosas feministas –fundamentalmente chilenas– quienes preocupadas por la designación de una mujer vinculada a Pinochet, tomaron la iniciativa y con el aval de un gran número de organizaciones de América Latina se largaron a dar batalla en N.U. y lograron el objetivo: Gina fue designada. **Se puede estar de acuerdo o no con participar de Beijing, pero cabe reconocer que no es lo mismo que la coordinación del Foro esté a cargo de Gina Vargas que de una mujer de la dictadura** (Feminaria, op. cit:32) (destacado mío).

Más allá de la oposición generada acerca del financiamiento internacional, la mayoría se refiere a voces, palabras, gritos, diálogos, pactos, tradición. Los hechos y el vocabulario conciden, mientras que las versiones varían y se oponen. En tanto algunas mujeres dicen que los pactos se rompieron, otras interpretan que "cuando los pactos se rompen los códigos se reconstruyen y la palabra sigue vigente en la arena política". Para algunas el conflicto fue extremo y no posibilitó el diálogo, para otras fue precisamente el conflicto el que habilitó que "otras voces se escucharan". De manera similar a las plenarias de los Encuentros Nacionales de Mujeres, a las que me referí en el capítulo 2, el evento de Chile muestra el conflicto como una manera de intentar sostener formas igualitarias en espacios jerarquizados. Las distintas versiones, acerca del Encuentro de

Chile, que se enfrentan y oponen son una de las evidencias. Como expresa Leach (1976), dado que en cualquier sistema social, por estable y equilibrado que sea, existen facciones opuestas, deben existir también distintas versiones que validen los derechos concretos de las referentes de los distintos espacios.

Vivir en la confrontación ¿una particularidad Argentina?

El impacto de lo sucedido en el Encuentro de Chile pareciera no haber tenido la misma fuerza en Argentina como en otros países. Durante una entrevista, una feminista que participó de este encuentro, menciona lo sucedido en el momento en que me cuenta acerca de las rupturas dentro del espacio del feminismo:

P: ¿Qué pasa con las rupturas?

R: Esa son las quintitas.

P: ¿Esas personas, cuando se produce una ruptura, se van del feminismo?

R: No. Esas son las quintitas… y las miserabilidades.

P: Pero ¿son un problema para las rupturas el movimiento?

R: (silencio) **Mira, por suerte en Argentina, cuando fue el Encuentro Feminista de Cartagena en Chile, donde vinieron las bolivianas con el cartel Gina Vargas traidora, vendida al imperialismo, cosas horribles. Y yo un día pregunté, estas chicas que están en todos los Encuentros y las veo en todos lados, las veo en Nueva York, las veo… no tienen subsidios, si son tan autónomas, ¿cómo consiguen la guita para los viajes?** Ah, porque el padre de una de ellas es muy rico.

¡Pero no hay como justificar! Le pedís a la Fundación Ford o al tío rico que es el dueño de las minas de no se que carajo. ¿Cuál es la diferencia? ¿Donde está la autonomía? Esas fueron las que junto con la Pisano, que después la casa chilena, con la caída de Salvador Allende, recibía internacionalmente un millón de dólares anuales, la casa que dirigía Margarita Pisano. Después de recibir un millón de dólares de todo el mundo se declara autónoma. ¡Andá a cagar! Se lo dije así, como te lo estoy diciendo a vos. Le dije, Margarita vos porque ahora ya tenés setenta años, entonces andá a cagar. Estuviste recibiendo un millón de dólares anuales todos estos años y no eras autónoma. Yo no le creo a la Margarita Pisano, ¿te das cuenta? **Entonces, en Cartagena lo que se** discutió era la autonomía del movimiento feminista o las institucionalizadas.

P: Que acá en Argentina también está …

R: Acá no hubo tanta ruptura por suerte. Pero en Perú fue gravísimo eso, en Chile fue muy grave eso…

P: ¿Se separaron?

R: Síííí. Acá, fue todo muy *light***. Esa pelea fue una brisa, que duró un año y después nadie más le dio pelota. ¿Pero que tenemos un femistómetro? ¿A ver quién es la más…?** Da la casualidad que las que llevan esa línea son las que tienen profesiones liberales y no necesitan estar en el Estado (destacado mío).

Coincidente con la interpretación del testimonio citado, donde se menciona que el conflicto del Encuentro de Chile tuvo poco impacto en Argentina, una de las participantes de la discusión de *Feminaria* utiliza en su interpretación como argumento lo que ella considera "diferencias entre las feministas argentinas y las chilenas", reivindicando la disposición de las argentinas para el conflicto y la confrontación. Así, considera:

Quizá para las argentinas, acostumbradas al conflicto y la confrontación pública, nos es difícil aceptar que no haya sido posible encontrar otra manera de resolver el conflicto con un costo menor para todas en aras de defender el espacio de los Encuentros como espacios democráticos. (…) **Para quienes "envidiamos" la cultura política chilena del "pacto", el Encuentro nos hizo pensar que "no todo lo que brilla es oro" y que quizá, vivir en la confrontación no es tan malo como parece.** También estimula y ayuda a crecer y que lo importante es preservar los espacios y aceptar las diferencias. El resto –consenso y acuerdo– son un resultado (Feminaria, 1997:31) (destacado mío).

Este testimonio y el anterior muestran que, al mismo tiempo que los sistemas de oposiciones, a partir de los cuales las *feministas* ubican sus puntos de vistas, están atravesados por discusiones internacionalizadas, existe una especificidad del feminismo local. Según el relato de Marta Fontenla (2002), cuando se realizó la tercera Asamblea de Mujeres Feministas organizada en La Plata por el grupo Las Azucenas en 1995 era la época de

la intervención directa de la AID en el feminismo latinoamericano y de organización de los centros focales dependientes de la misma para participar de la cumbre de Beijing; de consolidación de institucionalización del feminismo y de la incorporación de muchas feministas a los organismos multilaterales planteándose el problema de las voces que hablaban en nombre de todas las argentinas en esos lugares.

Mas adelante, relata que el debate sobre la autonomía y la institucionalización no se pudo hablar colectivamente hasta Córdoba 2000, donde se explicitaron las diferencias. Así, si bien la oposición *autónomas/institucionalizadas* marcó importantes fracturas en otros países latinoamericanos, no parece haber sucedido lo mismo en Argentina, donde el conflicto es escenificado y soportado dentro de ciertos límites o se evita el encuentro y de esa manera la ruptura. Así, si bien confrontación y conflicto pueden ser considerados características propias del feminismo, como he mostrado anteriormente, también es interesante pensar cómo estos rasgos operan en las relaciones entre las feministas de cada país.[85]

2.2 Feministas políticas ¿mujeres de los partidos?

Aquí considero pertinente retomar el epígrafe de este capítulo donde Favret-Saada menciona que en su análisis sobre la "brujería" en Francia el "brujo" solo aparece como tal en tanto sujeto del enunciado. A partir de mi trabajo de campo no he logrado identificar una categoría unánime a partir de la cual otras feministas, que no militan en partidos políticos, se refieran a las que sí lo hacen. He escuchado hablar de las "mujeres de los partidos" (pero en otro contexto esto podría referirse también a mujeres militantes de partidos políticos que no se consideran feministas, pero van a los Encuentros Nacionales de Mujeres), "las que tienen doble militancia", o simplemente "las políticas". En algunos casos también puede llegar a discutirse si son o no verdaderamente feministas en tanto pertenecen a "estructuras patriarcales". Así, en este caso de manera muy clara, las categorías de acusación solo existen como sujeto de un

---

[85] Si bien no desarrollaré aquí este punto, considero pertinente trazar una conexión con el ensayo de Guillermo O'Donnell (1997) "¿Y a mí, qué mierda me importa? Notas sobre sociabilidad y política en la Argentina y Brasil", donde analiza las diferencias entre la sociedad argentina y la brasileña para tratar la igualdad y la jerarquía. También es importante citar el artículo de Elizabeth Borland (2004b) "Cultural opportunities and tactical choice in the Argentine and Chilean Reproducitve Rights Movements" que compara las formas de oposición a la Iglesia Católica de los movimientos por los derechos reproductivos en Chile y Argentina. Según la autora, mientras las estrategias de las activistas chilenas serían más cautelosas, las de las argentinas serían más confrontativas.

enunciado, dependiendo su significado de quién lo dice, en qué contexto y dirigido a quién.

En sus relatos las mujeres que se autodenominan *feministas* y *políticas* coinciden en que no es el hecho de ser feministas lo que les permitió ocupar cargos en el Estado, sino su militancia en los partidos políticos y/o la red de relaciones allí construida. Me referiré a mujeres que tienen actualmente alrededor de sesenta años y que han participado de espacios gubernamentales como funcionarias o asesoras. Sus trayectorias son variadas. Algunas fueron militantes del Partido Comunista y luego, con la democracia, adhirieron al Partido Radical. Otras pasaron por diversos partidos de izquierda y militaron luego en el Partido Intransigente, jurando "nunca estar con los radicales". Otras declararon haber pertenecido a un "grupo de mujeres peronistas". Por otra parte, es muy común encontrar entre las feministas a ex militantes de partidos de izquierda que abandonaron su militancia en partidos políticos y consideran que su identidad política actual es el *feminismo*. A continuación cito un testimonio donde el feminismo y la militancia en partidos políticos aparecen como posiciones excluyentes:

> Una de las cosas que siento es que debido al feminismo no estoy militando en política partidista. Tuve que elegir (…) Para una política su práctica feminista tiene que enganchar con la práctica partidaria, para quienes no militamos en partidos la política feminista es diferente. Hablamos de cosas diferentes cuando hablamos de política (citado en *Travesías*, op.cit.:104).

Para quienes aún militan en partidos políticos no es la militancia en el *feminismo* o el ser *feministas* lo que las legitima y dota de autoridad en los espacios donde prima la lógica de la política partidaria, sino su militancia en los partidos y su capital de relaciones políticas partidarias, de amistad y confianza y/o familiares.

P: ¿Cuál es tu profesión?

V: Yo soy socióloga, egresada del primer posgrado especializado en género en la Universidad de Buenos Aires. (…) Pero he trabajado mucho, tengo una experiencia importante en materia de políticas públicas, sociales y más en el área de administración pública. Entonces, bueno, eso. Que soy socióloga y siempre tuve una pata en la profesión y la vida en la política (…) **Yo puedo ser muy feminista, la primera feminista, la primera…. pero siempre tengo que legitimarme políticamente**, porque siempre… bueno, es un quilombo que tenemos las feministas (destacado mío).

A partir de su inserción estas mujeres intentan introducir en esos espacios cambios acordes con las propuestas del feminismo. Como otras formas de militancia, que buscan modificar las normas sociales (y donde las decisiones no dependen de la aceptación de un grupo en su totalidad para ser llevadas a cabo), en la mayoría de los casos las mujeres se reinscriben en sus ámbitos de inserción social. Los cuales varían dependiendo de las características de cada militante, de la posición que ocupan en la estructura social y a partir de la cual tratarán de desplegar sus acciones y modificar su entorno (Reynaud, 1980). Brubaker (2001) utiliza los términos "autocomprensión" y "localización social" para dar cuenta de una acción subjetiva y no instrumentalizada de la identidad. Se trata de una subjetividad situada donde se pone en juego la concepción de quién uno es, de su ubicación en el espacio social y de la manera en que es posible prepararse para la acción. Otra de las virtudes del término autocomprensión, tal como lo define el autor, es que mientras la "identidad" implica una similitud en el tiempo o entre las personas, la palabra autocomprensión puede tener tanta relación semántica con la similitud como con la diferencia. A continuación cito dos testimonios de feministas que relatan los cambios que impulsaron en los espacios sociales donde tenían posibilidades de actuar. En un caso como militante de un partido político y en otro como funcionaria de gobierno:

En el año 83 yo ya estaba totalmente feminista. Hicimos el primer congreso de mujeres del Partido Intransigente (PI). Que no era la democracia, todavía no. Ahí entramos en el index. Porque en La Nación salió grande así, el PI pide la legalización del aborto y el divorcio vincular.

P: ¿Eran muchas?

R: Quinientas. Porque como era el primer congreso de mujeres de partidos (…) Yo sigo con el PI, militando en el Área Mujer, y ahí formamos la Multisectorial de la Mujer en Capital Federal.

P: ¿En que año fue eso?

R: Creo que en el 83. Donde había políticas, sindicalistas, feministas puras (…) Armamos la Multisectorial y armamos los Encuentros Nacionales de Mujeres. Eso creo que fue en el 86, a la vuelta de Nairobi. Como las conclusiones de Nairobi era armar acá encuentros nacionales de mujeres, no solamente de feministas, y este es el único país que lo sigue haciendo.

(…) [Durante el gobierno de Alfonsín] empecé a armar una cosa que yo llamé Consejo Constituyente, yo decía que en la transición no había política pública y que la política se construía con la sociedad. Entonces para construir esto yo convoco a un Consejo Constituyente, que la burocracia no me dejo poner Constituyente. Entonces dije a ver…, gente del mundo académico, feministas y te diría que ese papel que cumplió el Estado es lo que ayudó a que se constituyan un montón de organizaciones que no había en la dictadura. Fuimos un factor organizador del movimiento social desde el Estado.

En la oposición entre *feministas autónomas* y *políticas* se pone en juego un dilema, largamente discutido entre las feministas, definido como la "doble militancia". El problema que se plantea es dónde está la *lealtad de las mujeres*, ¿en su pertenencia partidaria o en la solidaridad de género? Como mostré en el punto tres del capítulo 1, la palabra patriarcado fue otro de los divisores entre *autónomas* y *políticas*.[86] En un testimonio citado anteriormente aparece claramente la posición de las *feministas autónomas* que opinan que las estructuras de los partidos políticos reproducían el patriarcado. Así fue como las *políticas*, según su propia versión, no pudieron ser parte de la Comisión Organizadora del *Encuentro Feminista Latinoamericano y del Caribe* que se realizó en Argentina en 1990. Sin embargo, también hay hechos que se han constituido en una especie de hitos históricos para las militantes y que a menudo son citados, tanto en los espacios de militancia (jornadas, encuentros) como en los artículos que abordan la historia del *feminismo*, como ejemplo de que la articulación es posible. La creación de la Multisectorial de la Mujer, surgida con una democracia incipiente en 1983, que según Nari (1997:35) reunía a "'feministas' y 'políticas' (de partidos o sindicatos) [que] iniciaron una interpelación conjunta al Estado", es uno de los ejemplos. Pero las tensiones dentro del feminismo entre *autónomas* y *políticas* crecieron cuando, pasados los primeros años, algunas feministas ocuparon gradualmente lugares en las estructuras estatales. Esto rompió el consenso inicial que generaba la oposición y demanda de estas mujeres al *Estado*.[87] Un nuevo término será utilizado para denominar a estas mujeres, pero también a quienes, en esos mismo años comenzaron a formar parte de las

---

[86] En el capítulo 1 cité un texto de Francesca Gargallo que dice que a partir del *II Encuentro Feminista Latinoamericano y del Caribe* la palabra *patriarcado* sirvió a las feministas latinoamericanas para explicar la realidad entera. La abogada argentina Haydée Birgin sitúa también en este encuentro una "redefinición de un sector del *movimiento*" en cuanto a la relación entre las mujeres y el Estado: "(…) en el II Encuentro Feminista Latinoamericano en Lima, comenzaron a discutirse los procesos de transición, el lugar de las mujeres y una política de cara al Estado. El Estado dejó de ser solo un blanco de pura impugnación para constituirse en un espacio de articulación con la sociedad. Era necesario, entonces, formular demandas para traducirlas en políticas públicas" (Birgin, 1999).
[87] Para más detalles sobre este punto ver Nari (1997), donde la autora analiza brevemente las posiciones teóricas e ideológicas que subyacen a estas tensiones y las ubica en el contexto histórico y político de Argentina.

redes internacionales y/o de ONGs: las *institucionalizadas*. Sin embargo, también existen distinciones dentro de esta categoría. Quienes así definen a las otras consideran que se puede ser más o menos *institucionalizada* dependiendo de que estas mujeres respondan o no a las premisas del *feminismo* en el ejercicio de su práctica feminista en "instituciones". Las *institucionalizas* son acusadas de haber sido "cooptadas por el Estado". Es decir, no solamente se cuestiona qué espacios se ocupan, sino cómo se los ocupa.

2.3 Las feministas académicas ¿académicas puras?

El proceso de institucionalización de los estudios sobre mujeres en las universidades comienza en 1984, cuando las integrantes del Centro de Estudios de la Mujer (CEM) crean los primeros seminarios de posgrado en *Estudios de la Mujer* en la Facultad de Psicología de la Universidad de Buenos Aires. Como mostraré en el siguiente capítulo, las primeras instituciones dedicadas a los "estudios de la mujer" nacieron por fuera de las universidades nacionales bajo la forma de centros de investigación y captación de recursos para proyectos de aplicación.[88] En 1987, se creó el Primer Programa de Estudios de la Mujer que consistió en la Carrera Interdisciplinaria de Especialización de Estudios de la Mujer, en la Facultad de Psicología de la Universidad de Buenos Aires dirigido por Gloria Bonder.[89] La creación de este posgrado coincide con los comienzos

---

[88] En las ciencias sociales la distinción entre sexo y género surgió a inicios de la década de 1970. En antropología especialmente los primeros trabajos estuvieron destinados a documentar etnográficamente la vida de las mujeres que había estado ausente no tanto en los registros empíricos, como en la interpretación de los datos (Moore, 1999). Esta primera etapa fue denominada "antropología de la mujer". Solo a partir de los años 80 se utilizó el rótulo de "antropología de género", es decir el estudio de hombres y mujeres en relación unos con otros y el género como principio estructural de las relaciones humanas. Ya no se trataba de buscar la subordinación universal de la mujer y las experiencias comunes entre mujeres de diversas culturas, sino que la perspectiva de género suponía un replanteamiento crítico del concepto de diferencia poniendo el acento en la relación entre hombres y mujeres (Moore, 1999; 2003). Sobre una historia del concepto de género ver Stolcke, V. (2006). La nominación de los centros de estudio reflejó esta distinción. Así, aquellos que fueron creados en los ochenta recibieron la denominación de centros o programas de "estudios de la mujer". Mientras que durante los noventa ya comienzan a denominarse "de género". Por otra parte dentro del feminismo existe una distinción entre las mujeres que dicen que "hacen género" y las que se reconocen como feministas. En este contexto las que "hacen género" y no se reconocen como feministas son acusadas de "despolitizar" la categoría.
[89] Este primer posgrado en Estudios de la Mujer incorpora en el momento de su fundación algunas de las formas de organización propias de los grupos feministas, que no son habituales en el ámbito académico, como los grupos de reflexión. Según Bonder: "La inclusión de grupos de reflexión en la currícula de un programa de posgrado significa una innovación importante en la concepción académica tradicional y por ello no resulta fácil lograr su

del gobierno democrático y un momento de efervescencia de la *militancia feminista* en Buenos Aires. Algunas feministas, cuando se presentan en las entrevistas, se definen mencionando haber sido alumnas de ese posgrado: "Yo soy egresada del primer posgrado especializado en género de la UBA". Según Gloria Bonder:

> Las primeras graduadas eran en su mayoría, egresadas en Ciencias Sociales y Humanidades, aunque había también egresadas de las carreras de Arquitectura, Agronomía y Medicina. **Casi la totalidad pertenecían a organizaciones feministas y/o habían militado en el movimiento de mujeres o partidos políticos.** Con una edad promedio de alrededor de cuarenta años, **casi todas poseían sólidos antecedentes en su campo profesional** y en algunos casos también en la temática de la mujer, así como participación en instituciones públicas o privadas. Estas características condicionaron profundamente la modalidad de participación en los cursos y el ulterior aprovechamiento de la formación adquirida. **Las primeras egresadas se encuentran hoy trabajando en el Consejo Nacional de la Mujer, son asesoras de diputados, senadores y funcionarios de gobierno,** realizan investigaciones y consultorías en organismos nacionales e internacionales dedicados a la temática de la mujer y/o son docentes universitarias. **En todos los casos, combinan la práctica académica y profesional con la militancia feminista, aunque** obviamente **existen diferencias en la cantidad y calidad de compromiso que asumen respecto al trabajo de naturaleza más política.** Cabe destacar que este posgrado se propuso un objetivo central altamente complejo y poco usual en los ámbitos académicos: promover en los estudiantes interés y capacidad para integrar la investigación y el desarrollo teórico con la formulación e implementación de políticas y acciones concretas dirigidas a superar la discriminación de la mujer (Bonder, 2002) (destacado mío)

La mayoría de los *estudios sobre mujeres*, que a partir de los años noventa en algunos casos comienzan a llamarse *estudios de género*, se crearon en esa década (ver Anexos). El grado de institucionalización y la forma en que los mismos se incorporaron a las estructuras universitarias variaron mucho de una universidad a otra. En algunos casos se conformaron como estudios de posgrado, proyectos de investigación y otros adquirieron formas *sui generis* y se incorporaron bajo la forma de *programas*, *cátedras* o

---

aceptación. Sin embargo, a nuestro criterio, esta actividad es ineludible en la medida en que **incursionar en los Estudios de la Mujer implica mucho más que la adquisición de nuevosconocimientos. De hecho, problematiza de manera global tanto la identidad profesional como personal de los/as estudiantes y sus concepciones acerca de la realidad. En este sentido, es previsible que movilice ansiedades y conflictos difíciles de superar de manera individual**" (Bonder, 2002: 19. Nota al pie) (destacado mío).

comisiones. Estas formas menos reconocidas afectaron, en algunas universidades, la posibilidad de recibir presupuestos o subsidios para su funcionamiento y/o la posibilidad de garantizar su continuidad.[90] Una de las acusaciones más comunes que se hace a las *feministas académicas* es su escasa o nula participación en las acciones militantes como marchas, "escraches", Encuentros Nacionales de Mujeres y Encuentros de Mujeres Feministas. Así, en una entrevista, una feminista que habitualmente transita por los múltiples espacios del feminismo dice:

P: ¿La conocés a R.?

R: Sí.

P: ¿Ella es feminista?

R: Sí.

P: Pero no va a los Encuentros...

R: **Nunca jamás, no es militante feminista. No es militante feminista.**

P: Cada vez se me hace más difícil entender...

R: A ver...

P: **...porque si no sos militante, ¿qué te hace ser feminista?**

R: **Esa es la cuestión, para mí esa es la cuestión. Esa pregunta es la crucial. Esa pregunta es la crucial. Si vos no realizás una práctica feminista con la gente, no en la cátedra de derecho penal cuatro. Y... sí, sos feminista.** Porque no hay que ser excluyente, **pero ese ha sido un tema muy grave de las feministas que están en la Universidad.**

P: ¿El hecho de no militar?

R: **Claaaro. Ellas producen teorías. Las que producen, ¿no? Porque muchas no producen. Pero, no militan, no militan.**

[90] Entre 1990 y 2000 se crearon ocho espacios de *estudios de mujeres y/o género.* Tres de ellos en la provincia de Buenos Aires (dos en la Universidad Nacional de Luján y el otro en la Universidad Nacional del Centro de la Provincia de Buenos Aires). Uno en la Ciudad de Buenos Aires (Universidad de Buenos Aires) y los cuatro restantes corresponden a una Maestría en la Universidad Nacional de Rosario, un centro de investigaciones en la Universidad Nacional de Tucumán, otro centro en la Universidad Nacional de La Pampa y en la Universidad Nacional de Entre Ríos. Desde el año 2000 y hasta 2006 se abrieron seis nuevos espacios. También en junio de 1991, se creó en el Ministerio de Cultura y Educación el Programa Nacional para la Igualdad de Oportunidades de la Mujer en el Área Educativa (PRIOM) que fue coordinado por Gloria Bonder. El 22 y 23 de abril de 1994 el PRIOM organizó una Reunión Nacional de Universidades a la que concurrieron representantes de veintiséis universidades de todo el país y un número aproximado de ochenta investigadores/as y docentes (Bonder, 2002).

P: Pero en algún lugar se cruzan con las otras…

R: ¿Con qué otras? Con las de los movimientos sociales no.

P: No, con las otras feministas que militan.

R: Sí, sí. Nos cruzamos, nos cruzamos. Nos cruzamos todo el tiempo

P: ¿Dónde se cruzan?

R: ¿Dónde nos cruzamos? Si hay unas Jornadas de Género vamos, participamos, discutimos, no discutimos… y todas tenemos relación. Porque no es un mundo tan grande (destacado mío)

La acusación aquí a las *académicas* es no tener "práctica feminista" por fuera de la Universidad. Pero al mismo tiempo, se reconoce que cuando se organizan reuniones, jornadas o algún otro evento las otras feministas se acercan y "todas tienen relación". Así, crear un centro en alguna universidad significa abrir la posibilidad de tener un espacio a partir del cual articular "práctica feminista".[91] Uno de los eventos que reúne a *académicas*, *feministas*, representantes de ONGs, estudiantes de diversas carreras, militantes de movimientos por los derechos reproductivos y la diversidad sexual, mujeres académicas de otros países latinoamericanos, y en algunos casos de Europa y EE.UU. son las Jornadas de Historia de las Mujeres.[92] A diferencia de los Encuentros Feministas las actividades de estas Jornadas se organizan adecuándose a un formato académico que les propicie legitimidad dentro de ese mundo social. Así, se presentan trabajos con resultados de investigación en mesas con coordinadoras y comentaristas, se organizan paneles con expositoras, pero también ahí se generan espacios para proyecciones de videos, muestras de fotografía,

---

[91] En el Encuentro de Mujeres de Mendoza, del cual participé como coordinadora de un taller, mi compañera de coordinación era una estudiante universitaria. Y algunas de las mujeres responsables de varias de las escuelas en las que funcionaban los talleres del Encuentro eran feministas que trabajaban en la Universidad.

[92] Las III Jornadas Nacionales de Historia de las Mujeres fueron organizadas en 1994 por el Centro de Estudios Históricos sobre Las Mujeres en la Universidad Nacional de Rosario. Las IV Jornadas de Historia de las Mujeres y *Estudios de Género* las organizó el Centro de Estudios Históricos Interdisciplinarios sobre las Mujeres de la Facultad de Filosofía y Letras de la Universidad Nacional de Tucumán en 1996. Las V *Jornadas de Historia de las Mujeres y Estudios de Género* fueron organizadas por la Universidad Nacional de La Pampa en 1998. En el año 2000 junto con las VI Jornadas de Historia de las Mujeres, el Instituto Interdisciplinario de *Estudios de Género* de la Universidad de Buenos Aires organizó el I Congreso Latinoamericano de *Estudios de las Mujeres* y de Género en la Ciudad Autónoma de Buenos Aires. En el año 2003 la Universidad Nacional de Salta organizó las VII Jornadas Nacionales de Historia de las Mujeres y II Congreso Iberoamericano de *Estudios de Género* y la Universidad Nacional de Córdoba organizó en 2006 las VIII Jornadas Nacionales de Historia de las Mujeres y III Congreso Iberoamericano de *Estudios de Género*.

mesas de escritoras y poetas, presentaciones de libros y venta de libros. Así, las Jornadas Nacionales de Historia de las Mujeres son un espacio de intercambio y legitimación de los "estudios de la mujer" donde confluyen académicas de todo el país y extranjeras que generalmente son invitadas como conferencistas y se convierten en una de las atracciones del evento. Al igual que en Jornadas anteriores, en las que se realizaron en Salta se efectuó una reunión de los centros académicos dedicados a estudios de género de todo el país. Participaron representantes de los siguientes lugares: Córdoba, Patagonia, Universidad de Buenos Aires, Misiones, Mendoza, Jujuy, Tucumán, Universidad Nacional del Centro de la Provincia de Buenos Aires, Catamarca, Luján, Entre Ríos, La Pampa y Salta. Una de las integrantes de la Comisión de la Mujer de la Universidad de Salta expresó su decepción por la falta de institucionalización de vínculos entre los centros académicos dedicados a *estudios de género*, pero al mismo tiempo resaltó la importancia de los lazos personales que les permiten tener conexión con otros lugares[93]:

> Yo creo que hay conexión más personal que institucional. Tengo conexión con alguna gente de Jujuy. Tengo conexión con Beatriz Garrido de Tucumán. A nivel institucional las cosas siempre terminan muy limitadas. Tengo conexión con Dora Barrancos; con Diana Maffia, muchísima; con María Luisa Femenías en La Plata, una que otra vez hemos hecho alguna cosa conjunta. Pero no hay a nivel institucional esa cosa que una querría, que creía yo que anteayer se iba a plantear [en la reunión de Centros Académicos durante las VII Jornadas de Historia de las Mujeres], que se iba a discutir. Que íbamos a ver qué cosa, cómo íbamos a transitar estos próximos años. Por lo menos el próximo. Que hagamos un mínimo proyecto de articulación.

Si, por un lado, las feministas insertas en instituciones académicas son vistas por otras feministas como poco comprometidas en tanto consideran de forma acusatoria que "solo producen teoría", por otro, dentro del propio campo académico se genera una articulación, no sin ciertos conflictos, entre feministas de diferentes provincias, que de una manera u otra favorecen la organización de acciones conjuntas. La creación de lo que en los noventa se denominó *estudios de género* sirve para estrechar lazos y facilita así la circulación de ideas y conceptos.[94]

[93] Entrevista realizada en la ciudad de Salta en ocasión de las *VII Jornadas de Historia de las Mujeres y Primer Congreso Iberoamericano de Estudios de Género*, julio de 2003.

[94] La organización de las *Jornadas Nacionales de Historia de las Mujeres* es uno de los espacios donde se producen encuentros entre *militantes*, *académicas* de diferentes disciplinas, teóricas de diversos países, etc. Generalmente son organizadas por algunos de los centros o institutos de la mujer o de género que hay en el país. En octubre de 2006 se realizaron la VIII *Jornadas Nacionales de Historia de las Mujeres* en la ciudad de Córdoba.

3. Otras oposiciones

El rasgo que marca la dinámica de oposiciones que se da en el espacio del feminismo es que la identificación a partír de categorías hace referencia a los ámbitos en los cuales las feministas desarrollan su "práctica feminista" y cómo estos lugares condicionan la forma que la misma adquiere. Si hasta ahora puse el acento en las oposiciones que hacen posible la convivencia y la existencia de las diferencias, en una tensión entre formas igualitarias y jerárquicas, es necesario también decir algo sobre las diferencias que, a pesar de estar presentes parecieran no integrarse de la misma manera que las demás a las categorías de acusación. Sugiero que hay oposiciones en el *feminismo* que tienen una especial importancia, pero que no hacen referencia a los lugares de inserción social de las mujeres y no son reconocidas abiertamente como espacios diferentes dentro del feminismo. Estas distinguen entre jóvenes/viejas, izquierda/derecha y lesbianas/heterosexuales. La primera de estas oposiciones es la generacional a la cual me referí en el capítulo 2. Abordaré a continuación la oposición izquierda/derecha.

Un dato crucial que surge en Argentina a fines de los setenta y comienzos de los ochenta es la adhesión a la causa por la defensa de los *derechos humanos*. Muchas de las feministas que comenzaron a militar en los ochenta provienen de una militancia anterior en partidos de izquierda y algunas, exiliadas durante la dictadura militar, acreditan experiencias en el feminismo de otros países. Así, oposiciones como izquierda y derecha no prosperan y quedan fuera de la dinámica de acusaciones. Una mujer que fuera acusada de ser de derecha (siendo que esta palabra es asociada al gobierno militar y al terrorismo de estado en Argentina) difícilmente podría ser reconocida por otras militantes como parte del feminismo. En la presentación de la asociación ATEM una de sus integrantes marca de manera explícita sus diferencias con las *feministas* de los inicios de los setenta y hace hincapié en la *lucha antidictatorial* y en la causa por los *derechos humanos*:

> El 8 de marzo de 1982 se presenta un nuevo grupo ATEM (Asociación de Trabajo y Estudios de la Mujer) "25 de noviembre" (…) **la violencia contra las mujeres y la vinculación con la lucha antidictatorial y por los derechos humanos, le da a la agrupación desde sus comienzos un perfil diferenciado en relación a los grupos anteriores**, aunque recoge buena parte de su experiencia: el acento puesto en la opresión de género, la defensa de la autonomía y la organización horizontal (Bellotti, 2002:s/p) (destacado mío).

Algunas feministas, en adhesión explícita a la causa de los *derechos humanos*, comenzaron a apoyar a las Madres de Plaza de Mayo y a considerar que esa *lucha* estaba relacionada con la *lucha feminista*.[95] Esta decisión aparentemente no generó conflictos como en otros casos, sino la expulsión (de acuerdo a una de las versiones) y el aislamiento (de acuerdo a otra versión) de una de las feministas que expuso su desacuerdo a apoyar a las Madres de Plaza de Mayo, argumentando que el *feminismo* no debía embanderarse con "ninguna corriente o partido político". Cito posteriormente dos versiones de una misma situación. Una relatada por Magui Bellotti, integrante de ATEM y publicada en *El feminismo y el movimiento de mujeres. Una contribución al debate. Argentina 1984-1989* en el año 2002 y la otra por María Elena Oddone, ex integrante de Organización Feminista Argentina (OFA) publicada en 2001 en un libro autobiográfico denominado *Pasión por la libertad. Memorias de una feminista*. Bellotti define a OFA, organización a la que pertenece Oddone, como "un grupo de feministas radicales que se organizan sobre las mismas bases ideológicas del MLF y con varias de las que fueron sus integrantes" (Bellotti, 2002:s/p).

Versión Bellotti:

En 1985, varios grupos se reúnen bajo el nombre de Movimiento Feminista para realizar un encuentro en ocasión del Día Internacional de la Mujer (…) Esta usurpación de la denominación "Movimiento Feminista" **encierra el intento de considerarse las únicas representantes legítimas del mismo y así se presentan en los medios de comunicación. Ese hecho, unido a posiciones contrarias a las posturas de defensa de los derechos humanos en Argentina, determina el aislamiento de esta agrupación del conjunto del movimiento.** Nota al pie: Para esa época las propuestas del Movimiento de Derechos Humanos habían sido asumidas por el conjunto del feminismo en Buenos Aires salvo por este grupo (OFA) que tenía una posición decididamente contraria.

Versión Oddone:

Después del 8 de marzo de 1984, Día de la Mujer en los comienzos del gobierno del presidente [Raúl] Alfonsín, los grupos feministas resolvieron reunirse en el local de la institución Lugar de Mujer, en las calles

---

[95] Gargallo muestra que este intento de definir límites también fue parte de la historia del feminismo en otros países latinoamericanos. Así, relata que en el *feminismo latinoamericano* "Acusaciones y retos mutuos fueron lanzados por mujeres contra las mujeres que se negaron a considerar feministas a las organizadas alrededor de los valores familiares (pobladoras, madres de desaparecidos políticos, etc.) y contra aquellas que las consideraron parte de un movimiento de las mujeres, invisibilizando la radicalidad feminista" (Gargallo, 2002:105).

Corrientes y Pueyrredón, y formar entre todos un movimiento feminista con el propósito de realizar actividades en conjunto. **Se vivía en esos días la euforia de la democracia y los grupos de izquierda acaparaban los primeros planos de la escena nacional** (…) La popularidad de las Madres de Plaza de Mayo tenía encandiladas a nuestras compañeras de los otros grupos, por el éxito de prensa y de público que estas señoras tenían. Ellas asistían al local que tenían las Madres y las invitaban a Lugar de Mujer, la institución donde nosotras nos reuníamos. El tema de las reuniones del movimiento eran las conversaciones y las actividades que tenían con las Madres. (…) **En una reunión surgió la propuesta de enviar una carta de adhesión del Movimiento Feminista a las Madres de Plaza de Mayo, con motivo de una charla. También se sugirió que se portara una pancarta del Movimiento Feminista en esa marcha. (…) Sugerí que también se enviara un telegrama o carta a las madres de los muertos por la subversión que tenían una institución, FAMUS. Fundamenté mi sugerencia diciendo que el dolor de las madres que han perdido a sus hijos es un dolor que no tiene bandería política (…) Mi propuesta causó estupor. Me miraron con odio.** Yo estaba en una posición humanista y feminista, más allá de cualquier sectarismo. (…) Días después avisaron a una de mis compañeras que el Colectivo de Lugar de Mujer había resuelto mi expulsión, haciendo la salvedad que la medida me involucraba solamente a mí, no a mis compañeras (Oddone, op.cit.:185-187) (destacado mío).

Aunque su nombre aparece en algunos de los relatos sobre la historia del feminismo en Argentina, Borland (2004a) cuenta que en el año 2002, cuando se organizó un reconocimiento de las feministas de los setenta, Oddone estuvo presente y fue ignorada por sus ex compañeras.[96] En otras oportunidades, durante reuniones y jornadas feministas hubo mujeres que declararon: "Para mí el feminismo es de izquierda o no es". Otro caso

---

[96] Como un elemento más para comprender las "otras oposiciones" a las que haré referencia más adelante en este capítulo (especialmente la oposición generacional y la oposición izquierda/derecha) es importante mencionar aquí que el interés por organizar un "reconocimiento" a las *feministas* de los setenta surgió a partir de un contacto intergeneracional. Según Libertad Shuster citada por Tania Diz (*Brujas*, 2002:81) en su crónica del VII Encuentro Feminista de Argentina: "Allí Irupé C. estudiante universitaria y feminista de tercera generación conoció a Sarita T. quién junto a su abuela Gabriela C. [Christeller] y otras compañeras participaron en 1970 de la fundación de la Unión Feminista Argentina UFA, primera organización feminista en nuestro país, precursora de otras muchas que surgieron hacia fines de la década. (…) Las feministas que observábamos la escena conmovidas nos preguntamos/planteamos por qué no generar un espacio / un encuentro donde, por un lado, intentar reproducir a través del relato en primera persona de algunas de las integrantes de UFA esa intensa transmisión de vivencias hacia las mujeres que nos incorporamos posteriormente al movimiento…".

que muestra el rechazo de esta diferenciación hacia el interior del espacio del feminismo fue la mención del nombre de una de las ex integrantes de la Unión Feminista Argentina (UFA) que produjo el siguiente intercambio de argumentos:

A: Pero C. es de derecha.

B: ¿Desde cuándo el feminismo tiene derecha e izquierda?

A: Bueno, quiso hacer una misa cuando fue la muerte de J.

Este diálogo muestra también la asociación que muchas feministas hacen entre "derecha" e Iglesia Católica, a lo cuál me referiré con mayor detalle en el capítulo 5, donde aparece con mayor claridad que "ser de derecha" es una características con la cual se define al "enemigo".

Otra de las diferencias que están presentes constantemente, pero que no se cristalizan como formas de acusación es la oposición entre heterosexuales y lesbianas. Aparece de forma más clara en las denuncias que hacen las lesbianas de su *invisibilidad*, pero no se enuncia de la misma manera que las oposiciones anteriores.[97] Como mencioné previamente, después del último Encuentro feminista no fue posible organizar el IX Encuentro de Mujeres Feministas. Los rumores eran que había problemas entre lesbianas y heterosexuales.

En unas Jornadas Feministas organizadas en la Casa del Encuentro, que se define como un espacio lesbo-feminista abierto a todas las mujeres, en el año 2004 surgió el tema de la baja participación de las mujeres para la organización del Encuentro. Con relación al mismo, una militante opina que el hecho de que las reuniones se hagan en la Casa del Encuentro provoca "ciertos escozores heterosexistas". En ese momento se desata una discusión sobre el tema de lesbianas y heterosexuales. Algunas cuentan anécdotas para confirmar que hay muchas mujeres heterosexuales que tienen homofobia y hay algunos chistes y risas sobre el tema. Finalmente otra de las militantes dice: "es una cuestión ideológica, la tensión heterosexuales versus lesbianas siempre aparece y **hay que blanquearlo y reconocerlo**" (destacado mío). La expresión "blanquear" que usa esta *feminista* reclama el reconocimiento explícito del resto de las militantes de la existencia de una *invisibilización* de las lesbianas o de una *lesbofobia*. El tema vuelve a aparecer durante una entrevista con una de las "viejas feministas" cuando hablamos de la organización frustrada del Encuentro Feminista:

---

[97] Por ejemplo, según el relato de Marta Fontenla (2002:71), en las II Asamblea de Mujeres Feministas, realizada en Tandil en 1992, *se denunció* que muchas mujeres, especialmente *de partidos*, no participaron de la II Asamblea por considerar que estaba organizada por lesbianas.

Hay lesbofobia en el movimiento feminista. Si vos ponés a la cabeza cuatro lesbianas no va a haber respuesta, que es lo que pasó. Y cuatro lesbianas de las viejas duras lesbianas, para quienes las políticas son una mierda porque tienen que obedecer al jefe y reproducen todas las formas de dominación de la mujer. Y ese discurso es de los setenta, ¿viste? Y de hecho no se pudo hacer el de Buenos Aires. Y nadie les contesta y es obvio que nadie les conteste. **Dos veces se intentó una convocatoria. Yo lo hablé con las compañeras que me escuchan, y les digo "bueno, tiene que haber otra gente".** Y dicen: "bueno metete vos". Y yo no tengo más tiempo…

Lo que se pone de manifiesto en este testimonio es que en el lugar de acusación aparece el silencio. En este caso, la diferencia no se resuelve con intercambio de acusaciones, sino con silencio y con ausencias en las reuniones. Es a estas actitudes a las que se refiere la mujer citada anteriormente cuando dice: "hay que blanquear la tensión entre heterosexuales y lesbianas". Mientras las *lesbianas* reclaman estar siendo *invisibilizadas*, las *heterosexuales* se quejan de ser acusadas por las *lesbianas* de no haber elegido su orientación sexual y que son heterosexuales por imposición de las normas sociales *heterosexistas*. Siguiendo la línea de ese razonamiento las *lesbianas* se convertirían en las únicas que han elegido verdaderamente su orientación sexual, opinión a la cual las *heterosexuales* se resisten, no en forma explícita, pero sí con comentarios con sobreentendidos. En algunos casos, he escuchado durante conversaciones informales con feministas, que no participan de los Encuentros de Mujeres Feministas, duros comentarios, tales como: "el feminismo se ha convertido en un nido de lesbianas. Nos ganaron los espacios y es porque tienen más tiempo para la militancia. Yo me di cuenta de eso, no se tienen que ocupar, por ejemplo, de una familia". Sin embargo, más allá de este intercambio de acusaciones, estas diferencias parecieran estar siendo, al menos en algunos espacios, más toleradas. Durante la marcha del XIX Encuentro Nacional de Mujeres en Mendoza, entre la multitud junto a un grupo de *lesbianas feministas*, que acompañaban al grupo de *choque musical Las Caramelitas en Calzas*, una militante de alrededor de 60 años, mientras bailaba divertida al ritmo de los tambores, comentó: "Chicas, ¡las heterosexuales marchando debajo de las banderas de las lesbianas! ¡Qué crecimiento, esto hace unos años atrás era impensable!".

Por otra parte, en una nota de la revista *Feminaria*, una militante considera que si bien "hay que pensar el movimiento feminista como una multiplicidad" hay "cosas mínimas" por fuera de las cuales es imposible pensarse como *feminista*. Una de ellas es el rechazo al lesbianismo como una forma de identidad:

Bueno, pero hay cosas mínimas que te definen. Como dijo Estela Suárez allá en El Salvador cuando se planteó la cuestión de los cupos. ¿Cómo lo medimos? **Como mínimo una feminista no puede ser lesbofóbica, no puede estar en contra del aborto… hay tres o cuatro cosas que, para llamarte feminista, tenés que aceptar, sino sos otra cosa** (*Feminaria 19*, 1997:30) (destacado mío).

Si bien las oposiciones y el conflicto, a partir de un juego de acusaciones, permiten mantener las diferencias entre las militantes e integrarlas, algunas diferencias por motivos que varían no se convierten en acusaciones y se integran de una manera distinta a las que son parte de la dinámica de acusaciones. Un caso es el de la oposición entre *jóvenes y viejas*. Como mostré en el capítulo 2, las diferencias generacionales son reconocidas a partir de una jerarquía implícita mediada por formas igualitarias, en tanto la "historia del feminismo" y su continuidad dependen de la articulación entre estas diferencias. En el caso de la oposición izquierda/derecha, la misma no es tolerada dentro del espacio feminista, y es colocada hacia afuera, como una oposición del *feminismo* a "sectores" que "están en contra de los derechos de las mujeres". Mientras que la oposición lesbianas/heterosexuales solo es tolerada cuando se manifiesta como denuncia por parte de las lesbianas en espacios colectivos de que existe "lesbofobia". Caso contrario puede ser enunciada en confianza entre mujeres heterosexuales o por fuera de los espacios del feminismo cuando se trata de acusar a las lesbianas.

Conclusiones

Mi objetivo en este capítulo fue describir diferentes situaciones a fin de mostrar que son precisamente las acusaciones articuladas en una dinámica de oposiciones las que posibilitan la existencia de la categoría colectiva definida como *feminismo* o *feminismos*, dentro de la cual es posible incluir las diferencias. Las fragmentaciones, a pesar de permanecer en los relatos de algunas militantes como un aspecto negativo o que debilitan al *movimiento* (o como una crítica a "luchas de poder", "pequeñas miserias" o "lucimientos personales"), muestran que muchos de los grupos que se fragmentan no por eso dejan de existir, sino que dan lugar a otros o en algunos casos sus integrantes, si no deciden abandonar la militancia, continúan haciéndolo como *feministas independientes*, es decir que no pertenecen a ninguna agrupación. Mientras el conflicto y eventuales fragmentaciones no impiden continuar siendo parte del colectivo feminista, diferente es el caso del aislamiento provocado por una indiferencia que niega tanto las fuerzas repulsivas como las unificadoras. Los conflictos y fragmentaciones pueden aparecer como obstáculos solo si restringimos el foco de análisis a un grupo o a unos pocos grupos pero, en palabras de Bailey (1971), los problemas se convierten en menos formidables si en vez de mirar los actos individuales observamos los patrones que las interacciones revelan

Considero, de acuerdo con Simmel (2002:145), que la desaparición de las energías repulsivas, que consideradas aisladamente podrían parecer destructoras, no produciría necesariamente una vida más rica y plena; sino que resultaría tal vez en una configuración diferente, y a menudo tan poco posible, como si hubiesen desaparecido las energías de cooperación, afecto y armonía de intereses. Así, como expresa este autor, el conflicto es parte de toda relación. No se trata de un defecto, sino que es complemento de una función propia de la misma y adquiere iguales derechos que los demás motivos.

También propicia que no se borren las diferencias existentes y, de alguna manera, garantiza que las mujeres desarrollen posiciones propias en los espacios donde inscriben su militancia (academia, organismos del Estado, partidos políticos). Esto es posible también en tanto, como mostré en el capítulo 1, la definición de política dada por las feministas excede los ámbitos del Estado y los partidos políticos e incluye las prácticas más cotidianas a partir de la premisa de que *lo personal es político*. Así, las acciones militantes no se desarrollan necesariamente a partir del grupo en su conjunto, ya que se trata de introducir cambios en el contexto social donde se encuentran insertas cada una de las mujeres. En ese sentido solo algunas de las acciones que realizan las feministas requieren del consenso de la gran mayoría y se hacen en nombre del *movimiento*, mientras que en otras el ejercicio de una profesión, o cualquier tipo de relaciones de manera estable que se constituyan en un lugar, pueden ser potencialmente una posibilidad de agrupación y/o acción militante. Como expresa Reynaud (1980:282), cada una se encuentra entonces reenviada a su inserción social específica y a los medios que tiene para actuar socialmente. Por último, también es importante resaltar que muchas feministas se caracterizan por su capacidad de transitar en espacios diversos (agencias internacionales, universidad, organismos de gobierno, militancia feminista, participación en encuentros). Y esta multiposicionalidad permite hacer circular entre los diferentes espacios un determinado lenguaje y una determinada visión de mundo.

CAPÍTULO 4
Escalas y feminismos

Cuando nos referimos al cambio estructural, tenemos que considerar no simplemente los cambios de posición de los individuos con respecto a un sistema ideal de relaciones de estatus, sino los cambios del propio sistema ideal: es decir, los cambios de la estructura del poder.
Edmund Leach

Como mostré en el capítulo anterior, una de las oposiciones más intensas que se da en el espacio del feminismo es entre las feministas que se denominan *autónomas* y las acusadas por estas últimas de *institucionalizadas*. Esta oposición implica relaciones internacionales en dos niveles diferentes. Por un lado, con otras *feministas* de países de América Latina en cuanto estas acusaciones se escenificaron y adquirieron pleno sentido en los Encuentros Feministas Latinoamericanos y del Caribe, especialmente a partir de 1996.[98] Por otro, entran en escena, sobre todo a partir de los años ochenta y con mayor énfasis en los noventa, organismos y agencias internacionales de financiamiento que para constituir a *la mujer* como un tema de interés internacional requieren de especialistas y expertas de diversos países del mundo. Así, el feminismo no puede ser entendido sin incorporar al análisis la dimensión internacional que lo constituye.

Sin embargo, "lo internacional" en sí mismo no es suficiente como variable explicativa. Es necesario tener en cuenta también los perfiles diversos que esta dimensión adquiere según el momento histórico y los contextos y personas específicas que la hacen posible. La internacionalización puede construirse a partir de migraciones, exilios, relaciones per-

---

[98] Lo que caracteriza a estos países es que son receptores de subsidios de agencias internacionales, que provienen en general de los denominados "países centrales".

sonales garantizadas por una determinada posición social, estudios académicos y/o encuentros militantes.[99] En el caso argentino esta circulación de ideas, teorías, palabras y personas estuvo garantizada, en el inicio de lo que se llamó la *segunda ola del feminismo*, por mujeres pertenecientes a familias con un importante capital cultural y económico. Esta situación se modificó a partir de 1975 cuando la Organización de la Naciones Unidas (ONU) estableció el *Año Internacional de la Mujer* y declaró el período comprendido entre 1976 y 1985 *década de la Mujer*. Desde ese momento la ONU convocó a cuatro Conferencias Mundiales: *I Conferencia Mundial sobre la Mujer* en México en 1975. La *II Conferencia Mundial sobre la Mujer* se realizó en Copenhague, Dinamarca; la III *Conferencia Mundial sobre la década de la Mujer* fue en Nairobi, Kenia, en 1985;[100] y la *IV Conferencia Mundial sobre la Mujer: Acción para la Igualdad, el Desarrollo y la Paz* se realizó en Beijing, China en 1995, donde concurrieron más de 180 países y alrededor de 35.000 personas. La creación de un día y una década internacional de *la mujer*, las conferencias mencionadas y los fondos disponibles a partir de entonces para proyectos (de investigación y/o de aplicación, creación de posgrados, organización de eventos) asociados a *mujeres* convirtieron a *la mujer* en un "tema" y especialmente en un tema en el cual organismos internacionales estaban dispuestos a invertir fondos.

La formulación de *la mujer* como tema de interés internacional aparece acompañada de un vocabulario específico, de la necesidad de incorporar personas "expertas" y de instrumentos (especialmente jurídicos)

---

[99] Por ejemplo, la dimensión internacional de la *primera ola* del feminismo en Argentina, a comienzos del siglo XX, estaba vinculada con la organización de partidos políticos como el socialismo y organizaciones como las anarquistas marcados por la experiencia vivida por los inmigrantes europeos. Las integrantes de las primeras organizaciones feministas se caracterizaron por un alto grado de escolaridad, en algunos casos fueron las primeras en ingresar a la universidad, sobre todo en la carrera de medicina. Alicia Moreau de Justo y Julieta Lanteri eran extranjeras naturalizadas y mantuvieron contactos con organizaciones internacionales. La primera, una de las más recordadas actualmente por las feministas, pertenecía al Partido Socialista del cual su esposo Juan B. Justo fue el presidente. Por fuera de los partidos políticos, también puede situarse en este espacio de fronteras ambiguas que es el feminismo a Victoria Ocampo, miembro de una tradicional familia argentina de clase alta destacada por su labor en el ámbito literario y su influencia en la sociedad argentina. En 1936 fue elegida presidenta de la Unión de Mujeres Argentinas (UMA), cuyo objetivo inmediato era luchar contra la reforma, propuesta por la Acción Católica Argentina, de una ley sancionada en 1926 referente a los derechos de las mujeres casadas (Ayerza de Castillo y Felgine:1993).

[100] Esta conferencia es citada por muchas feministas como el antecedente que dio lugar a la organización de los Encuentros Nacionales de Mujeres en Argentina.

146

internacionalizados. Con agencias internacionales subsidiando proyectos asociados a la causa que sostienen las feministas, los valores alrededor de los cuales se estaba construyendo el espacio del feminismo se vieron fuertemente interpelados. La incorporación de expertas representantes de diferentes países, el financiamiento de proyectos y acciones militantes y el reconocimiento internacional favorecieron los cambios individuales de las posiciones de estatus y de poder de algunas feministas. En palabras de Leach (1976), se produjeron cambios en el foco del poder político dentro de un sistema dado. Esto alteró las dinámicas del feminismo y produjo divisiones y acusaciones. Las posibilidades de internacionalización del feminismo adquirieron un perfil muy diferente al que tenían hasta ese momento. El cual tampoco puede ser comprendido sin tener en cuanta las jerarquías existentes dentro de la escala nacional y las propiedades y el capital de relaciones sociales de las mujeres que ocuparon esos lugares. Analizaré en este capítulo las formas diversas de lo internacional en el feminismo a partir de los años setenta y su impacto en la configuración actual de este espacio en Argentina.

1. Feministas con conexiones internacionales

En este punto haré referencia a las propiedades sociales de algunas de las mujeres que integraron la Unión Feminista Argentina (UFA) a inicios de los setenta y luego una breve mención a las trayectorias de militantes que actualmente tienen alrededor de sesenta años y que se autodenominan y son reconocidas por las demás como las "feministas viejas". Comenzaré con el caso mencionado en el capítulo 1 de la cineasta María Luisa Bemberg. En un trabajo de Alejandra Vassallo (2005) sobre el feminismo argentino en los setenta cuyo propósito es trazar "los recorridos personales y políticos, individuales y colectivos de algunas de sus protagonistas", la autora realiza una breve descripción del perfil social de María Luisa Bemberg y Gabriela Christeller, dos de las integrantes de UFA, donde muestra que el acceso de estas mujeres a redes internacionales provenía en gran medida de la posición social de sus familias:

> [María Luisa Bemberg] Proveniente de una familia de la elite que no envió a sus hijas al colegio secundario y con una pequeña participación en la antiperonista Unión Democrática por su casamiento con un estudiante de arquitectura que militaba en el Partido Comunista, Bemberg no tardó en rehusarse a cumplir el rol tradicional de madre y esposa que se esperaba de ella. Casada a los veintitrés y divorciada poco tiempo después con cuatro hijos, Bemberg estaba en contacto con los postula-

dos del feminismo principalmente a través de fuentes y amistades litera-
rias como Victoria Ocampo, un personaje poderoso y controversial en
los círculos literarios y feministas argentinos anteriores a la "segunda
ola" (…) Así, en 1970 Bemberg buscó a Christeller y a un pequeño grupo
de mujeres para fundar la Unión Feminista Argentina, cuyo acrónimo
"UFA" era también un juego de palabras para expresar el hartazgo de las
feministas con el estatus quo de las mujeres (Vassallo, 2005:68).

[Gabriella Roncoroni de Christeller] (…) ya había recorrido un largo
camino desde su Italia nativa y **el casamiento con un industrial que la
había convertido en condesa**. Nacida entre dos guerras mundiales y
escapando desde Rumania hasta Suiza como refugiada, Christeller llegó
a la Argentina como una joven madre en 1946. **Hija de una simpatizan-
te de las sufragistas inglesas de principios de siglo XIX y proveniente
de una familia con una larga historia de activismo social cristiano**,
Christeller continuó en la Argentina su activismo en proyectos comunitarios a través de su trabajo con la Orden de Foucauld, asociada a los
orígenes de la Teología de la Liberación en América latina. Durante los
años sesenta, Christeller viajó regularmente a la selva chaqueña, en el
noreste argentino, donde ayudó a crear la "Cooperativa Fraternal Fortín Olmos", que representaba alrededor de 2000 familias de hacheros,
desarraigadas y analfabetas. Entre otras tareas, Christeller supervisó el
programa educativo que incluía el viaje a las ciudades y la estancia en
familias receptoras de los hijos e hijas de los hacheros. Así, ella y su hijo
adolescente se convirtieron en una presencia familiar en Fortín Olmos,
en las asambleas de la cooperativa y en los hogares, donde visitaba a las
mujeres. **Pero también era reconocida en los círculos sociales de
Buenos Aires de los que conseguía apoyo financiero para la cooperativa** y a los que llegaba gracias a sus conexiones familiares. **De acuerdo
a Christeller, y a pesar de que conocía a Simone de Beauvoir y sus
escritos por la amistad que las unía, fue su trabajo con las niñas y las
mujeres de Fortín Olmos las que dispararon su posterior compromiso con el feminismo**. Ella recuerda cómo, mientras los hombres de la
cooperativa aprendían a recobrar sus propias voces y sus derechos, sus
mujeres permanecían silenciosas y ausentes de los procesos de toma de
decisiones dentro de la cooperativa (Vassallo, op.cit.) (destacado mío).

A continuación cito datos biográficos de María Luisa Bemberg y Alicia
D'Amico, otra de las integrantes de UFA y una de las fundadoras de
Lugar de Mujer en los años ochenta, extraídos del *Diccionario Biográfico de
Mujeres Argentinas* (Sosa de Newton, 1996), donde aparecen detalles de
conexiones internacionales que fueron posibilitadas en gran parte por el

desarrollo de profesiones que requerían para su ejercicio de un capital inicial, tanto económico como social, de difícil acceso para personas que no contaran con recursos propios. En este punto la pertenencia social abre un amplio abanico de condiciones de posibilidad:

María Luisa Bemberg (1922-1995)

Nació en Buenos Aires, el 14 de abril de 1922. Autora y realizadora cinematográfica. Escribió el libro para la película *Crónica de una señora*, que ganó primer premio de interpretación femenina, con Graciela Borges, en el Festival de San Sebastián 1970. En 1972 realizó el libro, producción y dirección del cortometraje *El mundo de la mujer*, exhibido en el festival de la UNESCO en Italia, 1976. Es autora del argumento de *Triángulo de cuatro*, primer premio Argentores 1975. En 1981 escribió el libro para la película *Momentos*, en colaboración con Marcelo Pichon Riviére, y tuvo a su cargo la producción y dirección. Filmó *Señora de Nadie* en 1982, con libro, producción y dirección propios. En 1984 realizó *Camila*, en coproducción con Impala, de España y libro en colaboración, basado en el trágico episodio de la época de Rosas. Este filme obtuvo premios en festivales de Checoslovaquia, Francia y Cuba y fue elegida para integrar la terna para la mejor película extranjera en el certamen de los premios Oscar, de la Academia de Hollywood. En 1990 realizó el guión y dirigió el filme *Yo la peor de todas* y en 1992 *De eso no se habla*. Actualmente existe una cátedra con su nombre en la Universidad Nacional de Cuyo. Su nombre también denomina a una de las salas del Museo Municipal del Cine –Pablo Ducrós Hicken–, en la que se exponen objetos y elementos escenográficos empleados en algunos de sus films.

Alicia D'Amico (1933-2001)

Nació en Buenos Aires, el 6 de octubre de 1933. Fotógrafa, periodista y editora. Egresó de la Escuela Nacional de Bellas Artes Prilidiano Pueyrredón con el título de Profesora de Dibujo y Pintura en 1953. Dos años más tarde el gobierno de Francia le otorgó una beca para estudiar Historia del Arte y permaneció un año en París, viajando por otros países de Europa. Comenzó a estudiar fotografía con su padre, Luis D'Amico, que ejercía la profesión desde 1930. En 1958 exhibió obras en el Primer Congreso Argentino de Fotografía y en 1960 viajó a Estados Unidos, invitada por la firma Kodak a participar de su concurso de fotocolor. Se asoció a Sara Facio e instalaron un estudio. A partir de entonces ganó numerosos concursos en salones nacionales e internacionales. En 1961 organizó para el Foto Club Buenos Aires la Primera Exposición de Arte Fotográfico Argentino en París y ocupó cargos en la comisión directiva. En 1973 fue cofundadora, con Sara Facio y Crisitna Orive, de La Azotea,

Editorial Fotográfica de América Latina. Junto con Sara Facio publicó diversos libros de fotografía. Entre 1960 y 1980 publicó numerosas notas y fotos en diarios y revistas de Buenos Aires, América y Europa. Desde 1966 a 1974 estuvo a cargo de la sección "Tiempo de fotografía" de La Nación. Ganó premios en salones argentinos y de Moscú, Washington, Alemania, Rumania, Bélgica, Dinamarca y Autralia, como el título de "Artista" de la Federación Internacional de Arte Fotográfico, el premio Olivetti en 1968, el premio de honor en la sección Libros de Fotografía, Festival del Libro Turístico Internacional, en Viena, 1969. Por invitación, presentó carpetas con fotografías para integrar la colección permanente de la Photo Gallery de Londres y de la Biblioteca Nacional de París. En 1978 y 1979 participó en exposiciones en México, Venecia y Arlés, Francia. Es miembro fundador de la Academia de Ciencia y Arte de la Fotografía Argentina, del Consejo Latinoamericano de Fotografía en México y del Consejo Argentino de Fotografía.

A diferencia de las feministas de los setenta, como el caso de Bemberg, Roncoroni de Christeller y D'Amico, el perfil social de las feministas de los ochenta, los años posteriores al gobierno militar, muestra que la circulación internacional de estas mujeres en muchos casos estuvo vinculada a su exilio político en otros países debido a su militancia en partidos de izquierda. Considero que estas diferencias entre unas y otras influyeron en la constitución de lo que en el capítulo anterior denominé "otras oposiciones", en este caso relacionadas con la oposición izquierda/derecha, siendo que la "derecha" es habitualmente asociada a las elites económicas y a las familias "tradicionales" de Argentina. Así, la propia manera en que se cuenta la "historia del feminismo" está influenciada por las propiedades sociales diversas de sus protagonistas. Sin colocarlo en los términos en que aquí lo propongo, Vassallo también llama la atención acerca de este hecho:

> Aunque en la historiografía contemporánea argentina el movimiento feminista de los años setenta está prácticamente ausente, quienes sí se detienen en él **tienden a aislar a UFA y otras organizaciones del proceso de movilización política de esos años, al proponer que surgió de las preocupaciones (burguesas) de una mujer que pertenecía a la más rancia oligarquía argentina,** María Luisa Bemberg, y de una condesa italiana, Gabriela Christeller, cuyo único mérito parecía ser su amistad con Simone de Beauvoir. **Se supone entonces que, gracias a su inserción de clase y sus viajes a Europa y los Estados Unidos, estas dos mujeres supuestamente "importaron" a la Argentina la experiencia del movimiento internacional de Liberación de las Mujeres (" Women's**

Lib"). Esos relatos no sólo minimizan la experiencia feminista a un escaso número de mujeres argentinas, sino que invisibilizan las diversas historias políticas y personales de todas sus protagonistas, así como su accionar colectivo (Vassallo, op.cit.:65) (destacado mío)

Me interesa rescatar del texto citado las formas acusatorias, que a mi juicio, aparecen sugeridas en este relato. Para aquellas personas que la autora denomina como "quienes sí se detienen en el movimiento feminista de los años setenta", el hecho de que la importación de "la experiencia del movimiento internacional de Liberación de las Mujeres" haya sido posibilitada por la "inserción de clase", en este caso clase alta, es considerado un dato descalificador. Vassallo interpreta que esto minimiza la experiencia feminista a casos puntuales y borra las historias políticas y personales de las feministas de ese momento.

Mostraré ahora la forma en que las "feministas viejas" del espacio actual del feminismo han tejido relaciones internacionales. Cito luego parte de la historia de una mujer que reúne elementos comunes a la historia de muchas otras. Uno de ellos el "haberse hecho feminista" en el exterior durante el exilio. Otro es que el exilio no era siempre por causa de su militancia, sino muchas veces la de sus esposos o algún familiar. El relato que sigue fue publicado en el *Suplemento Mujer* del diario argentino *Clarín*:

Susana Gamba

Para la entrevista, Susana Gamba (56, separada, un hijo de 24) viajó especialmente desde Córdoba, su provincia. Es especialista en Estudios de la Mujer, presidenta del Consejo Municipal de la Mujer de Río Ceballos, licenciada en Ciencias de la Comunicación, docente universitaria, ex asesora del Consejo de Mujer del Gobierno de la Ciudad de Buenos Aires y creadora de la Agenda de las Mujeres, la primera agenda específica que este año presenta su edición número 13. Como si esto fuera poco, también dirige el primer "y único" portal con perspectiva de género (www.agendadelasmujeres.com.ar), que concentra toda la información sobre los movimientos femeninos, investigaciones académicas, directorios institucionales, organismos estatales, foros de discusión, y recibe más de 100.000 visitas mensuales. **Exiliada en España desde el 29 de febrero de 1976** —"año bisiesto que nunca voy a olvidar", dice— hasta 1983, Susana cuenta que se hizo feminista de chica. "Y casi sin saberlo –admite–. Mi padre era violento con mi madre. Emocionalmente, no golpeador, era de rebolear cosas. Mi padre murió y mi madre se separó hace añares. Pero viví la violencia en mi familia, la mamé, y eso te afecta, te marca", reconoce. **Separada de un ex preso político, tuvo a su**

**único hijo en el exilio, donde fue precursora del primer grupo de
solidaridad con el pueblo argentino. "En Barcelona también me hice
feminista y empecé a militar con un grupo de mujeres latinoamericanas"**, recuerda (destacado mío).[101]

Otra de las formas que adquirió la circulación internacional, según
puede deducirse de las trayectorias de las mujeres que inauguraron la
militancia feminista en los años ochenta, fue el paso por la universidad y
la realización de cursos y posgrados en el exterior. Aunque en estos casos
no significa necesariamente que la conversión al *feminismo* se haya dado
siempre fuera del país. Lo que aparece en algunos relatos, con cierto
énfasis, es el hecho de experimentar una realidad diferente que les habría permitido relativizar sus experiencias previas, de militancia en partidos políticos en unos casos y de ejercicio de su profesión en otros. El
testimonio que cito a continuación es de una socióloga, que se reconoce
como feminista y cuenta con una amplia experiencia de militancia en
varias agrupaciones políticas de izquierda:

P: ¿Tuviste otro tipo de militancia antes de militar en el feminismo?

R: Yo empiezo a militar, uy la prehistoria, en la Federación Juvenil Comunista como pasamos todas las de mi generación. Yo tengo sesenta años,
cumplo ahora, cincuenta y ocho, sesenta es lo mismo, es esa generación.
Digo, todas las que veníamos con una cierta militancia y que desembocamos
en el feminismo.

P: ¿Quiénes son?

R: Hay todo un grupo que si no militó en la Fede [Federación Juvenil
Comunista], como le decíamos en ese momento, estuvo cercana porque
fue como una especie de cosa rectora la Fede en su momento... Eso me
duró hasta los veintiuno. Y en la Facultad... tres años, yo hice sociología
en la UBA. Obreros y estudiantes unidos adelante. Veíamos un solo
obrero que lo paseábamos por todos lados (risas).

Era una cosa subversiva romántica, absolutamente romántica (...).

P: ¿En qué años estuviste en París?

R: Estuve en el Mayo Francés, así que fue 68, 69, 70 (...)

P: ¿Vos eras estudiante de sociología?

R: Yo ya estaba recibida. Me fui a Francia con beca. Yo me fui a estudiar
porque en esa época, el romanticismo del desarrollo comunitario...
estaba de moda.

---

[101] http://www.clarin.com/suplementos/mujer/2006/03/07/m-00501.htm

Me voy a estudiar a Colombia, a la Universidad del Valle primero, después fui a Londres. En Colombia tomo contacto con formas de organización de la Medicina muy distintas a las de aquí, basadas en la atención primaria y muchos componentes de planificación familiar y de ver todos los problemas de la salud reproductiva de las mujeres.

P: ¿Había feministas ahí?

R: No, no. No había feministas, pero sí entro en contacto con algo que aquí yo no lo veía tanto, y cuando vuelvo ahí sí… y entonces empiezo a leer y estudiar y me vinculo relativamente temprano con grupos de mujeres que ya estaban trabajando en lo que fue la *Red de Salud de las Mujeres de América Latina y el Caribe*, armamos aquí la Red de Salud de las Mujeres, participo en el programa, me meto en el Ministerio y creo el programa Mujer, Salud y Desarrollo cuando empezamos con la democracia, en el 84. Empiezo con el acceso a la democracia (…)

Los estudios de posgrado, tanto si las mujeres viajaban para cursarlos fuera del país como en los casos en que se cursaban en Argentina, fueron uno de los espacios privilegiados para tejer estas redes y además una forma de acceso a bibliografía y a otro tipo de experiencias. Una feminista de alrededor de sesenta años me cuenta durante una entrevista: "yo tenía muchos amigos radicales [Partido Radical] que los conocía de una especie de pequeño posgrado que había hecho en la CEPAL y ellos eran los profesores. Lo que después fue todo el gobierno de [Raúl] Alfonsín". Si bien este no es el perfil que define a todas, es muy común que quienes se han convertido en figuras claves dentro del feminismo hayan tenido alguna de estas experiencias o ambas. El capital de relaciones que estas mujeres han acumulado en la realización de posgrados y/o en los años de exilio, es decir, dos experiencias que introducen la dimensión internacional, no solo es importante para entender su conversión al *feminismo*, sino también para comprender cómo luego las "ideas feministas" permean determinados espacios sociales a escala nacional como las áreas gubernamentales o los partidos políticos, en los cuales estas mujeres se insertan movilizando un capital de relaciones personales que se legitiman con sus competencias internacionales.[102]

---

[102] Para un análisis de las articulaciones entre lo nacional y lo internacional en la reproducción de las elites ver "Les courtiers de l'international" (Dezalay, 2004).

2. La internacionalización del "tema mujer"

> *(...) el trípode de los setenta era alimento, población y mujer.*
> *Por eso aparecemos nosotras como un tema importante y*
> *fundamental. Nacemos mal paridas (...)*
> Militante feminista

En 1975, luego de la Primera *Conferencia Mundial sobre la Mujer*, realizada en México, la ONU estableció el Instituto Internacional de Investigaciones y Capacitación para la Promoción de la Mujer (INSTRAW) y el Fondo de Desarrollo de las Naciones Unidas para la Mujer (UNIFEM) declarando como propósito "proporcionar el marco institucional para la investigación, la capacitación y las actividades operacionales en la esfera de la mujer y el desarrollo". A partir de ese momento las agencias del sistema de Naciones Unidas y de los organismos multilaterales de crédito constituyeron un incentivo para la institucionalización de grupos existentes, pero sobre todo para la creación de nuevos. Estas agencias comenzaron a financiar a organizaciones y proyectos, en varios países del mundo, dispuestos a demostrar su compromiso con "la mujer y el desarrollo". Institucionalizadas, desde el punto de vista jurídico, bajo la forma de asociaciones civiles o fundaciones, comenzaron a multiplicarse desde los años ochenta las denominadas Organizaciones no Gubernamentales u Organizaciones de la Sociedad Civil. Datos proporcionados por *UNIDAS, Directorio de Organizaciones de Mujeres* (1999), muestran que de 170 organizaciones relevadas y distribuidas según año de creación, la mayor concentración se da en la década de los ochenta (25%) y en los noventa (57%).[103] El reconocimiento internacional estuvo garantizado no solo por la financiación, sino también por la interpelación directa que el discurso de los organismos internacionales hace a este tipo de asociaciones. Las "Organizaciones de la Sociedad Civil" se definen por ser "no lucrativas" y por oposición a los espacios gubernamentales, confesionales y partidarios. Esta presentación, que se corresponde con una posición que se pretende desinteresada y neutral, se complementa con objetivos orientados al servicio público y al bienestar, más cercanos al plano intelectual que al de los intereses políticos y económicos o a la subjetividad del mundo de las creencias. Así, durante los años ochenta y noventa, con el objetivo de promover la *igualdad* y los *derechos de las mujeres* comienza a configurarse una estructura organizacional móvil y con posibilidades de adaptar con relativa facilidad su identidad a temas diversos (violencias,

---

[103] Hasta 1959 se registra 3 % y en las décadas de 1960 y 1970, 6 %.

política, salud, medio ambiente). Detallo a continuación, algunas de las organizaciones creadas a partir de 1975, que han tenido alguna influencia o contacto con el feminismo, ordenadas según año de creación:[104]

- DERECHOS IGUALES PARA LA MUJER – DIMA, Sara Rioja Medrano, presidenta, creada en 1976.
- CENTRO DE ESTUDIOS DE LA MUJER – CEM, Gloria Bonder, presidenta, creada en 1979.
- ASOCIACIÓN ARGENTINA DE MUJERES DE CARRERAS JURIDICAS, creada en 1982, presidenta, Ethel Díaz.
- LUGAR DE MUJER, Susana B. Goldberg, presidenta, creada en 1983.
- INSTITUTO DE ESTUDIOS JURÍDICO-SOCIALES DE LA MUJER -(INDESO MUJER). Equipo Coordinador: Susana Moncalvillo, Noemí Chiarotti, Mabel Gabarra, creada en 1984, ciudad de Rosario.
- FUNDACIÓN TIDO, TRABAJO, INVESTIGACIÓN, DESARROLLO Y ORGANIZACIÓN DE LA MUJER, Olga M. de Hammar, presidenta. Dolly Albergolli, vicepresidenta, creada en 1985.
- CENTRO DE INVESTIGACIÓN Y SERVICIOS PARA EL CONO SUR (CISCSA), Grupo de Estudios de la Mujer (GEM), Ana Falú, presidenta, creada en 1986, ciudad de Córdoba.
- CATÓLICAS PARA EL DERECHO A DECIDIR - OFICINA REGIONAL PARA AMÉRICA LATINA Y EL CARIBE, Marta Alanís, coordinadora de la Oficina Regional para América Latina, creada en 1987, ciudad de Córdoba.
- ALIONA - CENTRO CONTRA LA DISCRIMINACIÓN DE LA MUJER, Lidia Otero, presidenta. Olga Pasternak, secretaria, creada en 1987.
- TALLER PERMANENTE DE LA MUJER, María Carolina Caride, presidenta. Piera Oria, vicepresidenta, creado en 1987.
- FUNDACIÓN PARA EL ESTUDIO E INVESTIGACIÓN DE LA MUJER (FEIM), Mabel Bianco, presidenta, creada en 1989.
- ASOCIACIÓN LOLA MORA, Virginia Haurie, presidenta. Norma Sanchís, secretaria, creada en 1989.

---

[104] La mayor parte de estas asociaciones pertenecen a la Ciudad Autónoma de Buenos Aires, en los casos en que no es así indico el lugar. Los datos de las asociaciones fueron extraídos en su gran mayoría de *UNIDAS - Directorio de Organizaciones de Mujeres* (op.cit.).

- CONDICIÓN FEMENINA, Malena López Dorigoni, presidenta, creada en 1989, (Neuquén).
- CENTRO DE ESTUDIOS INRDISCIPLINARIOS SOBRE LAS MUJERES (CEIM), Hilda Habichayn, secretaria general, creado en 1989, Rosario (Santa Fe).
- RED NACIONAL POR LA SALUD DE LA MUJER, Mesa Coordinadora: Aida Remesar, Alicia Ferreira, Esther Moncarz, Graciela Climent, Graciela González, M. Inés Re, Marina Laski, Marta Bober, Zulema Palma, creada en 1990.
- MUJERES EN IGUALDAD (MEI), fundadora: Zita Montes de Oca, creada en 1990.
- MUJERES AL OESTE, Mariana Laski, presidenta, Zulema Palma secretaria, creada en 1995.
- ASOCIACIÓN DE ESPECIALISTAS UNIVERSITARIAS EN ESTUDIOS DE LAS MUJERES (ADEUEM), Silvia Werthein, presidenta, creada en 1991.
- INSTITUTO SOCIAL Y POLÍTICO DE LA MUJER (ISPM), María José Lubertino, creada en 1993.
- CENTRO DE ENCUENTROS CULTURA Y MUJER – CECyM, creada en 1993.
- ASOCIACIÓN MUTUAL DE MUJERES TRABAJADORAS DEL ESTADO (AMMUTE), Zunilda Valenziano, presidenta, Asociación Mutual creada en 1993.
- ASOCIACIÓN SIMONE DE BEAUVOIR POR LA IGUALDAD DE DERECHOS, Edith Quiroga, presidenta. Alicia Mato, secretaria general, creada en 1993.
- CENTRO DE ESTUDIO Y ASISTENCIA A LA MUJER (ANTÍGONA), Alicia Gugliermelli, presidenta Liliana Cuesta, vicepresidenta, creada en 1994, ciudad de Necochea (Buenos Aires).
- GRUPO DE MUJERES SIN MOLDES. BIBLIOTECA DE MUJERES POUPÉE CÁCERES CANO, Mesa Coordinadora: Matilde Rodríguez, Liliana Giannastasio, Guillermina Berkunsky, Patricia Londeix, Aurelia Pereyra, Luciana Ruíz. Creada en 1994, Tandil (Buenos Aires).
- ASOCIACIÓN JUANA MANUELA, Nora Bajón, presidenta, creada en 1994, ciudad de Rosario.

- ASOCIACIÓN MUJERES MERETRICES DE ARGENTINA - AMMAR, Elena Eva Reynaga, presidenta. Carmen Estrella Bazan, secretaria, creada en 1995.
- CASA DE LA MUJER, Mirta Iglesias, presidenta. Miriam Sosa, secretaria, creada en 1995, Puerto Madryn (Chubut).
- COLEGIO PÚBLICO DE ABOGADOS DE LA CIUDAD DE BUENOS AIRES Comisión de la Mujer, Jorge Bacque, presidente, constituido como Ente de Derechos Públicos en 1995.
- ESCRITA EN EL CUERPO. ARCHIVO Y BIBLIOTECA DE LESBIANAS, MUJERES BISEXUALES Y DIFERENTES, Alejandra Sardá, coordinadora general. Chela Amadío, coordinadora de la biblioteca, creada en 1995.
- EQUIPO DE SEGUIMIENTO, INVESTIGACION Y PROPUESTA DE POLÍTICAS PÚBLICAS - ESIPP, proyectos coordinados por: Ana Falú, Norma Sanchís y Haydeé Birgin, creado en 1996.

Las treinta asociaciones mencionadas se organizan con el fin de trabajar con temas referidos a *la mujer*. Sus intereses pueden resumirse en los siguientes objetivos: analizar la *situación de la mujer* en diferentes ámbitos sociales, pugnar por los *derechos de la mujer* y la *igualdad de género*. Los temas a los que se dedican son: derechos de la mujer; violencia familiar; equidad en las condiciones de trabajo; erradicación de formas de discriminación; políticas dirigidas a la mujer; derechos sexuales y reproductivos; salud; relaciones de género; homosexualidad. Las actividades mencionadas son investigación, asesoramiento (por ejemplo, legal o psicológico), publicación, difusión, capacitación, consultoría, prevención y asistencia de diferente modalidad (por ejemplo, técnica ó directa).[105] Según el relevamiento del *Directorio de Organizaciones de Mujeres* (op.cit.), las fuentes de recursos de estas asociaciones se distribuyen de la siguiente manera:[106]

Cuotas de afiliación 14 %

Donantes inviduales 11,5 %

Donaciones 11 %

Eventos de recaudación de fondos 9 %

---

[105] De las asociaciones mencionadas solo dos son definidas como feministas (ADEUEM y Condición Femenina). Es probable que en un *Directorio de Organizaciones de Mujeres*, las organizadoras del directorio o las responsables de las organizaciones hayan obviado la referencia a esta categoría que delinea dentro de la categoría *mujeres* una pertenencia muy específica.

[106] Datos extraídos de *UNIDAS* - Directorio de Organizaciones de Mujeres (op.cit.)

Actividades educativas 7 %

Subsidios 7 %

ONGs extranjeras 7 %

Venta de publicaciones 5,5 %

Pagos por servicios 5,5 %

Gobierno Nacional 5,4 %

Servicios de consultoría 5 %

Empresas 4 %

Agencias multilaterales 3,5 %

Agencias gubernamentales extranjeras 3 %

Cooperación Bilateral 1,6 %

La historia de las asociaciones mencionadas, que surgieron en la misma época e influenciadas por un mismo contexto, ha sido heterogénea. Algunas muy importantes para la historia del *feminismo autónomo* y citadas en la *historia del feminismo*, como *Lugar de Mujer* o *Derechos Iguales para la Mujer* (DIMA) desaparecieron. En algunos casos, como el *Taller Permanente de la Mujer*, dieron lugar a otras como la *Librería de las Mujeres*. Algunas de ellas preservan lazos más estrechos con lo que se denomina militancia de base, mientras que otras fueron insertándose paulatinamente en la trama de las relaciones internacionales y especializándose en sus códigos.

2.1 Espacios de construcción de saberes expertos en Argentina

Hubo en Argentina un momento histórico cuando la creación de espacios alternativos de educación superior favorecieron el desarrollo de estudios y proyectos sobre el *tema mujer* (aunque no necesariamente feministas).[107] A comienzos de los ochenta algunas de quienes hoy integran las redes internacionales formaron parte de estos espacios, como es el caso del Centro de Estudios de Estado y Sociedad (CEDES), fundado en

---

[107] Neiburg y Plotkin muestran cómo en los años posteriores a la *Revolución Libertadora* (1955) se da en Argentina un proceso acelerado de internacionalización dominado por dos palabras claves: modernización y desarrollo. Se trata de un amplio movimiento de transformación de las ciencias sociales y de la gestión del Estado, donde fue crucial la importancia de las instituciones educativas alternativas y las que elaboraron proyectos de acción política por fuera de la administración estatal y de la universidad. Si bien los autores analizan la transformación del campo económico, se trata de un proceso amplio que engloba el campo de las ciencias sociales en general (Neiburg et Plotkin, 2004).

1975 por un grupo de intelectuales de las ciencias sociales. Al igual que las ONGs de mujeres, estos lugares, se crean como "asociaciones civiles" orientadas a la investigación que se proponen estudiar "los problemas sociales, políticos y económicos de Argentina y América Latina". El argumento que motiva la creación del CEDES es descripto en su página web como la situación institucional grave de Argentina en ese momento y el "cuadro de crisis" que afectaba a las instituciones académicas y de educación superior más importantes. A continuación cito el relato de cómo surge el CEDES tal como aparece en su sitio de Internet:

> Un grupo de profesionales de las ciencias sociales decidió entonces la creación del Centro, con el propósito de constituir **un espacio independiente y pluralista**, capaz de cobijar y dar continuidad al trabajo de investigación y pensamiento que venían desarrollando previamente en otros ámbitos. **Se dio a la Institución la forma de una asociación civil, independiente del Estado, de los partidos políticos y de cualquier empresa u organización social en particular**. Esta independencia ha sido siempre uno de los rasgos centrales de la labor del Centro (destacado mío).

Como otras *asociaciones civiles* creadas a partir de los años ochenta, el CEDES también destaca su posición "independiente" del Estado, de los partidos políticos y de cualquier empresa o institución, imprimiendo al Centro una imagen de desinterés y neutralidad que se complementa por sus objetivos ligados al saber. Fueron también las conexiones y el financiamiento internacional los que permitieron el surgimiento de estas instituciones:[108]

> Tanto por sus **numerosos vínculos internacionales** como por la fuerte presencia de la problemática regional en las investigaciones del Centro, ha tenido y tiene actualmente un papel importante en la actividad del CEDES **la participación en redes académicas con diversas instituciones de América Latina, de los Estados Unidos y de otros países como Canadá, Sudáfrica e India, con las que es frecuente la realización de trabajos conjuntos o realizados en coordinación** (destacado mío).

Algunas sociólogas integrantes del CEDES se abocaron a los trabajos sobre *mujeres*. Entre ellas Elizabeth Jelin, María del Carmen Feijóo, Mónica Gogna y Silvina Ramos. En el año 1983 se creó el Área Salud, Economía y Sociedad. Su objetivo fue definido como "la investigación social en sistemas, políticas y programas de salud, focalizándose especialmente en el campo de la salud y los derechos sexuales y reproductivos". La pro-

---

[108] Los datos sobre el CEDES fueron extraídos de la página web de la institución: http://www.cedes.org/, 2006.

ducción del área se propone "contribuir al avance del conocimiento científico, al fortalecimiento del debate público informado y al diseño, implementación y evaluación de políticas públicas que promuevan la equidad social y de género".[109] En 1993 se creó el Programa de Salud Reproductiva y Derechos Sexuales y Reproductivos con apoyo de la Fundación Ford. Actualmente Mónica Gogna y Silvina Ramos son investigadoras principales del Área Salud, Economía y Sociedad en la cual se desarrolla el Programa mencionado, María del Carmen Feijóo es Oficial de enlace del Fondo de Población de Naciones Unidas (FPNU) en Argentina, docente universitaria e investigadora del CONICET.[110]

Otro de estos espacios académicos creado en la década del 70 fue el Programa de FLACSO Argentina, que se originó en el año 1974 y en 1992 se firma un acuerdo para el establecimiento de una Sede Académica en el país. También aquí se desarrolló un área especializada en el *tema mujer* que a partir de los noventa será denominado más comúnmente como "género". En 2001 fue creada el Area Género, Sociedad y Políticas y luego dos programas que incluyen a otros países de América Latina y son denominados "regionales": el Programa Regional para la Formación en Género y Políticas Públicas (PRIGEPP) y la Cátedra Regional UNESCO Mujer, Ciencia y Tecnología en América Latina, que vincula los países de México, Brasil, Uruguay, Venezuela y Cuba.[111] Tanto el *área* como los *programas* están a cargo de Gloria Bonder, una de las feministas entrevistadas por Chejter en 1984.

---

[109] Este área forma parte de la red de colaboración de la Organización Mundial de la Salud.

[110] El FPNU financia actualmente un proyecto del Consorcio Nacional por los Derechos Reproductivos y Sexuales (CoNDERS) que, en coordinación con grupos y organizaciones de diferentes lugares del país, realizan actividades para *monitorear* la aplicación de la Ley de Salud Sexual y Reproductiva. Las mujeres responsables del CoNDERS se reconocen como militantes feministas.

[111] A título ilustrativo y para mostrar las diferentes formas de internacionalización que adquirió el *tema mujer* impulsados por organismos internacionales, vale la pena citar que el PRIGEPP fue creado con el apoyo de la Unión Europea y que su "comunidad de graduados/as" está compuesta por más de 200 profesionales de diecinueve países de América Latina y el Caribe y cinco de otras regiones a cargo de proyectos en ONGs, Universidades, Organismos Gubernamentales y de Cooperación, Oficinas de la Mujer. Este Programa también ha firmado los siguientes convenios: Convenio de cooperación académica con CLACSO (Consejo Latinoamericano de Ciencias Sociales); Convenio de desarrollo de seminarios con UNIFEM y su oficina regional para el Cono Sur, con sede en Brasil; Convenio de intercambio y asistencia técnica con la Unidad Mujer y Desarrollo de la CEPAL (Comisión Económica para América Latina y el Caribe).
Datos extraídos del Sitio web: http://www.prigepp.org/site/presentacion/institucional.asp, 2006.

Otro de los centros que es importante mencionar, ya que trabajó con el *tema mujer* casi desde sus inicios, es el Centro de Estudios de Población (CENEP). Se define como "una asociación civil sin fines de lucro que inició sus actividades el 1º de junio de 1974, en la Ciudad de Buenos Aires". La articulación entre estas instituciones y entre sus miembros sugiere la existencia de una comunidad de intelectuales que en la época participaron en varios de los programas de internacionalización y adhirieron a sus temas y proyectos.

Además de nuclearse en fundaciones y asociaciones creadas para la *defensa de los derechos de la mujer* y en instituciones de educación superior alternativas a las universidades nacionales muchos de los trabajos de estas intelectuales, que se convirtieron en especialistas en *mujeres*, fueron publicados por las mismas editoriales. Además se referencian y se citan unas a otras solidificando de esta manera, no solamente un campo específico de saber, sino también un ámbito de pertenencia y un diálogo intelectual en el cual generalmente también se reconoce un vocabulario específico.[112] Un ejemplo que ilustra esta situación es el siguiente párrafo extraído de la introducción a *Unidas, Directorio de Mujeres* (1999, op.cit.), donde Norma Sanchís escribe:

> La participación de las mujeres en las organizaciones comunitarias comenzó a hacerse evidente como una forma de apropiación del espacio público, en el que muchas veces desempeñaban roles que constituían una prolongación del espacio doméstico. En los años de apertura democrática se generaron debates e intentos de conceptualización del carácter de esa participación social y del rol que las mujeres jugaban en ella (Sanchís, 1999).

Además de dar entidad a determinados conceptos habituales para hablar de *las mujeres* (espacio doméstico, espacio público, participación de las mujeres) la autora también cita, como trabajos que dan cuenta de este fenómeno, las siguientes publicaciones:

---

[112] La pertenencia a estas esferas exige, además de determinadas propiedades sociales, el uso de un lenguaje específico. El entrenamiento en el uso de este lenguaje es condición necesaria para acceder a los financiamientos. Así se va reproduciendo el uso de categorías abstractas a partir de las cuales se describen luego las más diversas realidades empíricas. Las organizaciones no gubernamentales y centros académicos que acceden a importantes financiamientos (MEI; ISPM; FLACSO; CEDES; FEIM) difunden un tipo de discurso acerca de *las mujeres* o la *discriminación femenina* en concordancia con los organismos internacionales que financian su actividades. Sus prácticas e interpretaciones sobre la *situación de las mujeres* se organizan alrededor de conceptos como *ciudadanía*, *igualdad*, *transparencia*, *empowerment*, *governabilidad*, *advocacy*, entre otros.

> **Jelin, Elizabeth.** "Las mujeres y la participación popular: ideas para la investigación y debate", en UNRISD, 1982.
>
> **Jelin, Elizabeth.** "Familia y unidad doméstica: mundo público y vida privada", Estudios CEDES, 1984.
>
> **Feijóo, María del Carmen.** "Las Luchas de un barrio y la memoria colectiva", Estudios CEDES, 1981; "La mujer en los barrios: de los problemas locales a los problemas de género", 1984.
>
> **Birgin, Haydée.** "La transición democrática: un desafío para la acción de las mujeres", Secretaría Parlamentaria, 1985.
>
> **Bianchi, Susana y Norma Sanchís.** "Organizaciones de Mujeres: potencialidades y límites", en Participación Política de la Mujer en el Cono Sur, Fundación F. Naumann, 1987 (destacado mío).[113]

Un breve análisis de las publicaciones del CEDES, CENEP y el Centro Editor de América Latina (CEAL) también muestra la convergencia de las autoras en colecciones y temas.

2.2 *Siempre las mismas*: ¿una nueva elite del feminismo?

Uno de los reclamos que he escuchado de parte de las feministas que se autodenominan *autónomas* es que "los subsidios siempre se los dan a las mismas, que ya sabemos quiénes son". Si prestamos atención en los datos citados más arriba, que indican las fuentes de recursos de las organizaciones no gubernamentales, el porcentaje de financiamiento de agencias internacionales es relativamente bajo comparado con las cuotas de afiliación, los donantes individuales y las donaciones. A continuación menciono algunas de las asociaciones que reciben financiamiento internacional y las fuentes de recursos que enuncian[114]: el Centro de Estudios de la Mujer (CEM): actividades educativas, venta de publicaciones, cooperación bilateral, agencias multilaterales, agencias gubernamentales extranjeras, pagos por servicios, ONGs extranjeras, servicios de consultoría y cuotas de afiliación; el Instituto Social y Político de la Mujer (ISPM): Agencias multilaterales, ONGs extranjeras; Mujeres en Igualdad (MEI): UNIFEM, Fundación Sergio Karakachof, British Council, Global Found for Women; la Fundación para Estudio e Investigación de la Mujer (FEIM): donantes individuales, venta de publicaciones, gobierno nacional, agen-

---

[113] Para más detalles ver anexos del capítulo 3.
[114] Datos extraídos de *UNIDAS. Directorio de Organizaciones de Mujeres* (1999) y las páginas web de las organizaciones.

cias gubernamentales extranjeras, ONGs extranjeras, empresas, subsidios. Estas asociaciones y las mujeres que las dirigen son parte de las redes internacionales especializadas en *mujeres y/o género*. A continuación me referiré brevemente a cada una de ellas.

El CEM se constituyó como asociación civil en 1979 y estuvo dirigido desde sus inicios por Gloria Bonder y Cristina Zurutuza, ambas formadas en psicología en la Universidad de Buenos Aires. Es el primer antecedente en el país de los *estudios de la mujer* que se consolidó por fuera de las estructuras universitarias. Se creó como corolario de las *Primeras Jornadas Multidisciplinarias Ubicación de la Mujer en la Sociedad Actual*, organizadas por un grupo de mujeres que se reunía desde 1979 para "discutir y reflexionar sobre la situación de la mujer".[115] Según datos publicados en *UNIDAS Directorio de Organizaciones de Mujeres* (op. cit) el CEM "nuclea a un grupo de **profesionales de larga trayectoria en la temática de género** provenientes de distintas disciplinas y ha incorporado como colaboradoras a jóvenes estudiantes universitarias o graduadas recientes" (destacado mío). Entre sus objetivos se menciona:

> (...) promover la equidad de género, a través de programas de investigación, capacitación y acción comunitaria y contribuir a la formulación, implementación y evaluación de políticas públicas y programas sociales para el logro de la igualdad de oportunidades entre los organismos de gobierno y no gubernamentales.

Actualmente el CEM es, en palabras de varias militantes, un "sello de goma", pero sus fundadoras integran la red de expertas internacionales especializadas en *temas de mujeres*. Como mencioné anteriormente, Gloria Bonder es directora del Área Género, Sociedad y Políticas Públicas de la Facultad Latinoamericana de Ciencias Sociales (FLACSO) y Cristina Zurutuza es miembro del Consejo Honorario Consultivo del Comité de América Latina y el Caribe para la Defensa de los Derechos de la Mujer (CLADEM), creado en 1987.

Según la página de presentación en su sitio web, La Fundación para Estudio e Investigación de la Mujer (FEIM) es:

---

[115] Estas Jornadas internacionales e interdisciplinarias, que tuvieron una duración de dos meses, fueron organizadas por el Instituto Goethe y se realizaron en la actual Ciudad Autónoma de Buenos Aires. Según testimonio de Cristina Zurutuza, citado por Marcela Nari, consistían en la discusión de trabajos presentados por investigadores nacionales y extranjeros en los que se comenzaba a debatir sobre feminismo y estudios de género. El origen de estos debates estaba en los países europeos o Estados Unidos. Luego de las Jornadas el CEM se conformó como una Asociación Civil integrada por mujeres profesionales psicólogas, abogadas y sociólogas (Nari, M. 1996).

una Organización No Gubernamental sin fines de lucro, creada en 1989 por un grupo de **mujeres profesionales especialistas en género**. Tiene como objetivo desarrollar investigaciones, estudios, programas, proyectos, cursos y otras actividades para mejorar la condición social, laboral, legal, política, económica, familiar y de salud de las mujeres en la Argentina (destacado mío).

Dentro de la presentación también se menciona que "Desde su creación FEIM ha desarrollado programas y proyectos sociales sobre Derechos de la Mujer, Mujer y Medio Ambiente, Tercera Edad, Salud Sexual y Reproductiva, Embarazo Adolescente, Sexualidad, ETS y VIH/SIDA". Por su parte, MEI se define como una entidad de bien público sin fines de lucro, creada en 1990 por Zita Montes de Oca, una de las primeras funcionarias públicas a cargo de organismos estatales dedicados a *temas de mujeres*.[116] Como objetivos mencionan "promover la igualdad de oportunidades y resultados entre mujeres y varones a través de la participación y el empoderamiento de las mujeres en la vida política, económica, social y cultural, como base permanente de una democracia partidaria". Entre las actividades que realizan, se destacan la organización y participación de seminarios dirigidos a mujeres, la promoción y desarrollo de proyectos de capacitación y acción en interacción con otras ONGs.[117] Mujeres en Igualdad es particularmente conocida por el programa "De representantes y representadas" que organiza una vez al mes los "Desayunos de Mujeres" donde se reúnen en la ciudad de Buenos Aires, funcionarias, legisladoras, sindicalistas, académicas, empresarias y militantes para discutir temas de la "agenda política". Este año los desayunos de MEI, que ya superaron el número cien, se realizaron por primera vez en diferentes provincias y ciudades del país con el apoyo financiero de UNIFEM. MEI denominó a este proyecto "federalización de los desayunos".[118]

---

[116] Zita Montes de Oca fue coordinadora de la Secretaría de Desarrollo Humano y Familia del Ministerio de Salud y Acción Social (a cargo del Programa de Promoción de la Mujer y Familia) y Subsecretaria de la Mujer durante el gobierno de Raúl Alfonsín (1983-1989).

[117] Las citas y datos de este apartado fueron extraídas del folleto de la Fundación Mujeres en Igualdad.

[118] En esas reuniones, realizadas en hoteles céntricos de la ciudad, mujeres con un estilo ejecutivo levemente informal intercambian informaciones y discuten acerca de encuentros, seminarios, nombramiento de mujeres en el Estado (como el caso de "las mujeres en la Corte Suprema de Justicia"), proyectos, leyes, eventos, conferencias, presentaciones de libros, etc. Es un espacio utilizado para difundir las actividades de sus propias organizaciones. El último desayuno, número 118, se realizó en octubre de 2006 en la ciudad de La Plata.

El Instituto Social y Político de la Mujer se define como una ONG "multidisciplinaria y pluralista" que comenzó a funcionar como grupo de trabajo en 1986, aunque se constituyó jurídicamente en 1993. Según el relato oficial, este grupo estaba integrado por mujeres provenientes de todos los ámbitos –militancia social, académica, feministas y técnica– que:

> **sensibilizadas por la situación y la problemática de las mujeres argentinas han decidido unir sus esfuerzos en pos de contribuir a hacer más efectivas las acciones que posibiliten cambios en la condición de la mujer** y modificar así los comportamientos de la población en su conjunto con el fin último de concientizar sobre los derechos humanos (…) (destacado mío).

En el caso del ISPM la articulación con las agencias internacionales es explícita, no solo cuando se mencionan sus formas de financiación, sino también cuando hacen referencia a su forma de funcionamiento.[119]

> Funcionamos en permanente articulación con el resto de las ONGs, con UNIFEM y otras agencias de Naciones Unidas, **a quienes mantenemos informadas de nuestras actividades, de quienes recibimos información y con quienes diseñamos y evaluamos estrategias conjuntas según la temática** (por ejemplo: en materia de derechos reproductivos, integrando "Mujeres autoconvocadas" con otras 180 ONGs.). Estamos en contacto, también, con otras ONGs de América Latina, Estados Unidos y Europa y con organismos internacionales, que trabajan los mismos temas. Algunas de ellas nos han dado subsidios para implementar programas o realizar viajes de capacitación (CEPAL), The Global Fund for Women, Mama Cash, AWID, Friedrich Nauman Foundation, Asociación Mujeres Jóvenes de España, Friedrich Ebert Foundation, Center for Women's Global Leadership, Ford Foundation y Body Shop Foundation).

En la presentación de cada asociación aparecen los rasgos que caracterizan a las redes internacionales especializadas: demostración del compromiso con *la situación de las mujeres*, uso de un lenguaje técnico y especializado, estatus jurídico de la asociación, perfil intelectual y administrativo de la asociación y de sus integrantes, dar cuenta de la *articulación* con otras ONGs dedicadas a *temas de mujeres*. Las organizaciones mencionadas son algunas de las que, surgidas a partir de inicios de la década del ochenta, desarrollaron capacidades necesarias para convertirse en intermediarias entre las agencias financiadoras y otras ONGs de menor estatus.

---

[119] Datos extraídos de su página web.

Las formas sobre las que se asienta la internacionalización de los *temas de mujeres* (institutos, centros, asociaciones, redes, foros) les permitió crear estrategias para interactuar con otras agrupaciones menores obviando el recurso a las instituciones tradicionalmente legítimas como el poder judicial o los representantes legislativos. Esta articulación se ve facilitada por el reconocimiento oficial de los organismos internacionales y también con la universalización del estatus de los *derechos de las mujeres* a partir de Conferencias Mundiales e instrumentos jurídicos como convenciones y pactos entre otros.

El desarrollo de un saber experto en *temas de mujeres* y/o *temas de género* requiere de competencias que pocas poseen y a las cuales otras difícilmente puedan acceder. Es necesario dominar como mínimo más de un idioma (especialmente inglés), entrenarse en la utilización de un lenguaje específico (*gender equality*, *empowerment*, *advocacy*, *sustainable development*, *sexual health*, *international legal framework*), el conocimiento de la acción de las redes internacionales y de sus instrumentos jurídicos. La condición de desarrollar y sostener estas competencias, para ser parte de los espacios internacionalizados, tiene como resultado la conformación de redes cerradas que reúnen información, recursos e intereses de expertas de diferentes nacionalidades que son vistas por el resto de las feministas de cada país como una esfera autonomizada que desconoce las necesidades *verdaderas* de *las mujeres* y acusadas de hegemonizar la representación del *feminismo* y la captación de recursos.

2.3 ¿Silencio en la esfera internacional?

Muchos de los nombres de las feministas argentinas que tienen reconocimiento internacional nunca aparecieron durante mi trabajo de campo con las *feministas autónomas*. Comentando sobre mi investigación con colegas o personas extranjeras, o que vivían fuera del país, comenzaron a mencionarme con familiaridad nombres de mujeres que, si bien conocía por haber leído sus escritos, hasta el momento no había escuchado que en el espacio del *feminismo autónomo* otras militantes hablaran de ellas. Conocí sus nombres fuera de Argentina. Otro punto que merece ser destacado es que en la mayoría de los sitios web de las agencias internacionales no aparecen es sus páginas el perfil o los curriculums de sus integrantes, a veces ni siquiera sus nombres. A excepción de la International Women's Health Coalition (Coalición Internacional por la Salud de las Mujeres) que informa sobre sus representantes en diversos países del

mundo, muchas otras organizaciones solo dan generalidades. En el link
¿Quiénes somos? aparecen definiciones tales como:

UNIFEM es el fondo de Desarrollo de las Naciones Unidas para la Mujer.
Creado en 1976, **provee asistencia técnica y financiera para iniciativas innovadoras que promueven el empoderamiento de las mujeres
y la igualdad de género**. En la actualidad, la labor del fondo influye en la
vida de mujeres y niñas de más de 100 países. También **hace posible que
las voces de las mujeres se escuchen en el seno de las Naciones
Unidas** para recalcar cuestiones fundamentales y para abogar por el
cumplimiento de los compromisos vigentes en favor de las mujeres.

IGTN (International Gender and Trade Network)

La Red Internacional de Género y Comercio surge como resultado del
Seminario de Mujeres p/ Planificación Estratégica en Género y Comercio (Women's Strategic Planning Seminar on Gender and Trade) que se
llevó a cabo en Grenada entre 8-11 de diciembre de 1999. **De esta
reunión participaron 48 mujeres de seis regiones del Norte y del Sur
para discutir el "libre" comercio y los impactos futuros de los nuevos acuerdos comerciales sobre la vida de las mujeres**. El Capítulo
Latinoamericano tiene como prioridad el seguimiento del proceso de
negociaciones del Acuerdo de Libre Comercio de las Américas (ALCA).
Ipas es una organización internacional no gubernamental que lleva tres
décadas trabajando para reducir la tasa de muertes y lesiones relacionadas con el aborto; **para ampliar la capacidad de la mujer de ejercer
sus derechos sexuales y reproductivos**; y para mejorar el acceso a los
servicios de salud reproductiva, incluida la atención del aborto en condiciones adecuadas. Entre los programas mundiales y nacionales de Ipas
figuran la capacitación, la investigación, la gestoría y defensa (advocacy),
la distribución de tecnologías en salud reproductiva y la difusión de
información (destacados míos).[120]

Las expertas insertas en las redes internacionales especializadas en el
tema mujer pertenecen a un universo intelectual de alto capital cultural y
universitario que a partir de sus competencias culturales y lingüísticas
han sabido administrar y explotar los recursos puestos a disposición por
los organismos internacionales a partir de mediados de los años setenta.
Al analizar las trayectorias de algunas de las mujeres insertas en la trama
de la internacionalización del *tema mujer* la multiposicionalidad aparece

---

[120] Los datos citados fueron extraídos de los sitios web de cada una de las organizaciones:
www.unifem.org.mx/, 2006; www.generoycomercio.org/, 2006; www.ipas.org/spanish/,
2006.

como un rasgo distintivo. Esta característica no es solo propia de las mujeres argentinas, sino que el mismo perfil se requiere para las mujeres de los diferentes países del mundo:

> AWID es una ONG global, que es la Asociación por los Derechos de las Mujeres y el Desarrollo, que tuvimos una reunión en Guadalajara, 1200 mujeres de todo el mundo, **perfil Lubertino de la India, de Filipinas.... Por ahí había desde ex candidatas a presidentas** de algún país a la Emma Bonino que ha sido Comisaria Europea, a militantes de base, a minas de Chiapas, a ministras.... Digo, heterogeneidad, pero feministas *heavy*, y **el debate es cómo le entramos a las instituciones internacionales y cómo hacemos que la globalización sea alternativa, distinta y que distribuya los bienes**. (...) Entonces la cuestión es: este movimiento no olvida su agenda de derechos sexuales y reproductivos, de reivindicaciones específicas, pero ahora está desafiado a encontrar ideas, respuestas y llevarlas a la práctica, no solo en relación a los derechos de las mujeres.[121]

A diferencia de las conexiones internacionales del feminismo de los setenta, que dependían en gran parte del capital simbólico y económico de algunas mujeres que internacionalizaron la militancia a partir de una red personal de relaciones, en los ochenta y los noventa la elite del feminismo estará formada por mujeres de clase media, profesionales de distintas áreas (médicas, abogadas, psicólogas, sociólogas), que viven en centros urbanos, convertidas en expertas en el *tema mujer* y han formado parte de un grupo de intelectuales insertos/as (o relacionados/as con) instituciones educativas superiores vinculadas a un circuito internacional no solo de financiamiento, sino de personas e instituciones tales como el Centro de Estudios de Estado y Sociedad (CEDES), la Facultad Latinoamericana de Ciencias Sociales (FLACSO) o la Comisión Económica para América Latina (CEPAL).

Es necesario resaltar que a partir la internacionalización del *tema mujer* surgieron importantes diferencias entre algunas de las líderes de las centenas de asociaciones surgidas en esos años que accedieron a las redes internacionalizadas y el resto. Los organismos internacionales otorgan a estas agentes sociales las autorizaciones oficiales para trabajar en sus países en nombre de los *derechos de las mujeres* y/o a hablar acerca de *las mujeres* de su país en la escena internacional a través del reconocimiento

---

[121] Entrevista a la abogada María José Lubertino. Ex presidenta del Instituto Social y Político de la Mujer (ISPM), realizada en Buenos Aires en octubre de 2002. La conocí y hablé por primera vez con ella en la presentación del *Contrainforme de la CEDAW* en la Secretaría de la Mujer del Gobierno de la Ciudad de Buenos Aires.

de *estatus consultivo* de sus asociaciones, o de *consultoras* en el caso de sus presidentas. Por ejemplo, en la página web de FEIM se explicita que desde el año 2006 "cuenta con Estatus Consultivo en Naciones Unidas y podrá, a partir de esta denominación, participar con representantes oficiales ante las Naciones Unidas, a las sedes oficiales en Nueva York, Ginebra y Viena, para asistir a todas las sesiones y reuniones". Por otra parte, según el curriculum vitae de Gloria Bonder, publicado en el sitio web de FLACSO, ella es "consultora de organismos internacionales como CEPAL, UNIFEM, UNICEF, DAW (UN), OEA, UNESCO y OPS y organismos de gobierno de países de América Latina".[122]

Si bien los perfiles no son necesariamente homogéneos, una de las características comunes a ellas es el hecho de ocupar múltiples roles, tanto en espacios gubernamentales como no gubernamentales, y no solo en la esfera internacional, sino también en los gobiernos de sus países. Como mencioné anteriormente, no es posible comprender la dimensión internacional del feminismo sin tener en cuenta los contextos históricos particulares y las propiedades sociales de las mujeres que lo hacen posible. Como mostraré brevemente en las páginas que siguen, la trayectoria de varias de ellas indica que su capital de relaciones personales, familiares y político-partidarias las ubica en relación privilegiada con el ámbito nacional donde han ocupado lugares dentro de la burocracia estatal. Su legitimidad proviene entonces de un juego que moviliza de manera estratégica sus vínculos y experiencias en lo nacional y sus saberes y competencias internacionales.

Escalas, competencias y relaciones

Como ya fue enunciado, lo nacional y lo internacional no pueden comprenderse de manera separada. La internacionalización del *tema mujer* posibilitó la articulación de muchas feministas a estas redes formadas alrededor de determinados estandartes, en este caso, el compromiso con la defensa de los *derechos de las mujeres*. Pero a su vez en las trayectorias de cada una de ellas es muy común que experiencias anteriores de conexiones internacionales y relaciones privilegiadas en el ámbito nacional posibiliten su integración a las redes internacionales. En un juego de ida y vuelta las posiciones privilegiadas en lo nacional facilitan el acceso a lo internacional y el ingreso a la escena internacional aumenta las posibili-

---

[122] Datos extraídos del sitio web: http://www.prigepp.org/site/presentacion/institucional.asp, 2006.

dades de las múltiples pertenencias y el margen de acción de estas feministas en el escenario nacional.

Así, las condiciones de acceso a los espacios gubernamentales suelen requerir algo más que las credenciales de pertenencia a lo internacional. Como mencioné en el punto "Feministas con conexiones internacionales", el capital de relaciones sociales parece ser definitorio a la hora de garantizarse un lugar en los espacios estatales. Así, vínculos cultivados a partir de la realización de posgrados, en el exilio, en la militancia política o en sus ámbitos de inserción profesional posibilitan la presencia de feministas en la función pública. Cito a continuación dos testimonios que dan cuenta de que el compromiso feminista, las competencias profesionales y los saberes expertos no son suficientes en sí mismos para ingresar a la esfera estatal y lo que se requiere en esos casos es un conocimiento personal que otorgue signos de confianza. Esto aparece aquí como una característica definitoria de las relaciones de la política partidaria, que en el siguiente testimonio se vislumbra bajo la categoría nativa de "conocerse políticamente":

> R: Yo creo que el feminismo lo que hizo fue colocar el tema. Vos hoy no podés ignorar ciertos temas, porque sino simplemente no sos moderno. Es cierto que lo nuestro fue un aborto, haber estado nosotras, todas juntas, en el gobierno de Alfonsín...

> P: ¿Vos estabas ocupando que rol?

> R: Yo organizaba el Programa. Me acuerdo que [Elizabeth] Jelin, Mary [María del Carmen] Feijóo me decían: **"Che, nosotras escribimos más que vos y nadie nos llamó"**. Y yo digo, **"a mí me llamaron porque no leyeron lo que escribí. A mí me llamaron por razones estrictamente políticas. No es que me llamaron porque era feminista"**.

> P: ¿Sos radical?

> R: Yo fui radical en el 89, yo vengo de la izquierda. Estuve exiliada en México, pero a mí **me llaman porque me conocen políticamente, era una cosa como solidaria conmigo. Era gente radical que también estaba en el exilio. Dijeron: "qué es lo que querés" y dije: "quiero eso"**. (...) (destacado mío).

> P: ¿Y al Ministerio como entrás? ¿Cómo es que te convocan?

> R: Porque el ministro era mi marido. Y ahí tenía todas las dificultades...

> P: Todas las ventajas y todas las dificultades...

R: ¡Todas las dificultades! No, no, no. Porque mi marido si hay algo que
no es, es familiero. Siempre trabajamos juntos. Fue un accidente laboral
en la escuela de Salud Pública. (…) Y yo llevo al Ministerio todas mis
conexiones…

En los dos testimonios es claro que la red de relaciones de amistad,
profesionales y de parentesco son datos relevantes para comprender cómo
se construye la vinculación entre lo nacional y lo internacional. Al poner
el acento en estas características mi interés no es simplemente sugerir un
ejercicio impropio de la política, signado por el amiguismo o el nepotis-
mo; sino señalar que, lo que prima es una identificación ideológica en
un caso (solidaridad por el exilio compartido) y en otro una identificación profesional ("siempre trabajamos juntos"), pero ambas atravesadas
por una dimensión subjetiva del conocimiento previo.

Lo que intento mostrar es la importancia de las redes de relaciones
que se construyeron en un momento histórico particular para comprender cómo la pertenencia a círculos intelectuales o de partidos políticos y
a determinadas instituciones favoreció el ingreso de algunas feministas,
ya sea al escenario del feminismo internacional o cargos intermedios dentro
del Estado nacional.[123] Para ser parte de estas redes es necesario poseer
determinados capitales, y a su vez hay capitales específicos que solo pueden cultivarse en esas redes. Estas mujeres son parte de un ambiente
intelectual que pertenece especialmente a la ciudad de Buenos Aires,
al cual no es posible acceder demostrando solamente compromiso con la
situación de las mujeres, sino propiedades sociales, que son las condiciones
de posibilidad requeridas para construir ese tipo de trayectorias.

3. Un feminismo nacional ¿autónomo?

*La onegeización del movimiento ha
hecho puré al movimiento de mujeres.*
Militante feminista

Considero que un análisis de las "escalas" nacional e internacional
más que representar niveles que hacen alusión a espacios geográficamen-

---

[123] A pesar de que no es esa la dimensión que privilegio en este trabajo considero que sería
sumamente enriquecedor para una mejor comprensión del feminismo realizar un estudio
acerca de cómo afectan los vínculos familiares y de amistad de estas mujeres en su práctica
militante. ¿Quiénes son sus padres/madres, esposos/as, hermanos/as, hijos/as? Jean-Pierre
Faguer (1995) en su libro *Khâgneux pour la vie. Une histoire des années soixante* muestra cómo
influyen de manera diferencial, según se trate de hombres o mujeres, las diferencias de clase

te delimitados permiten mostrar la constitución de espacios sociales organizados a partir de ciertos principios. Así, las redes internacionales cuyo estandarte es la defensa de los *derechos de las mujeres* nuclean a feministas de diferentes países del mundo con propiedades sociales semejantes; mientras que los espacios donde las feministas reivindican la *autonomía* y actualizan las relaciones y los valores del feminismo como *movimiento* se sitúan por fuera de esta dimensión y se denominan "nacionales". Luego del VIII Encuentro de Mujeres Feministas de Argentina que se realizó en la ciudad de Tandil en el año 2003 no volvieron a organizarse encuentros de mujeres feministas hasta la fecha. En esa oportunidad se reunieron alrededor de ochenta mujeres provenientes de Entre Ríos, La Plata, Capital Federal, Córdoba, Rosario, Tandil, Conurbano Bonaerense y Ramos Mejías. En el encuentro anterior realizado en Ramos Mejía la convocatoria llegó a 144 mujeres. La gran mayoría de las que participaron del último encuentro eran profesionales (abogadas, sociólogas, médicas, psicoanalistas y antropólogas). Sus edades variaban entre veinticinco y setenta años. El grupo mayoritario estaba entre las mujeres de veintiocho a treinta y nueve años y entre cincuenta y sesenta años, con una concurrencia muy escasa (dos mujeres) entre cuarenta y cincuenta años.[124] Las expertas insertas en las redes internacionales, no participaron del último encuentro, salvo algún caso excepcional. El motivo, según una de ellas, además de la edad está relacionado con la posición que "algunos sectores" tienen acerca de la vinculación con los organismos internacionales:

P: ¿Participás de los Encuentros Nacionales Feministas?

R: Te digo, ahora de los Encuentros Feministas no estoy participando más y tampoco voy a los Encuentros de Mujeres, trato de no ir porque ya estoy un poco vieja. Ya trabajé mucho en los Encuentros Feministas y trabajé mucho en el último que fue en San Bernardo, incluso ahí creamos el 28 de Septiembre como el día por el Derecho al Aborto con la Red… Solía ir, ahora ya trato de no ir más a esos, pero bueno…

---

y de lugar de residencia (Paris o provincia) en el mercado matrimonial de la época. Siendo el sistema escolar francés un lugar de aprendizaje profesional y social. En el capítulo 3 muestra especialmente que "les khâgneuses" no son las hermanas de "les khâgneux".

[124] El porcentaje de participantes en el VII Encuentro realizado en Ramos Mejía según lugar de procedencia de las mujeres fue el siguiente: Capital Federal: 84 (58,33%); provincia de Buenos Aires: 44 (30,55%), en ésta el porcentaje de participantes se distribuye de la siguiente manera: La Plata (9) 6,25%; Ramos Mejía (4) 2,77%; Morón (4) 2,77%; Claypole (4) 2,77% y Tandil (3) 2,083%; provincia de Santa Fe: 4 (2,77%); provincia de Córdoba: 9 (6,25%); provincia de Mendoza (Las Heras): 1 (0,69%); y dos participantes de Bolivia (La Paz) que corresponde a un 1,38%.

P: ¿Por qué?

R: Creo que ya les toca a las otras y **porque además hay algunas cosas dentro del movimiento feminista y sobre todo en América Latina, de algunos sectores que se empezaron a poner en contra de esto de trabajar en Naciones Unidas y trabajar en vinculación con los gobiernos**. Yo creo que hay que trabajar con los gobiernos y creo que hay que trabajar con Naciones Unidas. Y creo que hay que trabajar con los gobiernos sean amigos o enemigos. Y no te tenés que dejar coptar por los gobiernos, eso también… Yo cuando tuve responsabilidad en los gobiernos dejé las instituciones porque creo que no hay que mezclar las cosas (destacado mío).

Estas ausencias provocadas, según quienes reciben financiamiento internacional y/o integran redes internacionales, por las acusaciones de quienes se consideran *autónomas* son motivo de discusión en los Encuentros Nacionales de Mujeres Feministas. Por ejemplo, en el año 2001, en el VI Encuentro realizado en Santa Fe, en las conclusiones de uno de los talleres apareció este tema:

Uno de los temas más debatidos y conflictivos fue el tema de las corrientes feministas, si cabe hablar de corrientes y demás. **Algunas se preguntaban sobre algunas ausencias de mujeres aquí**. Relacionado con que **no son sólo mujeres políticas y partidarias, sino porque son mujeres que trabajan en instituciones, que están ligadas a organismos internacionales**. Presencias que suelen estar y que hoy no están. Ese fue también un tema de debate, el tema de **quiénes estamos, quienes somos y quienes faltan** (destacado mío).

En un balance del último encuentro, realizado por Marta Fontenla y publicado en la revista *Brujas*, la falta de participación aparece como un tema preocupante. Nuevamente se establece un diálogo con las ausencias. Por un lado, se menciona la escasa presencia de "feministas del interior" (es decir, de otras provincias que no sea Buenos Aires): "Esta es una de las cuestiones más difíciles y críticas que enfrentamos en la construcción del movimiento y proyecto político que incluya acuerdos con feministas de todas las provincias y conocimiento de todas las realidades". Y, por otro, se habla de una "deserción" que se explica por las "tendencias feministas" y los "espacios de inserción":

Son varias las causas que han llevado a que muchas mujeres, entre las que se incluyen especialmente las feministas de Capital Federal y conurbano, deserten de estos espacios y de la posibilidad de llevar adelante sus propuestas más radicalizadas. Los acuerdos se dan por grupos afines en las tendencias feministas y por inserción en distintos espacios: participación en partidos y grupos políticos, en el Estado, en ONGs, feministas autónomas, feministas heterosexuales, feministas lesbianas, etc. Lo que determina formas de hacer política y dificultades para construir un proyecto político colectivo (*Brujas*, 2004:69-70)

Así, quienes participan de estos encuentros "nacionales" generan diálogos con quienes están ausentes. Otra de las preocupaciones que aparece recurrentemente es la pregunta sobre la existencia del *movimiento feminista*. En la síntesis de uno de los talleres del VI Encuentro de Mujeres Feministas, en el que se discutió sobre el eje *¿Existe un Movimiento Feminista en la Argentina?* Se pone nuevamente en evidencia a los diversos *feminismos*:

> No obstante **hay consenso en que no existe hoy un movimiento feminista en la Argentina.** En todo caso existen diferentes corrientes, grupos, agrupaciones feministas y feministas individuales. Hubo acuerdo que es necesario construirlo a partir del germen que hoy existe. **Dentro de las diferentes concepciones aparecen algunas como irreconciliables entre sí (desconfianzas mutuas entre las llamadas autónomas y las llamadas institucionalistas),** lo que nos lleva a interrogarnos si es posible ahora un pacto entre nosotras. Consideramos que no se atenta contra los principios éticos del feminismo si grupos u ONGs reciben fondos para implementar programas, proyectos que contribuyan al mejoramiento de la situación de las mujeres, siempre y cuando se lo haga en forma transparente, se difunda y democratice toda la información y con posibilidad de rendir cuentas. **Lo mismo sucede con la participación de las mujeres en política:** cuando vemos a una mujer en una lista de candidatos, las feministas nos embalamos, la propagandizamos, incluso la votamos, pero luego no la acompañamos, no exigimos respuestas desde el lugar en que ella está, nos manejamos con los prejuicios patriarcales que las mujeres se masculinizan en el poder. Otro ejemplo es la participación de las feministas en los llamados a las Marchas Mundiales por la Paz o contra el Hambre: **podemos dar respuestas individuales, pero no colectivas, no como movimiento feminista** (destacado mío).

En el mismo Encuentro en que en algunos talleres las militantes planteaban la inexistencia del *movimiento feminista* en Argentina, en la plenaria proponían elaborar un documento del Encuentro "para visibilizarse como movimiento" en el Encuentro Feminista Latinoamericano y del Caribe –que se realizaría el año siguiente en Costa Rica–, y la creación de una *lista* [para comunicación vía correo electrónico] del *Movimiento Feminista de Argentina* para mantenerse comunicadas y conocer las *acciones* de otros grupos.[125] En la reseña escrita por la *colectiva* "Huellas Feministas" de Córdoba sobre el VII Encuentro de Mujeres Feministas se destaca que la pregunta sobre las posibilidades reales de tener estrategias comunes como *movimiento feminista* fue clave aunque no central en el Encuentro y se vuelve a mencionar la urgencia de construir una red de comunicación, intercambio e información (*Brujas* 29, 2002:85).

La dimensión internacional del financiamiento y de las redes internacionales inserta una distinción al interior del feminismo en Argentina donde se modifican las posiciones de poder y quienes se constituyen en expertas obtienen el reconocimiento propio de este nuevo espacio internacional. Mientras que quienes no acceden a él adhieren a la lógica de la *militancia* y reivindican la *autonomía del movimiento* y la creación de una "agenda propia" y libre de la imposición de los temas financiados por las agencias internacionales. Los eventos "nacionales" son el espacio donde el feminismo adquiere una dimensión "real" para las feministas que no acceden o rechazan los financiamientos y donde se cultivan los valores que orientan la práctica feminista.

Sin embargo, estas feministas no están excluidas de la internacionalización. Los Encuentros Feministas Latinoamericanos y del Caribe son uno de los espacios donde muchas de ellas participan. Considero que es pertinente pensar estas divisiones al interior del feminismo haciendo una distinción entre conexiones internacionales, por un lado, y financiamiento y reconocimiento de agencias y organismos internacionales, por otro. No son las conexiones internacionales, o la internacionalización del *tema mujer* en si, sino la consagración de expertas lo que divide este espacio entre *autónomas* e *institucionalizadas* y lo que marca las ausencias tanto en los Encuentros Nacionales de Mujeres como en los Encuentros Feministas Latinoamericanos y del Caribe. Para quienes carecen del reconocimiento proveniente de la esfera internacional, se acentúa la necesidad de crear mecanismos que demuestren la existencia del *feminismo* en tanto tal. Esto se evidencia en la reiterada pregunta sobre la existencia del "movimiento feminista", la preocupación por dejar constancia de hechos y eventos a través de la escritura (elaboración de "documentos", "memorias" de los Encuentros, "manifiestos", declaraciones, panfletos que se guardan y se publican, publicaciones *feministas*) y el recurrente interés por la "historia del feminismo".[126]

---

[125] La discusión acerca de la existencia del *movimiento feminista* ya aparece en las Memorias de la Primera Asamblea de Mujeres Feministas realizada en el año 1990 en la ciudad de Mar del Plata.

[126] En la conferencia inaugural de las *VI Jornadas de Historia de las Mujeres y I Congreso Iberoamericano de Estudios de la Mujer y de Género* la historiadora Marysa Navarro citó a John Berger para decir: "la pasión por la historia es particularmente intensa, no en las

Conclusiones

En este capítulo puse el acento en las formas diversas de la dimensión internacional en el proceso de conformación del espacio del feminismo. Si bien lo internacional es una característica propia de este espacio, la manera particular en que influye en la figuración del feminismo depende del contexto histórico y las personas concretas que hacen posible las conexiones. Al mismo tiempo, considero que las relaciones internacionales no deberían pensarse en oposición a las relaciones nacionales, como dos niveles diferenciados, sino que solo se comprenden si observamos los lugares que las personas que acceden a la esfera internacional ocupan en el ámbito nacional y las redes de relaciones sociales que integran. Así, en el feminismo de inicios de los setenta las feministas se caracterizan por su alto capital cultural y económico y por sus relaciones de amistad con círculos de destacados intelectuales nacionales, pero sobre todo europeos/as.

Por otra parte, las relaciones internacionales de las feministas a partir de los años ochenta no se explican solamente por la instalación e internacionalización del *tema mujer*, a pesar de estar atravesadas por esta característica; sino que deben considerarse también los vínculos internacionales y nacionales preexistentes de muchas de ellas y su pertenencia a instituciones tales como los centros de investigación o su militancia en partidos políticos de izquierda. Estos datos también son importantes para comprender las diversas modificaciones que lo internacional produce al interior del feminismo. Las feministas de los ochenta se caracterizan por su acceso a la educación superior, dominio de lenguas extranjeras, la realización de estudios de posgrados (en el exterior o en el país), y la militancia en partidos políticos que les ha permitido el acceso a espacios privilegiados como funciones dentro del gobierno nacional.

El acceso de feministas a espacios de gobierno y a redes y financiamiento internacional modificó el estatus de muchas de ellas y la configuración del feminismo. Quienes no pertenecen a estos lugares privilegiados (sin dejar de participar en la esfera internacional) reivindican un feminismo autónomo y reclaman un diálogo con aquellas que se han retirado de los espacios de "diálogo" y "encuentro" como son los Encuentros Nacionales Feministas y los Encuentros Feministas Latinoamericanos y del Caribe. Así, más que una oposición entre lo nacional y lo internacional, en estas "escalas" lo que se pone en juego son los lugares de las feministas al interior del feminismo y la disputa por las posiciones.

---

universidades, sino en los movimientos populares que luchan y buscan sobrevivir". Considero que esta observación se adecua en este caso particular al *feminismo* (Navarro, 2001:107).

CAPÍTULO 5

Feministas en espacios de *mujeres*: el Encuentro Nacional de Mujeres

Armamos la Multisectorial [de la Mujer] y armamos los Encuentros Nacionales de Mujeres. Eso creo que fue en el 86, a la vuelta de Nairobi. Porque las conclusiones de Nairobi eran armar Encuentros Nacionales de Mujeres acá [en Argentina], no solamente de feministas… Y este es el único país que los sigue haciendo. En ese sentido yo encuentro cierto correlato con lo que pasó en algún momento y sigue pasando en Estados Unidos. Porque en EE.UU. está el sector de Betty Friedan… están las feministas y las mujeristas. Las mujeristas son las mujeres negras. Porque en realidad ¿qué era el feminismo? Urbano, clase media, profesionales y blancas… era así. Y esa fue la impronta también en Buenos Aires, urbanas, profesionales, clase media y blancas. El primer gran quilombo que tuvimos en los Encuentros Nacionales fue por los 500 años de la colonización, que se hizo en el sur y vinieron muchas mujeres indígenas que estaban muy movilizadas por el tema de los 500 años. Y eso fue 1992 y ahí empiezan a aparecer otras voces. Siempre **los Encuentros que al principio eran básicamente feministas, los tres primeros fueron básicamente feministas, con toda la teoría… después empezaron a entrar, y eso fue lo bueno, las otras mujeres… de los sectores populares**. Pero tenían esa cosa los Encuentros Nacionales, que después no se veía la continuidad. Pero no se veía en la superficie, en formas organizativas, pero crecían y crecían y seguían creciendo. **Quiere decir que subyacentemente, seguían funcionando y fueron creando una contracultura. Eso, los Encuentros Nacionales lo hicieron. Eso lo hicimos** e hicimos todas las reformas liberales de los años ochenta, la única que no nos salió fue la patria potestad indistinta, salió la compartida, que va a hacer… (destacado mío).

Militante feminista

Los ENM son una movilización pública y colectiva que se realiza en nombre de los intereses de *las mujeres*, todos los años en una ciudad diferente del país, desde 1986 hasta la fecha. En el relato citado, esta feminista, que acredita más de veinte años de *militancia*, marca la distinción entre *feministas* y *mujeres*. La incorporación, desde el punto de vista de las feministas, de mujeres diferentes en cuanto a lugar de residencia (no urbanas), de clase (clases populares), de acceso a la educación (no profesionales) y de identidad étnica (no blancas) es concebida desde el conflicto: "el primer gran quilombo que tuvimos en los Encuentros Nacionales fue por los 500 años de la colonización, que se hizo en el Sur y vinieron muchas mujeres indígenas". Las feministas que habían participado de la III Conferencia Mundial sobre la década de la Mujer organizada por Naciones Unidas (Nairobi, Kenia, 1985) se comprometieron entonces a organizar encuentros de mujeres en el país.[127] Así, los Encuentros Nacionales de Mujeres (ENM) no son encuentros de feministas, sino que los primeros fueron organizados por feministas, si bien esa es la representación que tienen muchas personas ajenas a este evento y habitualmente lo enuncian de manera descalificadora: "esas son todas feministas" o "ahí son todas feministas". Una de las diferencias es que en los Encuentros Nacionales de Mujeres Feministas, descriptos en el capítulo 2, solo participan feministas y nunca son multitudinarios, en el mejor de los casos alrededor de 150 mujeres. Mientras que al I ENM concurrieron alrededor de 800 mujeres y al realizado en Mar del Plata en 2005 más de 25.000.

En este capítulo consideraré los Encuentros Nacionales de Mujeres como un evento crítico (Das, 1996) donde el feminismo, con todas sus tensiones y complejidades, se pone en escena en un espacio de *mujeres* (no solo de *feministas*) y, como mostraré más adelante, en acentuada oposición a *mujeres católicas*. Tomo de Das algunas de las características a partir de las cuales define determinadas situaciones sociales como eventos críticos: heterogeneidad, incisión en varias instituciones al mismo tiempo e implicaciones que en estos eventos aparecen en un primer plano. Considero que analizar el ENM en tanto evento me permite componer un escenario complejo y diferenciado (de manera similar a la inauguración del puente en la Zululandia moderna descripta por Gluckman) atravesado por diversas lógicas y sentidos en las cuales se apoyan las modalidades que allí adquieren las relaciones.[128] Considero que los ENM

---

[127] Según el relato de varias de ellas, Argentina es el único país que los ha realizado ininterrumpidamente desde entonces y hasta la actualidad.
[128] Gluckman, Max (1987).

son un ámbito de particular riqueza para mostrar con énfasis las defini-ciones constrastantes que formulan los diversos grupos y facciones que se conforman en el evento, el impacto emocional que las mismas tienen y la importancia de sostener un vocabulario y otros soportes expresivos con los cuales las integrantes de cada una de las facciones se reconocen, se representan a sí mismas y también se presentan en un espacio público. Así, considero que a partir del análisis de los ENM es posible mostrar la importancia que adquieren experiencias que van de lo más personal e informal hasta instancias formales como reclamar por el cumplimiento de la ley.

Los ENM son espacios donde se disputa una identidad legítima de *mujer* y el reconocimiento de problemas e intereses colectivos en tanto "problemas sociales" por parte del Estado. La transformación de determi-nadas situaciones en "problemas sociales" supone un dedicado trabajo donde primero es necesario hacer visible una situación particular y luego promocionarla para insertarla en el campo de las preocupaciones públi-cas del momento. Así, a través del análisis del feminismo en un espacio de *mujeres* intento mostrar cómo se ponen en juego los elementos analiza-dos en los capítulos anteriores respecto de la persona, del significado de ser mujer, de la igualdad y la jerarquía, de las definiciones de política, de la multiposicionalidad y de la cohesión y diferenciación, en el ámbito de un ritual secular. Este capítulo está basado principalmente en la descrip-ción del XIX Encuentro Nacional de Mujeres realizado en la ciudad de Mendoza en octubre de 2004, en el cual participé y fui coordinadora de uno de los talleres.

1. El Encuentro Nacional de Mujeres

Año tras año, las mujeres de todo el país nos reunimos para intentar una vez más que las voces de miles sean escuchadas, a través de una moda-lidad abierta, democrática y participativa. Son la expresión más impor-tante de las luchas que venimos desarrollando desde nuestros distintos lugares de inserción: los barrios, el campo, la ciudad, la casa, la fábrica. En ellos aprendemos entre todas, es una gran escuela decimos. Allí co-nocemos las experiencias de las mujeres de un punto a otro del país. Esto ha sido y sigue siendo posible porque se mantuvo el criterio de AUTOCONVOCATORIA desde Comisiones Organizadoras amplias, cada año en la provincia elegida como sede. Comisiones que funcionan con AUTONOMÍA de fundaciones, instancias gubernamentales, organiza-ciones políticas y recibiendo ayuda de todos los que acuerdan con estos

Encuentros, pero SIN CONDICIONAMIENTOS. Se asegura así, este espacio DEMOCRÁTICO, HORIZONTAL y HETEROGÉNEO que no tiene dueño porque nos pertenece a todas.

Definición de los Encuentros Nacionales de Mujeres publicada en la página web del XVIII Encuentro Nacional de Mujeres

Desde hace veintiún años se realizan en Argentina anualmente los Encuentros Nacionales de Mujeres (ENM). Un evento itinerante que cada año tiene como sede una ciudad diferente del país. El primero se realizó en la Ciudad de Buenos Aires en 1986 en el Teatro San Martín. En ese momento se declaró que el Encuentro sería "democrático, pluralista, multipartidario y multisectorial, respetuoso de todos los credos y todas las razas humanas". Luego le siguieron en 1987 Córdoba, 1988 Mendoza, 1989 Rosario, 1990 Termas de Río Hondo, 1991 Mar del Plata, 1992 Neuquén, 1993 Tucumán, 1994 Corrientes, 1995 Jujuy, 1996 Buenos Aires, 1997 San Juan, 1998 Chaco, 1999 Bariloche, 2000 Paraná, 2001 La Plata, 2002 Salta, 2003 Rosario, 2004 Mendoza, 2005 Mar del Plata y 2006 Jujuy (ver mapa en Anexo 1). En palabras de una feminista, los Encuentros son "el avance de una muchedumbre de mujeres dueñas por unos días de una ciudad en la que pusimos en la escena pública nuestro derecho a decidir en libertad". Participé de los Encuentros organizados en los años 2003, 2004 y 2005. Como observadora de clase media, blanca, universitaria y que habita la provincia de Buenos Aires, fue impactante para mí ver por primera vez en la ciudad de Rosario tantas mujeres "diferentes". Especialmente me llamó la atención el grupo de mujeres indígenas o como se autodenominan "de los pueblos originarios" y mujeres de las denominadas "clases populares", ya que transitando en los espacios del feminismo estaba más familiarizada con la presencia de mujeres blancas, de clase media y generalmente universitarias.

En el Encuentro realizado en Mendoza en 2004 algunas de las participantes se trasladaron en avión y se alojaron en hoteles de cuatro estrellas. Otras viajaron en micros de línea y se alojaron en hoteles de dos y tres estrellas o en casas de familia que ofrecían alojamiento, como fue mi caso. Hubo quienes utilizaron colectivos pagos por alguna municipalidad, sindicato, ONG, o con dinero proveniente de eventos que organizaron para tal fin, y durmieron en las aulas de escuelas públicas en sus propias bolsas de dormir o frazadas. Algunas mujeres comían en restaurantes, otras recibieron las becas de alimento que la Comisión Organizadora del ENM otorga habitualmente con el dinero recaudado en la inscripción y otras organizaron ollas populares. La diversidad también se reflejaba en los cuerpos y en la vestimenta. Había mujeres de todos los tamaños y de todas las edades (desde veinte a más setenta años). Algunas "bien vestidas", otras con ropa más humilde, pero la gran mayoría usaba pantalones. Con pelo muy corto o pelo largo, con rastas, con pelo atado o suelto. Mujeres blancas, indígenas, de clase media y media-alta y mujeres pobres. Universitarias, religiosas, piqueteras, militantes de partidos de izquierda, feministas, independientes, entre otras. El ENM es un lugar donde se puede apreciar una especie de muestra de la población Argentina en femenino, difícil de encontrar en otro lugar.

Durante los días en que se realizan los ENM las ciudades sede cambian completamente su fisonomía. En Mendoza podían verse en las calles a miles de mujeres que circulaban en grupos (grandes o pequeños) o solas, pero raramente acompañadas por hombres.[129] En la terminal de ómnibus hubo un aumento notable de la presencia femenina y cerca de la plaza principal, especialmente el primer día, varios ómnibus llenos de mujeres circulaban a baja velocidad, mientras las pasajeras miraban curiosas por las ventanillas. Poco a poco, en la mañana del primer día del Encuentro la plaza principal se fue poblando de personas (la mayoría mujeres) que instalaban sus puestos de ventas de artesanías y comidas, y mujeres que paseaban conversando animadamente y se ubicaban con sus banderas y distintivos alrededor de lo que sería el escenario del acto de inauguración. Algunas repartían volantes de sus agrupaciones, otras vendían sus publicaciones.

La presencia de las mujeres de los ENM desafiaba un sentido ampliamente compartido acerca del cotidiano de las mujeres en el espacio pú-

---

[129] Al ser definido como un encuentro de *mujeres* la presencia eventual de hombres siempre genera discusiones y posiciones divergentes. Las *mujeres* de las clases populares que se movilizan en micros y viajan en grandes grupos llevan a algunos hombres con ellas, que en general se encargan durante esos días de organizar el viaje, alojamiento, comida, etc. Durante los talleres cuentan divertidas que en el Encuentro se invierten los roles: "acá son ellos los que cocinan". Otras se han quejado porque al haber un hombre con ellas y alojarse en escuelas se veían obligadas a compartir situaciones "íntimas" (dormir, cambiarse de ropa, ducharse) con alguien del sexo opuesto. Las otras mujeres que suelen estar acompañadas por hombres (que no entran a los talleres, pero las llevan, las buscan o las esperan fuera de las escuelas) son las *mujeres católicas*. En el Encuentro de Mendoza, ante la denuncia de un hombre de que la esposa estaba siendo privada de su libertad, encerrada en uno de los talleres, las organizadoras impidieron el ingreso de hombres policías a las escuelas. Otro tema son los periodistas y camarógrafos que suelen entrar en las escuelas en busca de información. La presencia de hombres siempre genera un momento de tensión. En el caso de las feministas, nunca he visto que algún hombre haya viajado con ellas. Pero en el caso de una organizadora, que vive en la misma ciudad, he presenciado una situación donde su "pareja" se acercó hasta la plaza donde se leían las conclusiones para llevarle un abrigo y preguntar cómo estaba debido a la situación de conflicto y tensión del momento.

blico de la ciudad (la calle, la plaza, las escuelas). Las mujeres que van al Encuentro, en tanto escenifican una situación excepcional, hacen lo que habitualmente otras mujeres (las que viven en la ciudad) no hacen y tampoco se espera que hagan. Durante esos días las mujeres ocupan varios espacios de la ciudad (hoteles, escuelas, restaurantes, plazas, las calles) de manera poco habitual. Ante este desafío al sentido común, en cada ciudad donde se realiza el Encuentro se establece una especie de diálogo entre las participantes de los ENM y los/as habitantes del lugar. Durante los tres días que dura el evento este diálogo va adquiriendo un determinado perfil. Rosario se mostró una ciudad receptora y buena parte del público, durante la marcha, acompañaba saludando y/o aplaudiendo desde los balcones. Mientras que en ciudades definidas como "conservadoras", como es el caso de Mendoza, el diálogo establecido fue de oposición y rechazo. Las formas de expresarlo fueron desde empapelar con carteles las paredes cercanas a las escuelas donde funcionarían los talleres, pintadas en las calles, hasta colocar bombas molotov en lugares donde se realizaría parte de las actividades. Así, no era extraño escuchar durante la marcha, entre el público que observaba atónito, expresiones tales como "¿De dónde salieron todas estas locas?". Como participante del Encuentro fue posible sentir la presión de esa opinión poderosa, expresada en miradas, en pequeñas actitudes de desaprobación o en hechos violentos. Así, los ENM son un espacio donde se construyen consensos, pero también se disputan sentidos tanto al interior como en la puesta en escena frente a un público externo.

Este evento, circunscripto en el tiempo, se compone de diferentes actividades: los talleres temáticos, que funcionan en las aulas de escuelas públicas; reuniones; asambleas; actividades recreativas (peñas, cenas, muestras de arte, pequeños eventos artísticos) y la marcha que tradicionalmente se realiza cada año, donde en 2004 las organizadoras estimaron que había alrededor de 20.000 mujeres, mientras que la versión de la policía era de 18.000. Las formas que adquieren las diversas actividades y la propia organización del Encuentro llevan la impronta feminista que intenta, a partir de formas definidas como igualitarias y participativas, garantizar los valores de la individualidad, la autonomía y la horizontalidad. En la contratapa del Programa de Actividades del XIX ENM se lee un agradecimiento a "todas las compañeras que con mucho esfuerzo una vez más volvemos a encontrarnos para **construir desde nosotras mismas** una realidad más digna, justa e igualitaria" (destacado mío). De la misma manera que en el último Encuentro Feminista, en la expresión "desde nosotras mismas", se hace hincapié en la individualidad, como así también se menciona el valor de la justicia y la igualdad. Otra similitud es la concepción bajo la cual se organizan los talleres. Los mismos se consideran soberanos y se limita el número de asistentes "para una mejor posibilidad de participación de todas". Se definen como un "grupo de discusión de carácter autogestivo" donde los debates deben surgir "de las participantes, desde su historia, su origen de clase, su experiencia de vida".[130]

En la dinámica de los talleres se pretende que las mujeres relaten y debatan sus experiencias cotidianas y analicen las vivencias comunes. Se considera que las conclusiones deben lograrse por consenso y se repite incansablemente que "no se vota". De manera similar a los grupos de autoconciencia se busca descubrir que los problemas, que antes eran considerados personales, son comunes a muchas otras mujeres, por lo cual pueden ser explicados y abordados colectivamente. Así, siguiendo las mismas técnicas de los grupos de autoconocimiento, las discusiones de cada taller se registran en forma de conclusiones para luego socializarlas entre todas las participantes. La socialización consiste, por un lado, en la lectura de conclusiones en el acto de cierre del Encuentro y, por otro, en la entrega de una copia a la Comisión Organizadora, responsable de publicar un libro con las conclusiones de todos los talleres que se entrega gratis al año siguiente a las inscriptas el año anterior.[131] En cada ENM las organizadoras enuncian como propósito principal "dar voz a las mujeres" y la "puesta en palabras" de sus experiencias personales.

2. "Feministas en los Encuentros"

> Me atrae y enorgullece notar que suma en masividad, y que cada vez son más las jóvenes que se acercan [a los Encuentros Nacionales de Mujeres]. Por otra parte, considero un logro que el aborto hoy esté en el centro del debate, y que haya diversidad de opiniones sobre éste y otros temas que dominan la agenda. Igualmente todavía aspiro a que haya una mayor profundización del debate de los problemas de las mujeres, que los Encuentros sean aún más masivos y que se traten temas más abarcativos como sistemas económicos a adoptar, modelos de ciudades ideales, o la relación entre género y pobreza.
>
> Virginia Franganillo

---

[130] Datos extraídos del "Material de orientación para el trabajo de coordinación de talleres" producido por la Comisión Organizadora del XIX ENM.

[131] Es interesante destacar que al igual que en las "memorias" de los Encuentros Feministas de Argentina, el libro de conclusiones del Encuentro Nacional de Mujeres incluye al final la rendición de cuentas con los ingresos y egresos correspondientes a la organización.

Ni bien se instaura la democracia en 1983, al poco tiempo se realiza el primer ENM. Tuvo una notable influencia de ese cambio de régimen y de los Encuentros Feministas Latinoamericanos que se venían realizando desde fines de los `70. **Si bien había organizaciones que participaban, la convocatoria iba más a lo individual y personal, buscar en el otro lo que vos estabas pensando. Eran muy libres. No eran resolutorios, sino que la idea era discutir y no bajar línea. Era debatir fuerte pero en otra tónica, siendo todas iguales y sin imponernos.**

Así se empezó a traer el formato latinoamericano al primer ENM, el cual fue un episodio interesantísimo, sobre todo porque iba la mujer común. Era un laboratorio maravilloso en un comienzo: los descubrimientos, lo que pensaban, lo que decían. Era una riqueza enorme ver aflorar esas ideas en el contacto con el otro. **Después la lógica de los Encuentros cambió y dejé de ir. Yo no voy a ir a pelear con fuerzas que trabajan como aparatos.** Eso fue lo que pasó básicamente a principios de la década del 90. Algunos sectores políticos empezaron a visualizar un grupo de 10 mil mujeres que se reunían todos los años. Era un campo de acción para ellos. Entonces ahí comenzaron a llegar en masa los micros del Partido Comunista Revolucionario (PCR) y el Partido Justicialista (PJ), por sobre otros. Era una puja de partidos. Igual, hasta ese momento, con todo eso se sobrevivía igual (destacado mío).

Haydée Birgin

Las que no quieren ir ahora a los Encuentros de Mujeres son Barrios de Pie (…) porque dicen que no tiene sentido la pelea con la Iglesia, porque viste que ahora en los Encuentros se metió la Iglesia. A mí M. [dirigente de Barrios de Pie] me vino a hablar para hacer un Encuentro paralelo y yo le dije: "¡No! De eso no se habla, los Encuentros son nuestros y no se los vamos a regalar".

Militante Feminista

Los dos primeros testimonios son de feministas que fueron entrevistadas por los veinte años de los Encuentros Nacionales de Mujeres y sus opiniones publicadas en el sitio web Artemisa Noticias. El último corresponde a una entrevista que realicé en la ciudad de Buenos Aires en julio de 2006. De manera similar a las características del feminismo, descriptas en los capítulos 3 y 4, también en relación con el ENM existen entre las feministas acusaciones, oposiciones y versiones diversas. Nuevamente aquí los hechos son los mismos, pero las narrativas varían en los detalles que validan las posiciones de quienes hacen uso de la palabra.

Durante el ENM, compartí una cena con mujeres que habían viajado a Nairobi y comentaban: "los ENM tenían un origen internacional y no oficial (no gubernamental)". Según el relato de una de ellas, "viajaron a Nairobi como ONG sin tener contacto con la comisión enviada por el gobierno en 1985". Dos años más tarde, durante una entrevista, una de las miembros de la "comisión oficial" también consideraba que los ENM tenían origen en Nairobi, pero no hizo referencia a una distinción entre origen "oficial" o "no oficial" de los mismos. Tanto quienes viajaron a Nairobi en calidad de integrantes de la comisión gubernamental como las que fueron representando a ONGs se reconocen partícipes de la creación de los ENM. Por otro lado, algunas de las que se denominan *autónomas* (es decir que no tienen vínculos ni con el gobierno ni con ONGs) citan en igualdad de importancia la experiencia de las conferencias mundiales y la de los Encuentros Feministas Latinoamericanos y ponen el acento en la "necesidad personal", como lo que dio origen a los ENM, más que en las "recomendaciones" de las conferencias internacionales:

> Las experiencias de los encuentros de mujeres de Nairobi y de Bertioga habían generado en varias de nosotras la necesidad de bucear en lo más inmediato: la situación de las mujeres y del movimiento en nuestro país (Bellotti, 1986:30).[132]

Las narrativas sobre la organización del primer ENM permiten mostrar quiénes son las mujeres que participaron y cómo se configura el campo de interrelaciones sobre el que se construyen estos eventos. Según los relatos de integrantes de ONGs, durante la cena en Mendoza, "el primer Encuentro se realizó en el Teatro San Martín y el mailing para hacer las invitaciones lo confeccionó B.", quien cuenta que utilizaron una lista que tenían de los partidos políticos, ella del Movimiento de Integración y Desarrollo (MID) y C. del Partido Justicialista (PJ), "ya que eran las únicas mujeres con las que teníamos contacto". Continúan diciendo que "después de este primer Encuentro, esas mujeres no querían seguir realizándolos y la estrategia fue decidir rápido una nueva sede". Por otro lado, el relato de Margarita Bellotti publicado en *Brujas 4* (1986) dice lo siguiente:

> La idea de organizar un encuentro nacional de mujeres corrió como un reguero de pólvora. En octubre de 1985 comenzamos a reunirnos. Si bien desde el comienzo estuvo claro que la participación era exclusivamente a título individual, la composición de las integrantes de la comisión promotora reprodujo la experiencia que, desde 1983, viene transitando el movimiento de mujeres de Buenos Aires, es decir, la presencia

---

[132] Bertioga se refiere al III Encuentro Feminista Latinoamericano y del Caribe realizado en 1985 en Bertioga, Brasil.

de mujeres de partidos políticos, de sectores sindicales, de grupos feministas, de derechos humanos, de amas de casa e independientes.

Desde ese primer Encuentro ya se planteaban las diferencias entre *feministas* y "el conjunto más amplio de mujeres". Para las feministas las divergencias se dieron especialmente en cuanto a formas de funcionamiento. Según Bellotti (op.cit.), una de las contradicciones principales que se manifestaron en el I ENM se refiere al "significado del hacer política de las mujeres". Y marca una diferencia entre un punto de vista que "plantea la participación de las mujeres en una propuesta **política previamente establecida, generalmente desde uno o varios partidos políticos**" y otro que se propone definir "los objetivos y modos del **hacer política de las mujeres desde las mujeres** y a partir de sus propias carencias y alienaciones" (destacado mío).[133] Estas posiciones diversas se manifestaron en el primer Encuentro en la conformación de la Comisión Organizadora, en la definición de los temas de los talleres y en las discusiones y conclusiones de los mismos, puntos que abordaré en lo que resta de este capítulo.

Los "problemas" que, desde el punto de vista de las *feministas*, aparecen en este primer Encuentro son los que continuarán, con diversos matices, durante todos los años siguientes hasta la actualidad. Cito a continuación trechos de dos trabajos escritos por feministas, uno en 1986 y otro en 2002, para mostrar las posiciones similares, en relación con los partidos políticos (en los dos casos "partidos de izquierda"), a pesar de mediar entre un Encuentro y otro dieciséis años:

> La cuestión de la deuda externa fue tratada en varios talleres, además de dos dedicados expresamente a ella (...) Salvo una breve alusión a que la situación de discriminación de la mujer se ve agravada, no se analiza en ningún caso la relación entre deuda externa y la situación concreta de las mujeres. (...) Pero esta valoración quedaría desgajada de contexto, si no analizamos qué sectores impulsaron este tratamiento de la deuda externa y por qué. **Si no bastaran el conocimiento personal y el reconocimiento de las consignas (Moratoria ya – No pago de la deuda externa)**, podemos remitirnos a un artículo publicado en la revista *Nueva Era* (órgano del Partido Comunista), de julio de 1986, año 4 N°7, con el sugestivo título de: "El Encuentro Nacional de Mujeres. Con la mira en el Frente de Liberación". (...) **Y allí vinieron, a "enseñarnos" a las mujeres qué necesitamos para vivir mejor y por qué cosas debemos luchar. Todo diálogo, toda posibilidad de reflexión, todo intento de aprendizaje mutuo, queda así clausurado** (Bellotti, 1986-32-4).

---

[133] En este punto Bellotti cita el trabajo de Julieta Kierkwood "Feministas y política".

Los talleres son autónomos, sin embargo, **las mujeres pertenecientes a partidos políticos o a corrientes sindicales llevan a esos espacios contenidos propios a ser puestos o impuestos**, y esto se refleja en las conclusiones, donde talleres con temáticas bien diferenciadas aparecen proponiendo cosas iguales, a modo de consignas. Por ejemplo: "libertad a Raúl Castells" (…) En varios talleres **nos llamó la atención cómo algunas mujeres, sobre todo jóvenes, participan desde la consigna y no involucrándose con su cuerpo y experiencias en el debate** (Alonso y Díaz, 2002:88) (destacados míos).

Tanto en un caso como en otro las feministas critican la "imposición de consignas", como una metodología propia de los partidos políticos, y el hecho de que esta modalidad entorpece una política hecha *desde las mujeres*, sus propias experiencias, sus reflexiones, sus propios cuerpos y en un aprendizaje mutuo. La convivencia de las *feministas* con las mujeres de los partidos políticos en los ENM ha durado tanto tiempo como el que tienen los Encuentros. Pero estas no han sido las únicas mujeres "diferentes" con las que, en el transcurrir del tiempo, las feministas han debido interactuar. La incorporación en 1994 en los ENM de un taller para debatir acerca de la despenalización y/o legalización del aborto fue atrayendo, a este ámbito de discusión, a mujeres que hasta ese momento no se habían hecho visibles. Se trata de mujeres que manifiestan concepciones divergentes a las de las feministas acerca del significado de "ser mujer". Se oponen a los valores feministas de la igualdad, la autonomía y "el derecho a decidir", reivindican a la mujer como madre y como esposa, se pronuncian en contra de la despenalización y/o legalización del aborto y consideran que palabras y expresiones como *identidad sexual, género, trabajadoras sexuales* o *modelos de familia*, que aparecen en los títulos de los talleres, son una amenaza a lo que, desde su punto de vista, sería un orden natural. Estas mujeres son definidas por las feministas como *las católicas*, categoría que pronunciada por ellas, tanto en el espacio del feminismo como en el de los ENM, denota una grave acusación. Es en 1997 en la provincia de San Juan cuando la mayoría de las feministas sitúa la irrupción de las *católicas* en los Encuentros. Estas mujeres, a diferencia de las "mujeres de los partidos" o "de los sectores populares" no entran en la categoría de "otras mujeres", sino en la de "enemigas" o "adversarias".[134]

---

[134] Es importante destacar aquí que estas mujeres, a los ojos de las *feministas*, se diferencian claramente de las integrantes de la agrupación Católicas por el Derecho a Decidir que han tenido una participación activa y definitoria en la militancia por la causa de la despenalización

De reconocerse como las organizadoras de los ENM, con el correr del tiempo y la creciente participación de "otras mujeres" y de las *católicas* o de "la Iglesia", las feministas han ido ensayando diversas posiciones y estrategias en relación con los ENM.[135] En un momento dejaron de participar hasta que en el año 2001 acuerdan que es necesario tener una presencia activa y en el Encuentro de La Plata deciden hacerse "visibles" bajo la denominación "Feministas en los Encuentros". Esta denominación se convirtió en uno de los carteles que desde entonces llevan cada vez que participan de estos espacios de *mujeres*. La vinculación del feminismo con los ENM se fue definiendo en concordancia con las posiciones y oposiciones propias de ese espacio.

3. Convocatoria y organización

En este punto intento mostrar el trabajo previo al Encuentro donde se definen cuáles serán los temas y los problemas que merecerán un espacio de debate en el evento. Aquí las mujeres que participan en la Comisión Organizadora disputan por una clasificación de la realidad, a partir de lo que definen como problemas de *las mujeres*, que se traducirán en enunciados públicos bajo la forma de temas que integrarán el listado "oficial" de los talleres. En tanto algunas de las mujeres que conforman la Comisión Organizadora pertenecen también a otras agrupaciones (partidos políticos, agrupaciones feministas) su desempeño en la Comisión no solo tiene sentido al interior de la misma, sino también para públicos específicos a los cuales suelen apelar para instalar y sostener los temas de su interés o ante los cuales se denuncia la "ausencia" de ellos.

3.1 La Comisión Organizadora

Quienes organizan los Encuentros deben ser mujeres que vivan en la ciudad designada como sede. Según su propia definición, "año tras año, se constituye para la organización una Comisión Organizadora con sede en la ciudad anfitriona, que trabaja durante todo el año coordinando las tareas". La Comisión se divide en grupos de trabajo (alojamiento, organi-

---

del aborto. Al mismo tiempo que las Católicas por el Derecho a Decidir no son reconocidas, por un sector de la Iglesia Católica y tampoco por las acusadas de "católicas", como pertenecientes al catolicismo. Con lo cual se repite en este espacio de *mujeres* un juego de acusaciones similar al del espacio del feminismo.

[135] Toda vez que las feministas se refieren a *la Iglesia* están hablando de la institución religiosa Iglesia Católica.

zación, prensa, temario, finanzas), pero las decisiones finales siempre deben discutirse en las reuniones plenarias donde participa toda la comisión.[136] Las organizadoras tienen la obligación de hacer una convocatoria *pública y abierta* y difundir la información necesaria para que puedan participar todas las mujeres que así lo deseen. Según la definición de los Encuentros la Comisión, debe ser amplia, autónoma, democrática, horizontal y heterogénea y pueden participar en ella todas las mujeres de la zona que quieran trabajar en su preparación y realización. Sin embargo, ser mujer y del lugar no es condición suficiente, es necesario también que se respeten los valores de autonomía, heterogeneidad, democracia y horizontalidad, evaluados estos de acuerdo a las perspectivas de quienes ya tienen una posición reconocida en esos espacios.

Así, los valores mencionados cambian de significado de acuerdo a quiénes los enuncian, en qué espacios, ante quiénes, en qué circunstancias y para sostener qué tipo de posiciones. Una feminista de Mendoza define los Encuentros como "un sitio de tensiones, un lugar paradojal donde son posibles las confluencias, pero también los conflictos desde el inicio mismo de la convocatoria". Y cita como ejemplo el XVIII ENM, realizado en Rosario en el año 2003, "cuando militantes fundamentalistas ligadas a la Iglesia Católica argumentaban la legitimidad de su presencia haciendo referencia al carácter autónomo y autoconvocado de los Encuentros" (Ciriza, 2004:27). Si bien quienes son definidas por las feministas como "fundamentalistas católicas" no han participado hasta el momento en las Comisiones Organizadoras, siempre existen conflictos y tensiones en el seno mismo de la Comisión. Las acusaciones de exclusión son una constante. Luego del primer ENM una feminista acusa a una militante del Partido Comunista (PC) de mentir cuando denunció, en *Nueva Era* (revista del PC), que se las excluyó de la organización:

---

[136] La organización de los Encuentros requiere de un arduo trabajo que no recibe compensaciones en dinero y dura un año entero. Las tareas se acrecientan a medida que se acerca la fecha del evento. Los días previos y durante la realización del Encuentro son una verdadera locura. Las mujeres de la Comisión Organizadora del ENM en Mendoza (alrededor de cuarenta, pero unas veinte que trabajaban efectivamente) realizaban todo tipo de tareas. Desde descargar camionetas que traían los materiales de limpieza para distribuir en las escuelas, coordinar con la policía la "seguridad" de la marcha, dar notas a los medios de prensa locales, responder a demandas específicas de las mujeres que llegaban a la ciudad, armar las carpetas que se entregaban en el momento de la inscripción hasta escribir los afiches para distinguir las salas de aula donde se realizarían los talleres.

Aparte de algunas mentiras, que rozan la infamia, como aquella de que se les impidió la incorporación a la Comisión Promotora, en la cual –para quienes no lo saben– había un apreciable número de mujeres del PC, lo que importa es la concepción que allí se expresa sobre "la cuestión de la mujer" y los lineamientos que resolvieron llevar al Encuentro, previa discusión (así lo dice) con las demás fuerzas del Frente del Pueblo (FREPU) (*Brujas*, 1986:33).

Ante la denuncia de la militante del PC, en la revista de su partido, de lo sucedido, según su versión, en la Comisión del primer ENM, esta feminista responde denunciando, a su vez, en una revista feminista, la forma de hacer política de esta mujer cuando se refiere a "los lineamientos que resolvieron llevar previa discusión", ya que desde el punto de vista feminista se considera que la política debe surgir de la experiencia de cada mujer y en diálogo con otras mujeres, no de imposiciones de consignas previamente definidas, lo que podría ser resumido en las frases que dieron nombre a los talleres del último Encuentro Feminista: *nosotras, desde nosotras, entre nosotras*. Otra de las denuncias de exclusión de la Comisión Organizadora fue en relación con el XVI ENM realizado en La Plata. Esta vez las afectadas fueron las feministas y la denunciante expone la situación a través de un artículo publicado en la Red Informativa de Mujeres de Argentina (RIMA):

Participé del XVI ENM en La Plata del 18 al 20 de agosto con el grupo ad hoc que se hizo llamar Feministas en el Encuentro. Ese grupo surgió de la convocatoria que hizo a otros grupos y personas feministas la Casa de la Mujer Azucena Villaflor, de La Plata, que había sido excluida de la Comisión Organizadora de este Encuentro, a pesar de ser una entidad feminista de sostenida actividad desde su fundación en 1988 (Vasallo, 2001).

También es común que cada año se accione la acusación de que la Comisión "cedió a las presiones de la Iglesia" o pactó o acordó con *la Iglesia* insinuando que algunas de las integrantes son cercanas a esta institución. Así, en las Comisiones Organizadoras interactúan mujeres pertenecientes a organizaciones que adhieren a causas diversas y no todas comparten la misma concepción sobre qué significa "ser mujer" y especialmente cuáles son los problemas que exigen un tratamiento prioritario. De esta manera, uno de los puntos que despiertan mayores conflictos es "consensuar" el temario de los talleres.

3.2 La definición de los nombres de los talleres

> *(…) el cambio de nombre [de un taller] implica un asunto muy importante porque no es solo denominarse de otra forma, sino la implicancia que esto tiene. La primera señal de cambio empieza con los nombres.*
> Graciela Alonso, Raúl Díaz[137]

Lo que está en juego en la confección de la lista de los talleres que se realizan durante el Encuentro es la definición de los temas que tendrán un lugar reconocido para ser discutidos en ese escenario montado por tres días. Es la oportunidad que tienen las mujeres que sostienen estos temas de convertirlos, a partir de hacerlos visibles, en "problemas legítimos"; ya que los temas que son tratados en un "encuentro nacional de mujeres", donde las que se reúnen son más de 20.000, ganan de manera implícita y explícita la legitimidad de ser problemas definidos como tal por *mujeres*, formulados por ellas mismas y donde también son *mujeres* las que ofrecen soluciones y reclaman ante "los responsables" por el cumplimiento de la ley, y el reconocimiento de los derechos. Lo que aparece redactado de forma ordenada y prolija fue el producto de la lucha de intereses y lógicas diversas. Así, la definición del listado de talleres se convierte en una especie de "agenda pública"[138] preliminar que se hará efectiva con las conclusiones de los mismos y su posterior divulgación.

"Construir agenda" es la tentativa de transformar una situación particular en un problema social, a fin de que sea reconocido por el Estado. Las disputas se pueden dar por instalar un nuevo taller, pero también por definir los conceptos utilizados para nombrarlos. La creación de un taller es considerada una manera de dar existencia a un tema. Por ejemplo, en el ENM realizado en Córdoba en 1987 fue la primera vez que hubo uno sobre "lesbianismo" (Nari, 1997:36). Como ya señalé, en 1994 fue el primer taller "sobre aborto". Otro de los cuales es mencionado como un logro por las feministas fue el de "Estrategias para el acceso a un aborto legal, seguro y gratuito", que, según ellas, surgió como la necesidad de un espacio propio de discusión "ante el desembarco de las *católicas*" en los ENM. La palabra "estrategias" fue pensada como una forma de

---

[137] Extraído del libro *Hacia una pedagogía de las experiencias de las mujeres* (Alonso y Díaz, 2002:94).

[138] No es mi interés utilizar el concepto "agenda" como categoría analítica sino como categoría nativa. Por tal razón no indagaré en las diferencias entre "agenda política", "agenda pública" y/o "agenda de gobierno", ya que no son evocadas desde la perspectiva nativa.

excluir del mismo a las mujeres que se pronunciaban en contra del aborto y garantizar un lugar de intercambio de "estrategias" para aquellas, que estando de acuerdo con la legalización del aborto, quisieran avanzar en las propuestas. En ese espacio no se discutiría si se está a favor o no de la legalización, sino las estrategias para lograrla. Es decir supone que las participantes están de acuerdo con este punto. De esta manera, los términos que componen la denominación de un taller llevan implícitos un sinnúmero de significados que ante ojos inexpertos parecerían carecer de sentido. Sin embargo, al interior de ese espacio son poderosos demarcadores de fronteras.

En 2004 se despertó una gran polémica porque la Comisión Organizadora intentó "unificar temas". Talleres como "Estrategias para el acceso a un aborto legal, seguro y gratuito", cuya incorporación es considerada por las feministas, que hace años militan por la despenalización y legalización del aborto, "una conquista" del ENM de Rosario, desaparecerían para unificarse con "Anticoncepción" y "Aborto".[139] Las feministas que formaban parte de la Comisión apelaron al apoyo de feministas de otros lugares del país para reforzar su posición. El hecho fue informado y "denunciado" vía e-mail, a través de la lista electrónica de RIMA y despertó grandes críticas a la Comisión. A partir de ese momento, las feministas accionaron estrategias para oponerse a esta propuesta. Desde diferentes lugares del país se movilizaron para impedir la unificación de los talleres que al modificar su nominación le quitaría el estatus de problema específico. Por ejemplo, las integrantes del Movimiento de Mujeres de Córdoba, mandaron una declaración a RIMA y a la Comisión del Encuentro y varias feministas viajaron para participar de una reunión de la Comisión Organizadora en calidad de ex-miembras de comisiones anteriores.[140] Quienes han tenido participación activa y constante en los ENM se reconocen y son reconocidas como "encuentreras", es decir, mujeres con una amplia historia y experiencia en la organización y participación de los Encuentros. Finalmente, lograron que los talleres no se unifiquen,

---

[139] Una situación similar fue vivida en el XVI ENM en La Plata. Allí, según denunciaron las feministas, por primera vez en dieciséis años el taller de "Anticoncepción y aborto" fue reemplazado por "Mujer y Salud Sexual y Reproductiva". Esto fue interpretado como una concesión de la Comisión Organizadora a las presiones ejercidas por la Iglesia Católica y el entonces gobernador de la provincia de Buenos Aires Carlos Ruckauf (Vassallo, M., 2001).

[140] Las integrantes de comisiones que organizaron Encuentros anteriores tienen derecho a participar de todas las comisiones, de esta manera las que ya han participado transmiten su "apoyo y experiencia" a las que lo hacen por primera vez. Al mismo tiempo que esto garantiza la posibilidad de dar cierta continuidad a las visiones de mundo de quienes originaron estos espacios.

192

es decir que prevaleció el punto de vista de las feministas. Las posibilidades de legitimar dentro de los Encuentros la "agenda feminista" han ido variando a través del tiempo. Muchas coinciden en que Rosario fue un punto de inflexión, donde mujeres de los sectores populares y mujeres jóvenes apoyaron la consigna feminista de la despenalización y la legalización del aborto, según ellas, hecho difícil de imaginar algunos años atrás. Sin embargo, algunas feministas reclaman por las resistencias que se presentan en la organización de los Encuentros para incorporar en el temario de los talleres, en las consignas de las marchas y en los debates en general los temas identificados con la "agenda feminista". Según la evaluación que una filósofa feminista, una de las organizadoras del Encuentro de Mendoza, hace de los ENM

> Hay (...) temas en los que se ha condensado y se condensa aún el conflicto, nudos estratégicos de discusión que se repiten pues constituyen los sitios donde anuda la subordinación de las mujeres: la cuestión del aborto legal y gratuito, de los derechos específicos de las trabajadoras y desocupadas, de la violencia sexual y social contra las mujeres, es decir, las consabidas y ya muchas veces nombradas, pero no por ello menos conflictivas relaciones entre cuerpo y política (Ciriza, 2004:27).

Las mujeres de organizaciones populares, como por ejemplo, de movimientos de desocupados, no otorgan prioridad a los mismos temas que las feministas. Mientras que para estas últimas el aborto legal es un importante derecho a conquistar en tanto garantiza la posibilidad de que cada mujer "decida sobre su cuerpo", para las primeras no se trata de un tema central. En palabras de una militante:

> Es evidente que hay grupos, hay sectores del Encuentro, o sea grupos que van organizados, que esta muy bien que vayan... Nosotras también estamos de acuerdo con la legalización del aborto, pero no es nuestro tema central. Y creemos que hay sectores que van a discutir centralmente eso, como también hay otros sectores que van a discutir exclusivamente otros temas generales. Que tiene que ver, como por ejemplo, que había muchos sectores que iban a plantear exclusivamente que este Encuentro saliera como opositor a este gobierno (militante de Barrios de Pie).

A pesar de que las mujeres de las denominadas clases populares han ido apropiándose de gran parte del lenguaje utilizado por las feministas, muchas de ellas las consideran como mujeres sofisticadas, que plantean "cosas abstractas" o que se alejan de los "problemas reales". Esto sucede especialmente en los casos en que las mujeres militan en partidos de izquierda. Durante la marcha del Encuentro dos hombres jóvenes del PTS, que portaban una bandera enorme, disminuían la velocidad y de esta manera conseguían separar la marcha en dos. Así la segunda mitad de las manifestantes marchaban detrás de la bandera del PTS. En un momento nos acercamos con otra mujer que les pidió que no disminuyeran el ritmo porque estaban dividiendo la marcha. Respondieron que "esa gente" (en referencia a las mujeres que iban más adelante) estaba a favor del gobierno y que "nosotros no tenemos nada que ver con ellos". La mujer les dijo que no era una manifestación contra el gobierno, sino una marcha de mujeres y en ese caso ellos no deberían estar ahí. A lo que replicaron que ellos discutían problemas reales, no cosas abstractas. Según el testimonio de una feminista acerca del XVI ENM en La Plata:

> El hecho de que nos presentáramos identificándonos como feministas y que propusiéramos actividades complementarias de los talleres previstos por la organización dio lugar a que se instalara desde antes de que se iniciara el Encuentro la falsa oposición "feminismo" vs. "cuestión social". ¿Qué otra cosa que cuestiones sociales plantea el feminismo desde que existe? Eso da la dimensión de la estrecha visión de la "cuestión social" alentada por quienes plantearon la oposición y alimentaron la suspicacia contra el feminismo, tras haberlo excluido deliberadamente (Vassallo, 2001).

La disputa de las feministas es por instalar una visión de mundo crítica a las relaciones jerárquicas entre los sexos y una forma de hacer política que sea "propia de las mujeres". Así, intentan mostrar, con base en la reflexión sobre la práctica cotidiana de "las mujeres", que en las relaciones entre los sexos hay una distribución desigual del poder. Se intenta mostrar la especificidad de esa desigualdad dentro de otras desigualdades posibles y hacer evidente que las relaciones sociales son producto de relaciones de poder y no la consecuencia de características naturales definidas por diferencias biológicas. Al cuestionar las relaciones entre hombres y mujeres y los roles definidos dentro de la familia, las feministas intentan "politizar" ámbitos antes considerados opuestos a lo "político". Lo que denuncia la consigna feminista *lo personal es político* es que los problemas de la esfera de la intimidad personal están atravesados por el juego de relaciones de fuerza entre los sexos. Según Remi Lenoir (1989:80), el caso de las reivindicaciones feministas es un caso extremo donde los problemas que existen en estado privado bajo la forma de "problemas personales" se convierten en "problemas de sociedad", no tanto por volverse públicos gracias a los medios de información y de formación a los que estas mujeres tuvieron acceso, sino más bien por la posición social que las autorizaba a la manera de profeta ejemplar a hacer de su propia persona un ejemplo.

4. La inauguración del Encuentro

En la Plaza Independencia, una de las principales de la ciudad de Mendoza, el sábado 10 de octubre de 2004 por la mañana comenzaron a concentrarse quienes habían viajado para participar del ENM. El acto de inauguración estaba programado para las 10 horas. Había ómnibus estacionados, mujeres que se desplazaban hasta una de las escuelas, ubicada enfrente, donde se realizaban las inscripciones. Dadas las grandes dimensiones del lugar, no parecía que hubiera tantas personas como el año anterior en la ciudad de Rosario donde el acto inaugural fue en una explanada que concentraba al público, pero la marcha del día domingo demostró lo contrario. Tanto en mi caso como en el de otras participantes estallaba la alegría y la sorpresa cuando nos encontrábamos con alguna compañera que ya conocíamos de otros Encuentros (feministas o de mujeres), y que hacía más de un año (a veces más) que no veíamos. Me encontré con Andrea, una chica de Córdoba que había conocido en Tandil en el 2003 y en el Encuentro de Mujeres Feministas y hacía apenas tres semanas atrás había estado con ella cuando viajé para participar del "pre-encuentro" del Movimiento de Mujeres de Córdoba.[141] Es profesional, de veintiséis años y pertenece al grupo "Huellas Feministas" al cual se vinculó a través de profesoras de la Universidad.

Esa mañana la mesa de inscripciones estaba desbordada, así que decidí quedarme en la plaza con Andrea y sus amigas. Nos sentamos en el pasto a tomar mate y observar el movimiento de las personas que estaban en el lugar. En ese momento para nosotras todo era información importante para diagnosticar cómo sería esta vez el Encuentro. Así, la conversación giraba en torno a las apreciaciones de cada una a partir de lo que veíamos en ese momento, lo que habíamos visto o escuchado anteriormente y las experiencias de Encuentros anteriores. En la periferia de la plaza se ubicaban algunos hombres, cuidadores de autos o curiosos, expectantes y atentos a las pocas mujeres que circulaban cerca de donde

---

[141] Varias agrupaciones organizan pre-encuentros donde discuten cuáles serán las propuestas y las estrategias de participación que desarrollarán durante el ENM.

ellos estaban. Más tarde fui hasta el lugar donde se concentraban algunas mujeres con carteles feministas. Una de ellas vendía la última revista de ATEM. Me quedé con ellas, saludé a algunas y estuve un rato ayudando a sostener la bandera de color lila con la inscripción "Feministas en los Encuentros". Desde ahí se podía apreciar todo el colorido de la vestimenta, la diversidad de mujeres y banderas.

Tanto la inauguración del Encuentro como la marcha son momentos donde se ponen en juego complejas estrategias de presentación de sí. Las mujeres que participan del ENM están organizadas en sindicatos, agrupaciones, fundaciones, partidos políticos o pueden ser independientes de cualquier grupo y concurrir solas. Entre las diversas organizaciones presentes cada una adoptó una forma particular de adquirir visibilidad en este evento masivo. Algunas repartiendo folletos, pegando afiches en las calles, llevando carteles y/o banderas. Otras montaron pequeños espectáculos artísticos y musicales u organizaron juegos. Cada agrupación diseñó una estrategia de presentación relacionada con el tipo de organización a la que pertenecía y con las consignas que reivindicaba. Entre las banderas levantadas en el acto de inauguración estaban las siguientes: Red de Mujeres Solidarias, Multisectorial de la Mujer de Tucumán, Municipales de Lanús, Mujeres de Cutral-co, Católicas por el Derecho a Decidir, Barrios de Pie-Neuquén, Movimiento de Mujeres de Córdoba, MST, Polo Obrero, Izquierda Unida, PTS, MTL, Madres del Dolor, Feministas en los Encuentros, Mujeres de Pie, Red de Mujeres Solidarias de Tucumán, Movimiento Barrios de Pie y CTA-AMMAR-Mendoza. Las mujeres de partidos políticos (los únicos partidos que han participado en los últimos Encuentros son de izquierda) llevaban enormes banderas que habitualmente son sostenidas por hombres, usan gorros y remeras como distintivos y suelen llevar bombos. En el grupo de las feministas es impensable que participe algún hombre. Se identifican con el color lila y llevan banderas en general no muy grandes, porque son muy difíciles de mantener levantadas y marchar con ellas.

Ese año las lesbianas feministas apelaron a estrategias lúdicas y musicales. Se presentaron con un gran cartel color naranja que decía: "Las lesbianas ya no jugamos a las escondidas jugamos a la mancha". Y bajo el cartel iniciaron un juego con una pelota grande que decía "Cuidado que te toca la mancha lesbiana". Se pasaban la pelota entre ellas y cada tanto la pasaban a otras mujeres (ver fotos 1 y 2 en Anexo 1). Lo cual en algunos casos producía una gran incomodidad, había quienes preferían no tocar la pelota, otras que la devolvían con gesto de rechazo y otras que no se sentían particularmente agraviadas y participaban del juego.[142] Después tocaron tambores en la peatonal con un grupo llamado la Lesbian banda, compuesto por mujeres que estaban vestidas con remeras blancas y pantalones y pañuelo en la cabeza color lila. Esta puesta en escena fue producto de largos debates en los grupos de lesbianas feministas que consideran que existe una "invisibilidad lesbiana" y a partir de esto elaboran estrategias para contestar a lo que ellas denominan "la norma de la heterosexualidad obligatoria". Otra puesta en escena, que ironizaron acerca de las representaciones de las mujeres donde se valora la belleza y la juventud, fue la *performance* que hicieron las "Bastoneras de la Tercera Edad". Fue una actividad programada por la organización donde mujeres de alrededor de sesenta años vestidas con medias y camisas blancas y polleras y gorros rojos imitaron de forma satírica el tipo de despliegue que habitualmente hacen mujeres muy jóvenes, vestidas con polleras muy cortas que permitan mostrar sus piernas. Todos se rieron, aplaudieron y sacaron muchas fotos. Por otro lado, las Madres del Dolor (alrededor de cuarenta mujeres), cuyos hijos fueron asesinados o desaparecidos algunos por las fuerzas policiales y otros se trata de casos aún no resueltos por la justicia, desplegaron una bandera argentina muy larga sostenida por todas ellas. En el centro, sobre la franja blanca, estaban impresas las fotos de sus hijos muertos. Más abajo, sobre la franja celeste había otras fotos pegadas, probablemente de casos más recientes. Algunas llevaban también la foto de su hijo sobre el pecho colgada del cuello y un pequeño cartel también con una foto. Las Madres del Dolor fueron muy fotografiadas. Integrantes del Polo Obrero (PO) y el Partido de los Trabajadores por el Socialismo (PTS) reclamaban con pancartas y banderas el "desprocesamiento de los luchadores populares" y "liberación de los presos políticos". Las Mujeres trabajadoras en el Polo Obrero repartían folletos con reclamos y críticas al gobierno nacional, a la Iglesia Católica, al Fondo Monetario Internacional y al presidente Néstor Kirchner; integrantes de Mujeres al Oeste repartían folletos sobre "Mitos y realidades sobre el aborto"; las Mujeres Feministas Autoconvocadas invitaban a la "peatonal feminista" donde se realizarían "expresiones artísticas, radio abierta, música, tambores, publicaciones"; la Red Informativa de Mujeres de Argentina (RIMA) tenía una pequeña bandera en la peato-

---

[142] El lesbianismo es tema de conflicto dentro del mismo movimiento feminista. Durante la marcha, escuché decir a una señora de unos cincuenta años, que bailaba muy divertida: "Como hemos avanzado, hace unos años atrás era impensable que todas las feministas marchen bajo la bandera de las lesbianas. A veces no se nota pero hemos avanzado mucho".

nal feminista; la Comisión de Mujeres de Subterráneos repartían folletos proponiendo una jornada de seis horas de trabajo para crear más empleo y oponiéndose al empleo de la mujer como mano de obra barata; Mujeres de la Comunidad Indígena participaron con un cartel; ATEM invitaba a la 23º Jornada Feminista a realizarse el 4 de diciembre de 2004 en la Ciudad Autónoma de Buenos Aires; la Fundación Agenda de las Mujeres ofrecía la agenda 2005 e invitaba a conocer el primer portal feminista de Argentina; las Mujeres de Camioneros de Mar del Plata estuvieron presentes con un gran cartel que fue tapa de uno de los diarios de Mendoza; las Mujeres de la Municipalidad de Córdoba llevaban su bandera al igual que las Católicas por el Derecho a Decidir; otras banderas que estuvieron en la plaza el día de la inauguración fueron: Movimiento de Mujeres de Córdoba, Lesbianas Feministas, La Plata y Mujeres del Encuentro en Avellaneda.

Algunos de los grupos comercializaban y/o intercambiaban sus productos. Las feministas suelen llevar remeras y también algunas artesanías como encendedores, prendedores con las consignas del feminismo y muñecas de brujas. Dentro de las escuelas también se venden libros y publicaciones. En cada Encuentro y también en los Encuentros de Mujeres Feministas y en congresos académicos sobre género siempre está presente la Librería de Mujeres de la ciudad de Buenos Aires. Había varios grupos de indígenas vendiendo artesanías y comidas. Y también aparecen quienes hábilmente aprovechan la coyuntura aún sin participar del Encuentro. Por ejemplo un hombre joven vendía vinchas de colores diversos con la inscripción "XIX Encuentro Nacional de Mujeres - Mendoza 2004". Había otro que vendía gorros para protegerse del sol con la figura de San Cayetano, que no tuvo demasiado éxito en su empresa. Las mujeres del Polo Obrero vendían sus periódicos al igual que otros partidos de izquierda. El Encuentro, en general, se transformó en un gran espacio de intercambio y difusión de información, consignas, panfletos, folletos, periódicos, libros, remeras y prendedores, entre otros.

Con excepción de Las Bastoneras de la Tercera Edad, los actos programados por la Comisión Organizadora para la apertura se realizaron en un espacio de la plaza más elevado que el resto, que sirvió como escenario. Se incluyeron algunos números artísticos como la actuación de una murga de mujeres jóvenes y algunas cantantes y gran parte de la comisión oficial, dió la bienvenida a todas las mujeres. Se cantó el himno nacional (con ritmo norteño), en ese momento todas las mujeres que estaban en el escenario se tomaron de las manos y permanecieron con ellas en alto, parte del público respondió con el mismo gesto, no así las feministas.

Luego se pronunció un discurso, que no despertó demasiadas adhesiones. La plaza resultaba un lugar muy amplio y el escenario estaba separado del público por una amplia fuente de agua, lo que facilitaba la dispersión y dificultaba el contacto con las organizadoras.

En las palabras de apertura del evento las mujeres definieron "quienes éramos" las mujeres del Encuentro, haciendo referencia explícita a la experiencia, la historia y la lucha:

Diecinueve Encuentros no es poco. Las que hoy estamos aquí hemos hecho camino. No somos sumisas ni resignadas:

-Somos las mujeres que salimos a la calle para oponernos a la economía de mercado y las políticas de ajuste.

- Las develadoras de las distintas formas de opresión que se ejercen dentro y fuera del hogar.

- Las que renovamos el no a la guerra contra Irak.

- Las que no soportamos el oculto maltrato y diseñamos estrategias para detener la violencia contra la mujer.

- Las inventoras de los mil recursos para paliar el hambre, mantenernos organizadas y resistir día a día.

- Somos las mujeres para las que la palabra "Seguridad", significa: menos uniformes; más trabajo, más salud, más educación.

- Las del basta al acoso, a la invisibilidad del trabajo doméstico, a la discriminación por la opción sexual.

- Las que exigimos trabajo e igualdad en el campo laboral y en los espacios de poder.

- Las que demandamos decidir libremente sobre nuestros cuerpos.

Nosotras, las encuentreras, vamos sumando y ya somos multitud; tenemos múltiples procedencias y distintas actividades cotidianas, pero sabemos lo que queremos y persistimos en la lucha que nos vio nacer.
En un rato empezaremos la tarea en los talleres. Todas y cada una tendremos una nueva oportunidad para debatir, aprender de las otras, para conocernos y reconocernos. Tenemos metas comunes pero somos diferentes, sostenemos diversas ideologías y convicciones; debemos saber que nos encontraremos con opiniones con las que no coincidiremos. Por eso, es indispensable que en los espacios compartidos dialoguemos con respeto, seamos militantes de la tolerancia para encontrarnos en torno a las coincidencias.

La fisonomía del Encuentro en sí misma fue un acto de desafío para parte del público de Mendoza. El domingo 10 de octubre el diario *Los Andes* de Mendoza publicó una foto de la inauguración del ENM en la tapa, donde se ve a varias mujeres en la Plaza Independencia y una bandera con la inscripción: "Anticonceptivos gratuitos, aborto legal y gratuito". El título de la nota es "Mujeres de todo el país debaten en Mendoza". Debajo de esta nota se anuncia el suplemento "Mujer" del diario bajo el título: "Dietas y ejercicios para llegar bien al verano" con una foto de dos mujeres muy delgadas haciendo gimnasia. Las miles de mujeres que llegaron a Mendoza ese fin de semana sin lugar a dudas no correspondían con la representación de *mujer* del suplemento femenino del diario, como tampoco con las otras tantas expectativas que las representaciones dominantes generan acerca de las prácticas legítimas de las mujeres. El Encuentro y la exposición de mujeres en las calles de Mendoza hizo pública otra versión de la femineidad que fue contestada y causa de la mayor disputa que se desató en el ENM, iniciada en Encuentros anteriores. Quienes se sintieron particularmente agraviados fueron algunos grupos de militantes religiosos pertenecientes a la Iglesia Católica. No les preocupaba solamente la "invasión" de mujeres en la ciudad, la cual fue definida por los más radicales como "manadas de olorosas reses", sino varios de los temas que se discutirían en los talleres,[143] particularmente métodos anticonceptivos, legalización del aborto y los estudios de género.

El día viernes 8 de octubre, un día antes del comienzo del ENM, el diario *Los Andes* publicó la noticia del Encuentro en la contratapa. En la misma página, en un pequeño recuadro, había otra noticia titulada "Convocan a católicas a un 'rito de envío'". Allí se informaba que el obispo Arancibia convocaba a las mujeres para que participaran de una misa preliminar antes de que se iniciara el Encuentro de Mujeres, con el objetivo de "fortalecer los espíritus de las mujeres para que puedan debatir con sus pares bajo los fundamentos de la fe católica". A medida que transcurría el Encuentro los actos por la "defensa de la vida" terminaron convirtiéndose en una atracción, especialmente para los medios de comunicación. Es una constante en los ENM que los medios busquen el momento de alguna pelea. Por otro lado, la violencia de ciertos hechos impactó a todos.

---

[143] Los días siguientes a la finalización del Encuentro fueron enviados varios correos electrónicos a la dirección del Encuentro donde se burlaban de las organizadoras y se autoadjudicaban los diversos disturbios que ocurrieron durante la realización del evento. También se publicaron notas de opinión en la página de *Panorama Católico Internacional*, donde se define a las mujeres del Encuentro como opuestas a lo "femenino".

El día anterior a la inauguración del Encuentro fueron empapeladas varias cuadras cercanas a la plaza y a las escuelas donde funcionarían los talleres con impecables afiches en contra del aborto (ver fotos 4 y 5 en Anexo 1). Uno de ellos tenía la foto de un bebé blanco y rubio, de aproximadamente un año, sentado de espaldas y una frase que decía: "Mujer no le des la espalda a la vida". Esta frase tenía una tipología de letra y un color que la hacía fácilmente confundible con la utilizada por las *feministas*. Las letras eran lilas, color con el cual se identifica el feminismo. Más abajo, con letras azules más chicas y sobre fondo blanco (igual que la bandera argentina) se leía: "Argentina contra el aborto". Sobre el borde del afiche y con letras aún más chicas y en color lila una dirección de e-mail: mendozaporlavida@argentina.com. El otro afiche tenía una foto de la cabeza de un bebé sostenida por la mano de un adulto y una frase que decía: "Este es nuestro futuro". Más abajo en letras azules: "Mendozaxla-vida" y en el borde superior del afiche nuevamente la dirección de correo electrónico. Durante el acto de inauguración una mujer joven embarazada de unos siete meses, se paseaba con la panza al descubierto y escrito sobre su piel con lápiz de tinta decía: "No me mates". Esto causó un impacto emocional intenso y fue muy comentado por varias mujeres (ver foto 3 en Anexo 1). El mismo día que comenzaba el Encuentro también aparecieron pintadas en las escuelas donde funcionarían los talleres: "no maten más niños asesinas", "no a las autoconvocadas", "no al aborto", "sí a la vida", "x la mujer, sí a la vida", "no al zurdaje" (ver fotos 6, 7, 8, 9 y 10 en Anexo 1).

5. Los talleres: divisiones de intereses y búsqueda de "consensos"

Como mencioné anteriormente, a partir de reuniones previas al Encuentro se "consensúan" los temas a tratar en los talleres. Si bien en principio es de vital importancia la existencia o inexistencia de determinados temas, durante su realización el trabajo por el reconocimiento y la legitimación de los problemas continúa y alcanza uno de sus momentos más álgidos. Allí es determinante poder incidir en las conclusiones que luego serán leídas públicamente a manera de cierre del Encuentro y posteriormente publicadas en páginas web y en las memorias del Encuentro. La Comisión Organizadora define los talleres como "un grupo de discusión de carácter autogestivo, donde el debate surge a partir del aporte de las participantes desde su historia, su origen de clase y su experiencia". La tarea es discutir el temario propuesto para cada taller. Está estipulado que las conclusiones se logren por consenso y que "no se vota". Esto es repetido como argumento hasta el cansancio cuando alguien trata de imponer una determinada versión en función de que quienes la sostienen son mayoría. Sin embargo, en los últimos años, dados los conflictos suscitados por opiniones enfrentadas, surgieron conclusiones por mayoría y minoría. Los talleres son definidos "soberanos" al igual que las conclusiones que surjan de los mismos, su coordinación es designada por la Comisión Organizadora. Cada taller se divide en tantas comisiones como el número de participantes lo exija. La propuesta es no superar el número de cuarenta personas para facilitar la participación. En cada uno se designan en el momento dos secretarias cuya función es "registrar de manera fidedigna y amplia las intervenciones de las integrantes, leer al finalizar cada módulo los temas y las discusiones planteadas en su transcurso, entregar los registros a la coordinadora; se sugiere que las secretarias sean rotativas para dar la posibilidad a las compañeras que asumen esa función de participar en el debate".[144]

Tanto las coordinadoras como las mujeres que concurren en calidad de participantes se distribuyen en función de los temas que afectan sus intereses. Es posible identificar tres razones principales por las cuales eligen un taller: porque se identifican con el tema desde su experiencia personal (por ejemplo talleres como "Mujeres con capacidades diferentes", "Mujeres rurales", "Mujeres adultas mayores" y "Mujeres y cárcel"); porque el tema se vincula a una causa a la que ellas adhieren y por la cual militan. En estos casos es muy probable que hayan participado en el trabajo de reconocimiento y legitimación de ese tema en el temario del Encuentro. Por tal razón existe una preocupación clara por participar en el debate a fin de que las conclusiones que se consensúen reconozcan, legitimen y propongan soluciones para los problemas enunciados en la nominación del taller (por ejemplo talleres como "Trabajadoras sexuales", "Estrategias para el acceso al aborto legal, seguro y gratuito", "19 años de Encuentros, situación actual del movimiento de mujeres"). Y, por último, hay mujeres que eligen talleres para "romper el consenso", evitar que las conclusiones sean unánimes, lograr que sus opiniones también estén reflejadas en esos espacios y de esta manera evitar la legitimación de "problemas sociales" que se definen en nombre de las "mujeres argentinas".

---

[144] Extraído del documento "Material de orientación para el trabajo de coordinación de talleres" del XIX ENM.

Así, en los últimos años han participado de los ENM, mujeres que estando totalmente en desacuerdo con la existencia de algunos talleres y con las conclusiones que habitualmente surgen de los mismos, intentan contestar la identidad femenina propuesta desde la organización del ENM utilizando la misma metodología de "participación" propuesta por "las autoconvocadas", como ellas las denominan. Se trata de mujeres de clase media y media alta, muchas de ellas universitarias y de todas las edades (desde veinte a sesenta años o más). Algunas pertenecientes a organizaciones como Pro-vida, otras a la UCA (Universidad Católica Argentina) y a la Universidad Austral. Según declaraciones del presidente de Pro-vida al diario *Los Andes* de Mendoza, "algunos adherentes a la Escuela Virtual para Padres también participaron de la organización" (*Los Andes*, 24 de octubre de 2004). Estas mujeres se distribuyeron estratégicamente en los talleres donde se abordaban temas en los cuales su religión tiene una posición clara que ellas sienten amenazada desde el espacio de los ENM (por ejemplo "Aborto y anticoncepción", Estrategias para el acceso al aborto legal, seguro y gratuito", "Estudios de género y movimiento de mujeres", "Mujeres y familias", "Mujeres y ligadura de trompas"). La distribución en diferentes talleres tiene como objetivo explícito que haya "representantes" en todos para que, según sus palabras, "ningún despacho saliera por unanimidad". Según militantes del grupo Pro-vida, hubo reuniones preparatorias para diseñar la "estrategia que iban a aplicar en Mendoza". Cada taller cuyas conclusiones fueron con "conclusiones en minoría" fue considerado como una "batalla ganada" debido a que se logró romper el "consenso". Estos "logros" fueron anunciados y festejados en las páginas de Internet de la organización. Estas mujeres participaron del Encuentro y generaron actividades paralelas que contemplaban sus propios intereses y creencias. Por ejemplo en base al programa del Encuentro organizaron otro, publicado en la página *web*, donde con letras rojas agregaron y diferenciaron las actividades de las mujeres católicas.

ALOJAMIENTO

El alojamiento fue, además de hoteles y hospedajes, en colegios. Estos estuvieron habilitados a partir del día sábado a las 8 de la mañana hasta el lunes a las 9 de la mañana. También fueron algunas a camping. Las católicas se alojaron en el Liceo Militar General Espejo contando cada participante con colchones y colchonetas además del excelente servicio. Otros lugares de alojamiento fueron:

Madre de Los Inmigrantes

Oratorio Seferino Namuncurá

Sede de Cursillos de Cristiandad

Casas de familias

CRONOGRAMA (en cursivas las actividades organizadas por las católicas)

SABADO 9 de octubre

9:00 a 13:00 APERTURA (INSCRIPCIONES) - Plaza Independencia

14:00 a 18:00 TALLERES

18:00 *Actividades culturales*

19:00 *Misa en Nuestra Señora de Los Dolores*

DOMINGO 10 de octubre

7:30: Misa

9:00 a 12:30 TALLERES

14:00 a 17:00 TALLERES

17:00 a 18hs REDACCIÓN DE CONCLUSIONES

19:00 *Marcha por las calles de la ciudad*

22:00 PEÑA

Por su parte, la página web del XVIII ENM realizado en Rosario publicó la siguiente información, como "logros" impulsados por las propuestas surgidas de los Encuentros. La mayoría de ellos están relacionados con demandas al Estado que fueron consagradas por el derecho al ser convertidas en leyes:

Las propuestas a lo largo de estos años han impulsado acciones y luchas por:

1. Reglamentación de Jardines Maternales Zonales.

2. Ley de Cupos Nº 24.012.

3. Leyes sobre violencia familiar.

4. Ley de divorcio vincular.

5. Patria potestad compartida.

6. Campaña por aborto legal para no morir y anticonceptivos para no abortar.

7. Por jubilación del ama de casa sin aportes y otras causas.

Así, los talleres se convierten en lugar de encuentro para quienes comparten las mismas causas y refuerzan allí sus vínculos al identificarse con las mismas luchas y en lugar de confrontación para quienes disputan por la legitimidad de significados enfrentados sobre determinados temas. Después de elaboradas las conclusiones aún queda espacio para la disputa en el escenario que se monta durante la lectura de las mismas.

5.1 Lectura de las conclusiones

Durante el XIX ENM en Mendoza la lectura de las conclusiones, debido a que se había pronosticado lluvia y la entrada de un frente frío para el lunes a la mañana, estaba prevista en un estadio cerrado. Pero, como el generador eléctrico del club había sido destruido por una bomba molotov arrojada durante la noche por "desconocidos", el lugar quedó inutilizado. Por tal razón, el día lunes por la mañana, las mujeres del Encuentro se reunieron en la Plaza Independencia y allí nuevamente hubo incidentes con hombres y mujeres católicos. Durante la lectura de las conclusiones, un grupo aparentemente organizado de mujeres católicas Pro-vida, llegó a la plaza con una especie de guardia de hombres que se negaban a salir del espacio circundante al escenario. Aparentemente también habían llamado a los medios para denunciar "discriminación" y "tratos violentos" y exigir que no se leyeran las conclusiones del taller de "Estrategias para el acceso a un aborto legal, seguro y gratuito". Según la descripción de una de las mujeres de la Comisión Organizadora, estos grupos se apostaron detrás del escenario y querían entrar al sector donde estaban esperando las mujeres para leer las conclusiones. Por tal razón, se hizo "por primera vez en la historia de los Encuentros", un cordón de mujeres para impedir que estos hombres pasaran y se cerraron también todos los accesos al escenario. Esta fue la situación con la que me encontré cuando llegué a la plaza. Al querer ingresar al sector del escenario por una de las escalinatas, mujeres del Polo Obrero no me dejaron entrar. Finalmente, llegué por otro lado. Allí, me encontré con un triple cordón de mujeres tomadas de la mano que cercaban el espacio. Encontré a una feminista conocida que rompió el cordón para dejarme entrar. Mientras yo pasaba le decía a alguien: "Sí, ella sí puede entrar". Una vez dentro de esa pared humana me fui enterando de todos los incidentes.

Cerca del mediodía la situación era muy tensa. Una de las mujeres de la organización, que durante la realización de los talleres se había enfrentado a un grupo de *católicas* que con la presencia de una escribana pública intentaban anular un taller, no contenía las lágrimas. Además de estar temblando de frío y no poder dejar el lugar para buscar un abrigo por lo dramático de la situación. Me contó que Monseñor Laguna, reconocido representante de la Iglesia Católica, había viajado y que estaba en la plaza. Los colectivos de las delegaciones de muchas de las mujeres que estaban en "la seguridad" ya estaban volviendo y aún no se habían leído todas las conclusiones. Los sonidistas anunciaron que si llovía debían llevarse los equipos porque podían quemarse. Fue ante esta situación que algunas mujeres de la organización decidieron anunciar la suspensión de la lectura de las conclusiones. Otras participantes del Encuentro interpretaron este hecho como una inclinación ante la provocación de los/as *católicos/as*. En ese momento, un grupo de artesanos de la Plaza Independencia ofreció un micrófono y un par de parlantes.

Después de un enardecido debate entre las mujeres de la Comisión, por la presión de las compañeras que querían continuar y teniendo en cuenta que los grupos que "estaban provocando" se habían alejado una cuadra, decidieron continuar con el sonido de los artesanos y con el frío cada vez más intenso. Una mujer de Córdoba contó que "la violencia había pasado de los límites". Ella estaba junto a un grupo de mujeres que le pidieron a uno de los hombres *católicos* que se retirara porque no podía estar en el espacio del escenario, ya que se trataba de un encuentro de mujeres. El hombre no se retiró y se mantenía a una distancia de pocos centímetro de algunas mujeres en una actitud claramente provocadora. Un grupo del Polo Obrero lo rodeó. Aparentemente, como no se retiraba lo empujaron y se cayó, cuando estaba en el piso le pegaron. Rápidamente esta persona realizó la denuncia en la policía. Según el relato de integrantes del Polo Obrero, una compañera de ellos había sido agredida por un *católico*, que la "agarró de los pelos". También circulaba otro rumor de que el día anterior una *feminista* de alrededor de sesenta años había sido agredida por un grupo de mujeres jóvenes. Según el relato, le preguntaron si ella estaba a favor del aborto y cuando respondió que sí, le pegaron una cachetada. Las conclusiones terminaron de ser leídas ante un público escazo y en medio de la dispersión creciente.

6. La marcha: una "verdadera batalla"

La marcha es otra oportunidad en la cual cada grupo puede hacerse visible en ese espacio público. Cada año esta es encabezada por las mujeres de la Comisión Organizadora que llevan una gran bandera que va de un lado al otro de la calle con el nombre del Encuentro, el lugar y el año.

Es común que integrantes de Madres de Plaza de Mayo marchen junto con las integrantes de la Comisión. El resto de las mujeres marcha detrás de la Comisión Organizadora y hay una gran disputa por ocupar esos lugares. En Mendoza la marcha se demoró porque integrantes de algunos partidos políticos de izquierda ya estaban encolumnados ocupando gran parte de la calle donde se iba a iniciar la misma. Las mujeres de la Comisión se habían ubicado en la esquina, detrás de ellos. Por lo cual, después de largos minutos de espera, poco a poco las mujeres de los partidos políticos se desplazaron hacia los lados para dejar pasar la parte encabezada por la Comisión Organizadora.

Para los diversos grupos es sumamente importante el lugar que ocupan en la marcha y el tamaño y las consignas de las banderas. Es decir, todos aquellos elementos que garanticen su visibilidad. Todo lo que sucede durante el transcurso de la misma también se convierte en una especie de logro o triunfo que después es reproducido cuando se comparte la experiencia con quienes no estuvieron y en los relatos que circulan de boca en boca, en las reuniones posteriores donde se "evalúa" el Encuentro (los pos-encuentros), como en las publicaciones virtuales o de papel. Por ejemplo el Partido de los Trabajadores por el Socialismo (PTS) publica en sus páginas dos notas tituladas: "Nuestra bandera por el derecho al aborto fue foto del diario *UNO* de Mendoza" y "El PTS en diario *Los Andes*: 'Los movimientos políticos, presentes'". En el caso de las feministas también los hechos son relatados en forma de lucha o de triunfo. Algunas cuentan que habían dejado de ir a los Encuentros, pero que ahora volvieron a participar porque en Rosario hubo un gran cambio: la bandera del aborto encabezó la marcha y además las mujeres de las clases populares tomaron esa consigna. En Rosario por primera vez el grupo de Católicas por el Derecho a Decidir llevó miles de pañuelos verdes con las inscripciones: "Por el derecho al aborto" y "Por el derecho a decidir". Estos pañuelos fueron distribuidos entre todas las mujeres que quisieran usarlos y efectivamente muchas mujeres que no eran feministas también los usaron (ver ilustración 11 en Anexo 1). Por otro lado, además de las banderas y otras formas de identificación que las mujeres utilizaron, cada grupo tenía su propio repertorio de canciones. Por ejemplo, las *feministas* entonaban, entre otras, las siguientes: "Qué destino, qué destino, qué destino/Muere una mujer por día por abortos clandestinos" y "Sí señoras, sí señores, prohiben al aborto, los curas abusadores". Mientras que los partidos de izquierda cantaban: "Vivan las luchas obreras, abajo la represión/Libertad a los compañeros/Basta de persecución" y "Obrera escucha, tu lucha es nuestra lucha". Mientras que otras como "Ya sabía, ya sabía, a los curas violadores los cuida la policía" eran mayoritariamente compartidas, o "Atención, atención son una misma cosa cura, milico y patrón".

Más allá de las disputas al interior de la organización del Encuentro, cuando las mujeres salieron del contexto de los talleres y ocuparon las calles de la ciudad de Mendoza, el público al cual se dirigió el evento como tal fue otro. Desde el comienzo del Encuentro hasta el día que finalizaron los talleres se habían registrado varios episodios violentos que hacían temer por lo que podría suceder en la marcha. Algunos de estos incidentes sucedieron durante la realización de los talleres. El gobierno provincial había repartido en todas las escuelas donde había actividades del Encuentro folletos con información sobre anticoncepción y "salud reproductiva". Según los rumores, algunos hombres entraron y los incendiaron o simplemente se los llevaron. También hubo denuncias a la policía sobre supuestos secuestros de mujeres que estaban participando del Encuentro, lo cual generaba una gran inestabilidad en las mujeres de la organización que debían resolver situaciones inéditas que escapaban de su control.

Cada año hay una gran discusión para definir el itinerario de la marcha. El tema central es si se va a "escrachar a la Iglesia" o no. Esto significa pasar delante de la catedral del lugar o de alguna iglesia importante y hacer una manifestación de repudio que consiste habitualmente en pintar los edificios con consignas que denuncian y acusan a la institución o simplemente manifestarse con la entonación de determinados cantos. El solo hecho de que las mujeres pasen delante de la Catedral es leído como un "acto político" por quienes organizan el evento. Si se decide pasar seguramente la Catedral va a ser escrita con aerosol con determinadas consignas. Si se decide que no, este hecho también es interpretado "políticamente" como una forma de "bajar banderas en la lucha". Es importante destacar que este hecho es reconocido públicamente como un desafío o un insulto tanto por quienes lo realizan como por aquellos a quienes está destinado.

Generalmente, las mujeres que organizan el Encuentro prefieren no pasar frente a la Catedral. Es una constante en cada ENM que las organizadoras intenten desalentar las acciones más radicales debido al temor a prácticas de control social que las afectan luego en su cotidianeidad en las ciudades donde viven. A la hora de definir posiciones que desafían el sentido común y las representaciones dominantes, se pone en juego la integridad moral (y a veces física) especialmente de quienes viven en el lugar.[145] En el único caso que esto no sucede es en la Ciudad Autónoma de Buenos Aires, donde la dimensión de la ciudad no permite la identificación cara a cara. Este punto es de gran utilidad para mostrar que al considerar la relación desigual entre los sexos como un hecho universal, muchas veces no se tienen en cuenta las variaciones que la misma adquiere de acuerdo con las diferencias de clases, de tamaño de las poblaciones y las configuraciones sociales propias de cada lugar.[146]

Durante la marcha si bien las disputas entre los grupos que participan de la organización no desaparecen, dan lugar a conflictos que en ese espacio reconocen otro "enemigo", y los/as propios/as involucrados lo definen como una "batalla". La consigna que fue repetida a largo de toda la marcha y que unificaba a la gran mayoría de las mujeres fue "Que momento, que momento. A pesar de todo les hicimos el Encuentro". En este caso no se trataba de reforzar posiciones diferentes al interior, sino del Encuentro hacia los "otros": *los/as católicos/as*. Por su parte, el grupo católico denominado Jóvenes por la Vida definió la marcha del XIX ENM como una "verdadera batalla por la vida".

6.1 La disputa por una identidad legítima

La definición de los roles que corresponden a hombres y mujeres fue una de las grandes luchas durante todo el Encuentro. La presencia de las mujeres del Encuentro en las calles fue en sí misma un desafío, para quienes respondieron, de acuerdo a su propia representación de lo que "debe" ser una mujer y lo que "debe" ser un hombre. De la misma manera, la presencia de las mujeres *católicas* también se convertía en un problema para muchas de las organizadoras del Encuentro, especialmente las feministas. Aún siendo mujeres, sin lugar a dudas por sus caracterís-

---

[145] Norbert Elias llama la atención acerca de que la coerción ejercida por la costumbre social (en este caso en la relación desigual entre los sexos) se convierte en una segunda naturaleza y, por tanto, en autocoerción. "Un hombre y una mujer educados en esa tradición no pueden romper fácilmente con ella sin perder el respeto a sí mismos así como el respeto de su grupo" (Elias, 1998:202).

[146] Es absolutamente pertinente citar aquí una vez más el artículo de Alejandra Ciriza titulado "Voces feministas fuera de lugar. Sobre los Encuentros Nacionales de Mujeres vistos desde la periferia". Cuando habla de "periferia" hace referencia a la "periferia conservadora" que considera que "proporciona otra mirada". En la primera página del artículo cita a otra feminista para decir que "en Mendoza son muchos más estrechos los umbrales de tolerancia del patriarcado".

ticas biológicas, resultaba muy dificultoso considerarlas como tales desde la perspectiva desde la cual se definió a las mujeres en la inauguración del Encuentro.[147] Para el caso de las feministas, y otras integrantes de la organización del Encuentro, varias anécdotas pueden dar cuenta de esta incomodidad en las definiciones. Durante una conversación sobre la "avanzada de las mujeres católicas" alguien comenta que considera que estas acciones son "algo en contra del Encuentro, porque les debe molestar que las mujeres nos pongamos de pie (...)" y seguidamente declara: "Creo que debe haber más católicas que mujeres (...)". Otra mujer apoya esta hipótesis diciendo que efectivamente "están copando todo, ganaron aborto y anticoncepción, están en cantidad (...)". Hasta que otra reacciona y dice: "¿Más católicas que mujeres? ¿Qué son las católicas homínidos?" y todas empiezan a reír.

Por parte de *los/as católicos/as* la respuesta a ese desafío público que significó para ellos/as la realización del Encuentro también fue la negación de la identidad de mujeres a quienes participaron. Aunque un tanto más violenta debido a que, al referirse a ellas como animales, se les niega no solo su condición de mujeres, sino su "humanidad". Además, de acciones violentas muy concretas como arrojar bombas molotov en el edificio donde se iba a hacer la peña de bienvenida, bengalas a algunos micros y apedrear los vidrios de lugares de alojamiento,[148] lo que Tambiah (1997) denomina "formas padronizadas de intimidación del adversario". En una nota publicada en la página web de *Panorama Católico Internacional* titulada "Crónicas desde el Corral" un cronista describe de esta manera a las mujeres del Encuentro y las relaciones entre hombres y mujeres:

> Cualquier varón en ejercicio, bien podría haber fabulado en su arisca imaginación humana lo que significan veinte mil mujeres extra en una ciudad de provincia como Mendoza: un paraíso musulmán en el que se le concedería sentarse a contemplar bellas damiselas, paseándose por las calles y plazas de la ciudad con andar delicado y pundonoroso, ruborizándose ante las ávidas miradas masculinas. Pero, una vez más, el edificio construido por la imaginación cayó estrepitosamente en el primer contacto con la realidad. Mendoza se asimiló mucho más a un establo poblado de cerriles equinas que a cualquier mítico paraíso, del credo que fuera. Por las calles se paseaban a toda hora manadas de olorosas reses, vociferando con ostensible desparpajo y grosería.

---

[147] Ver transcripción de las palabras de apertura.

[148] Algunas personas que se identificaron como militantes católicos se atribuyeron estos hechos en mensajes enviados por correo electrónico a la organización del Encuentro.

Finaliza una parte de la crónica con una acusación al Estado: "De este modo culminó en Mendoza un fin de semana para olvidar, rechazado por la mayoría e incomprensiblemente apoyado y subvencionado por autoridades nacionales, provinciales y municipales". Y continúa definiendo qué es lo que caracterizaría a los hombres mendocinos y ante quiénes, según ellos, se estaban enfrentando:

> Pero **el aguerrido espíritu del varón mendocino**, que hace dos siglos supo acompañar al general San Martín en el ejército libertador de los Andes, encontró aquí oportunidad de demostrar nuevamente su entereza, aunque esta vez el enemigo no fuera el noble español de estandarte rojo y gualda, sino el vómito femenino de la izquierda nacional con las banderas del lesbianismo y el aborto (destacado mío).

Ya desde el inicio de la organización los conflictos entre organizadoras y opositores al Encuentro comenzaron a hacerse evidentes y también públicos. Una de las formas que adquirieron publicidad fue a través de los diarios locales mediante cartas enviadas a la sección "Cartas del lector". También, según el relato de una de las organizadoras, una joven feminista universitaria, "el día sábado cuando fuimos a ver cómo estaban las escuelas para recibir a las compañeras algunas directoras se echaron atrás. Posteriormente supimos por algunas celadoras que el día viernes se habían entregado panfletos anónimos diciendo que en las escuelas se alojarían, travestis, lesbianas y aborteras infectadas de SIDA". Otro caso también relatado por las organizadoras fue el del presidente de una cooperadora que consideraba una aberración que se presten las escuelas como alojamiento debido a que estas no estaban equipadas para eso y que "iban a quedar todas infectadas", por ejemplo, con la contaminación que provocarían las mujeres que estaban menstruando y no se bañarían esos días. En este caso se presentó una carta a la Dirección General de Escuelas.

El acto más recordado durante la marcha fue el enfrentamiento entre las mujeres que caminaban por las calles de Mendoza y un grupo de unos 250 hombres que se alinearon de pie frente a una Iglesia Jesuita, cruzados de brazos y firmes para "proteger el edificio". Así describe un militante católico este hecho: "Y así [los hombres], se apostaron en guardia rodeando las iglesias católicas, que han sido siempre las víctimas privilegiadas de la furia de esta recua autoconvocada". El impacto visual de la escena fue impresionante. Una parte de la marcha, donde estaban la mayoría de las feministas, se detuvo y las mujeres empezaron a gritar consignas, asociadas la mayoría a la actuación de la Iglesia Católica durante los años del gobierno militar en Argentina y la desaparición de personas durante esa época: "Iglesia basura vos sos la dictadura" y "Ustedes se callaron cuando se los llevaron". A estas consignas se agregaron otras referidas a las denuncias actuales contra miembros de la Iglesia por abuso sexual: "Sí, señoras, sí señores, prohiben el aborto los curas abusadores". A estos cantos la respuesta de estos hombres era la siguiente: uno de ellos gritaba: "Viva Cristo Rey" y el resto respondía al unísono: "Viva!". La imagen eran miles de mujeres enfrentadas a una centena de hombres que rodeaban un imponente edificio antiguo. Ambos separados por las típicas acequias que hay en la ciudad, ellas gritando sus consignas, ellos observándolas inmóviles y respondiendo a viva voz, algo que en ese momento era difícil de descifrar desde el medio de la multitud, pero que impresionaba por su fuerza. Un grito que cada tanto surgía breve y contundente. Entre estos hombres había unas pocas mujeres con sus hijos. Sus expresiones, como las de muchas personas que se instalaban en las veredas para ver la marcha pasar, eran de asombro, desconcierto e incomprensión. En algunos casos de impotencia y bronca contenida. Según Tambiah (op. cit.), cuando se refiere a las situaciones de violencia comunal en el sur de Asia, existen ciertas situaciones que se repiten en este tipo de eventos. Una de ellas es el caso de procesiones donde se portan símbolos de alta carga emocional, en este caso las enormes banderas que reclamaban el aborto legal, libre y gratuito y las estrategias de "visibilidad" que utilizaban las mujeres lesbianas que son las que más impactaron emocionalmente en el público. Según el autor exhibicionismo de un lado y asistencia reverente del otro son parte de un mismo espectáculo.

Conclusiones

En este capítulo analicé los ENM con el objetivo de situar a las feministas actuando en un espacio de mujeres y en oposición a las mujeres *católicas*. En lo que caractericé como un primer momento mostré las disputas al interior del ENM donde cada agrupación intenta imponer su visión teniendo como público de referencia sus propias agrupaciones. Estas disputas se sostienen durante el desarrollo de todo el Encuentro. Pero a partir de lo que identifiqué como un segundo momento, estas luchas dejan espacio a un enfrentamiento y una disputa en los que estas agrupaciones se unen para enfrentar a otro "enemigo". Intenté mostrar la diversidad que caracteriza este ritual anual y cómo en un mismo espacio se van utilizando técnicas específicas para construir consensos y oposiciones alrededor de la idea de *mujer* que van variando de acuerdo al momento y el lugar en que el evento se desarrolla, así como también a los "públicos" a los que se dirige. La misma noción de "público" es problematizada al mostrar sus significados diversos y cambiantes y los sentidos que las propias mujeres le van otorgando a sus acciones. Por otra parte, mediante el análisis de las técnicas de creación de consenso, como el intento de crear una comunidad de iguales bajo la denominación *mujeres*, se pone en evidencia la dificultad de este trabajo ante la irrupción de las mujeres *católicas* que se reivindican *mujeres*, pero desafían la identidad que se propone desde la organización del Encuentro. Ya desde la convocatoria se plantea una situación de conflicto debido a que lo que se denomina las *mujeres* aparece en la práctica como una categoría difícil de situar y crea tanto afinidades como oposiciones excluyentes. Las herramientas utilizadas por las personas definidas como "adversarios" en el intento de imponer su visión de mundo, en este escenario que se recrea anualmente, van desde la intervención en los debates para romper el "consenso" de los talleres hasta la intimidación con pequeños atentados, agresiones físicas individuales, destrucción de material de divulgación de propuestas o denuncias de secuestros para imponer la intervención policial en un ámbito que se pretende desjerarquizado y horizontal. Estos hechos, al mismo tiempo que crean gran tensión, también son muestra de cómo los temas tratados en los ENM han adquirido importancia para ciertos sectores de la población. La ruptura del consenso por parte las mujeres *católicas* está dirigida a mostrar otra versión de los "problemas femeninos". Aquí, junto con las estrategias de visibilización para lograr el reconocimiento de los problemas ante el Estado se escenifica una batalla por la definición de los principios morales que rigen las relaciones entre los sexos. A la reconocida "lucha" iniciada por el feminismo por afirmar valores de igualdad entre hombres y mujeres, se opone otra que propone un orden jerárquico y diferenciado. Sin lugar a dudas, un evento de las dimensiones del Encuentro Nacional de Mujeres puede ser analizado desde muchas otras perspectivas, además de la construcción de los problemas sociales. La complejidad que supone no puede ser examinada en un solo capítulo. Me propuse en este caso reconstruir empíricamente las estrategias y herramientas utilizadas por los diversos actores que participaron en el ENM en su intento de imponer una clasificación de la realidad y a partir de esta descripción mostrar la diversidad y complejidad del evento como un punto de partida para repensar y discutir diversas formas de hacer política.

Reflexiones finales

En el recorrido realizado en los capítulos que preceden a estas reflexiones finales me propuse mostrar, desde el punto de vista de las feministas, la construcción de lo que ellas consideran una forma de hacer política y el proceso de conformación del feminismo como un espacio social internamente heterogéneo. Comencé analizando qué es "ser feminista" desde relatos individuales de conversión. Luego me ocupé de la construcción de un "nosotras" (como *feministas* y como *mujeres*), para enseguida poner el énfasis en el feminismo como un espacio interno diferenciado. Finalmente, presenté a las feministas actuando en el Encuentro Nacional de Mujeres (ENM) donde tanto la categoría *mujeres* como *feministas* se resignifican.

La descripción y el análisis del espacio del feminismo, especialmente el hecho de colocar la atención en cómo cada una de las categorías de identificación que engloba adquiere sentido en relación con las otras, ha sido útil para despejar analíticamente un espacio heterogéneo y fragmentado y poder colocar algunas discusiones acerca de la identidad, las formas de hacer política y los modos de interacción en un espacio habitualmente observado desde la perspectiva de "los movimientos sociales" de forma más precisa. En la introducción mencioné que para llevar adelante esta investigación fue necesario hacer un trabajo minucioso de distanciamiento y reflexión sobre cómo las *feministas* son habitualmente pensadas: no son muchas, no son pobres, no son conocidas, sus argumentos no son racionales o sensatos y están todas peleadas entre sí. ¿Cuáles son los supuestos que subyacen a estas percepciones? ¿Por qué el conflicto, la no-pobreza, la supuesta irracionalidad de los argumentos y/o invisibilidad de las acciones harían de las prácticas feministas un objeto de investigación poco atractivo? En este libro me ocupé precisamente del conflicto como una forma de relación entre otras; de la pertenencia de estas mujeres a sectores profesionales e intelectuales como la posibilidad de realizar una profunda reflexión sobre sí mismas y de que sus reclamos sean escuchados; de la política como una forma de subvertir categorías cognitivas, tal como la entienden y la practican las feministas; de una forma de hacer política que no tiene impacto por acciones colectivas multitudinarias o por su grado de institucionalización, sino más bien por la influencia de mujeres que ocupan posiciones en diversos espacios sociales de inserción.

En el capítulo 1 pongo el acento en la conversión individual de las mujeres en feministas, en la importancia de la noción de individuo y de autonomía y en el uso de determinadas palabras para ordenar sus experiencias bajo un nuevo significado. A partir de relatos personales de conversión, fue posible mostrar que el ser feminista es algo que, para las propias feministas, comienza en el interior de cada mujer y es una marca que se reconoce como una actitud de rebeldía. Esas narrativas publicadas, comentadas, leídas y transmitidas oralmente son parte de un repertorio de palabras y fórmulas que la mayoría de ellas ha mantenido a través del tiempo para relatar sus experiencias.

El capítulo 2 está dedicado a la mostrar la construcción de una identificación colectiva. Allí describo el trabajo de unificación que realizan las feministas para crear un "nosotras". Tanto la forma como el contenido de las actividades son parte de la manera de hacer política que ellas defienden. Así, crean una noción de "igualdad" como pertenencia a una misma categoría (igualdad de equivalencia) y otra como forma horizontal de organización (igualdad de orden). Esta distinción analítica fue vital para comprender el conflicto como parte de una forma de organización que condena las jerarquías y encuentra en la horizontalidad un valor. El conflicto aparece entonces como una forma de relación entre quienes se consideran "iguales".

En el capítulo 3 aparece nuevamente la importancia de las palabras en la conformación de este espacio heterogéneo. Los *feminismos* es la forma que las feministas encuentran para integrar las diferencias que se manifiestan a través de la confrontación. Las acusaciones alrededor de "quién es más feminista" muestran un universo altamente fragmentado que se integra a partir de un juego de oposiciones y dinámicas de acusaciones que se activan en determinados momentos y lugares. En este capítulo me refiero también a las "otras oposiciones", ya que no todas las diferencias entre las *mujeres* se pueden integrar al interior del feminismo y no todas las que se integran lo hacen a través del conflicto.

La dimensión internacional siempre permeó el espacio del feminismo a través de vocabularios, bibliografías, encuentros, trayectorias personales. En el capítulo 4 analizo las formas diversas de lo internacional en la conformación del *feminismo* y cómo estas no pueden comprenderse sin tener en cuenta las posiciones que las mujeres que la hacen posible ocupan en el espacio nacional. Estas dos dimensiones (internacional y nacional) están presentes en la conformación del feminismo, no como escalas o lugares separados, sino como elementos que modifican la posición de estatus y de poder de algunas de estas mujeres, y afectan de esta manera los valores que lo articulan.

En el capítulo 5 muestro cómo los elementos característicos del *feminismo* se ponen en escena en el Encuentro Nacional de Mujeres, un espacio que ya no es solo de *feministas*. En este ritual anual donde participan "otras mujeres" y "las católicas" la noción de *mujer* es intensamente discutida y contestada. A tal punto que en los enfrentamientos y acusaciones mutuas, *feministas* y *católicas/os* se niegan unas a otras/os la legitimidad de pertenencia a esta categoría.

La investigación, cuyo resultado aparece en las páginas de este libro, me permitió delinear posiciones analíticas que pretenden constituirse en una contribución para nuevas miradas sobre las diversas formas de hacer política en regímenes democráticos en sociedades contemporáneas, las maneras de abordar las denominadas políticas de identidad, la pertinencia de la distinción entre acción individual y acción colectiva y la confrontación como un modo posible de integración en espacios sociales, como el feminismo, que reconocen los valores de igualdad y autonomía como constitutivos del "ser feminista".

El feminismo como espacio social

La versión interiorizada del "ser feminista" y el feminismo como una manera de pensar el mundo y pensarse a sí mismas posibilitan que estas mujeres ejerciten su práctica militante desde la posición social que cada una ocupa. En este punto la oposición entre acción individual y acción colectiva perdería relevancia dentro del feminismo, ya que una mujer puede actuar sola y hacerlo como feminista (siempre que no lo haga en nombre de otras feministas o de todas las feministas) y, sin embargo, este acto no se explica simplemente desde un abordaje individual. La distinción entre acción individual y colectiva se desdibuja debido a que por más que una mujer actúe individualmente, sus prácticas se hacen efectivas en la utilización de argumentos colectivos, construidos a partir de acciones conjuntas. Una acción puede ser individual y hacer referencia al mismo tiempo a una persona colectiva, en este caso el feminismo, sin que esto signifique que se actúa en representación de la misma. Así, es posible que se desplieguen prácticas feministas en todos los ámbitos donde haya mujeres feministas. Pensar el feminismo como un espacio social, a diferencia de, por ejemplo, un "movimiento social", permite comprender la importancia de estas prácticas individuales que desde otras perspectivas se perderían de vista.[149] Es importante destacar que son las propiedades sociales de las feministas y la concepción de política que ellas tienen las que nos ayudan a entender cómo las acciones son pensadas y producidas. La concepción que cada mujer tenga de sí misma y la manera en que entienda personalmente el "ser feminista", de acuerdo a su posición social, influenciarán la forma de sus prácticas. En tanto las feministas consideran que "hay tantos feminismos como feministas", esto las habilita, en principio, a utilizar en cada caso estrategias adaptadas a situaciones diversas. Se trata de pensar sus acciones teniendo en cuenta quiénes las realizan y cuál es su ubicación social. En ese sentido, la idea de espacio para definir al feminismo es mucho más productiva en términos analíticos que la noción de campo acuñada por Bourdieu, ya que esta última presupone un mundo mas cerrado y con fronteras más nítidas. Mientras que la noción de espacio, permite por el contrario, mostrar esta particularidad de las feministas de "estar en todas partes" y el feminismo como una figuración que se entreteje a partir de interacciones que incluyen identificaciones, interdependencias y tensiones. En tanto el ser feminista no es la única identificación que cuenta en la vida de estas mujeres, el poder que ellas tienen en los contextos específicos donde pueden actuar depende generalmente de la intersección de varias redes de relaciones donde se ponen en juego lazos de amistad o de proximidad profesional que hacen que sus acciones sean posibles y adquieran eficacia. Esto aparece ilustrado claramente en el capítulo 4, donde analizo las escalas nacionales e internacionales. Así, cuando digo que las propiedades sociales de algunas mujeres les garantizan el acceso a lugares privilegiados, no estoy interesada simplemente en denunciar una elitización, sino mostrar que sus consignas pueden ser visibilizadas y escuchadas a través de las feministas que allí están, que en muchos casos no

---

[149] En la década del ochenta son numerosas las publicaciones en ciencias sociales que se refieren a los diversos tipos de *militancia* como "nuevos movimientos sociales". La denominación "movimiento", cuando se usa para referirse a "movimiento social" tal como ha sido utilizada en la literatura sociológica durante los años ochenta, presupone una forma social homogénea que no resulta útil para analizar la forma en que las feministas entienden el ejercicio de la política precisamente porque el feminismo lleva implícito en su definición, por un lado, la diferencia y, por otro, la confrontación y la fragmentación como formas de interacción social.

ocupan esos lugares por ser feministas, sino por integrar otras redes y poner en juego otras lógicas y estrategias de acción. Es importante dejar claro que la identificación de las feministas con el feminismo es utilizada para dar cuenta de sus actividades, de su compromiso *político*, de sus trayectorias, pero no es necesariamente accionada todo el tiempo ni en todas las situaciones. En algunos contextos, las feministas se valen de otras identificaciones, no solo para el desempeño de su vida cotidiana, sino también como estrategia que les posibilita insertar sus argumentos en contextos evaluados como hostiles a las propuestas del feminismo. Considero que hablar del feminismo como movimiento social dificulta la tarea analítica de identificar con precisión las distinciones mencionadas. Las mismas son vitales para comprender las particularidades del espacio del feminismo y las acciones de las feministas partiendo de una realidad empírica que se muestra mucho más compleja y con mayor imaginación *política* que la que permitiría percibir un punto de vista normativo que buscase comprenderlas a partir de lo que se espera de un "movimiento social".

El conflicto y la confrontación como formas de relación

En este libro no he privilegiado solamente la noción de similitud para dar cuenta de la existencia del *feminismo*. A diferencia de otras perspectivas, preocupadas en buscar cuáles son los puntos que permitirían a las personas reconocerse como pertenecientes a una misma categoría identificatoria, he puesto el acento tanto en el duro trabajo de identificación que las feministas llevan adelante como en las diferencias, los conflictos y la fragmentación para comprender la "unidad" del *feminismo* como espacio social. Esto me ha permitido no caer en la trampa de las nociones reificantes de la identidad y mostrar los procesos mediante los cuales las categorías se cristalizan en determinados contextos y en determinados momentos.

Al interior del feminismo este proceso se da a partir de dos modos de identificación, uno categorial, definido en función del sexo (mujeres), y otro relacional definido por la pertenencia a una configuración social (feministas). Este punto está desarrollado en el capítulo 2 a partir de la distinción entre igualdad de equivalencia e igualdad de orden. En la igualdad de equivalencia se privilegia el trabajo de identificación, mientras que la construcción de una igualdad de orden solo puede ser comprendida si dejamos de concebir el conflicto como un elemento disruptivo y lo situamos como la manera privilegiada de relación en ese espacio social y en determinados contextos. Sugiero que mirar el conflicto desde un punto de vista positivo, junto a una cuidadosa separación entre conceptos nativos y conceptos analíticos, me ha permitido una mejor comprensión del significado de ciertas categorías propias de la práctica feminista. Por otra parte, creo que situar las categorías de la práctica social en sus contextos específicos de acción ha disminuido el riesgo de establecer una discusión entre argumentos académicos y argumentos esencialistas acerca de la identidad. Si bien estos últimos son absolutamente necesarios en determinados contextos de la práctica política para obtener los efectos deseados, en el plano analítico no deberían ser utilizados como herramientas para explicar, sino que la tarea del investigador/a debería consistir en dar cuenta de cómo son construidos.[150] Es por esa razón que no utilicé la palabra mujer/mujeres como categorías explicativas, sino como nociones cuyos contenidos deben ser comprendidos. Tanto en el capítulo 2, donde trabajo con las feministas específicamente, como en el capítulo 5 donde muestro a las feministas interactuando con "otras mujeres" y con las *católicas* (que no son englobadas en la categoría de "otras mujeres"), es posible percibir claramente que mientras que en un contexto la noción de mujer (como categoría de pertenencia) es reificada, en otros es absolutamente relativizada al punto de que las *católicas* no son siempre consideradas *mujeres*.[151]

Los resultados inciertos de una *política feminista*

El trabajo llevado a cabo por las feministas para construir a *las mujeres* como categoría identitaria, de intentar colocar en el espacio público y en la agenda pública temas del ámbito de la esfera íntima y familiar y de

---

[150] La no distinción entre las diversas formas de identificación dentro del espacio del feminismo y la contextualización de las mismas puede llevar a evaluar ciertas acciones como contradictorias. Según Teixeira (1992:72), "el feminismo, que surgió con el cuestionamiento hecho por algunas mujeres a la naturalidad de los papeles de género, como agrupamiento político se organizó exactamente reificando el recorte biológico: compuesto por mujeres, dirigido a las mujeres (…)." La autora continúa diciendo: "Incluso cuando el feminismo reconoce la importancia de la mediación de la cultura en la formación del 'ser mujer', reafirma la existencia de un 'nivel biológico' instituyente de lo que hay de universal y permanente en esa identidad" (traducción mía).

[151] Aquí vale la pena abrir una línea de reflexión y discusión con las teorías constructivistas de la identidad que denuncian un esencialismo intrínseco a la categoría "mujeres" por suponer la existencia de una similitud fundamental o un sujeto estable y permanente (por ejemplo, Butler, 2003). Sugiero que en este punto se entremezclan argumentaciones académicas constructivistas para responder a argumentos de la práctica social, donde no se tienen en cuenta que en la práctica algunos sentidos y/o categorías se cristalizan solamente en situaciones específicas. Lo cual significa que en otros contextos pueden ser relativizados, sin que por esta razón se conviertan en una contradicción lógica.

llevar adelante una forma de hacer política que implica un cambio de la visión de mundo han tenido como consecuencia resultados tan variados como inciertos. Así, causas como "el derecho al aborto legal", por las cuales las feministas realizan acciones desde hace más de veinte años, en un determinado momento son sostenidas también por mujeres que no las reconocían como propias o como un derecho a conquistar. Esto se puede explicar en parte por la pertenencia de algunas feministas a múltiples espacios (academia, estado, ONGs) que favorecerían la circulación de las narrativas y las argumentaciones feministas. Pero también es importante destacar que las acciones realizadas por diferentes feministas desde diversos espacios (academia, ONGs, militantes políticas, profesionales) han generado un discurso público con un vocabulario específico con el cual comenzaron a identificarse mujeres que necesariamente se consideran *feministas*. Expresiones tales como "desigualdad de género", "derechos de las mujeres" o "sistema patriarcal" son usadas por mujeres con baja escolaridad para situar desde una nueva perspectiva sus existencias y explicar desde un punto de vista social problemas hasta ese momento leídos como personales o productos del destino. Así, la identificación con determinada visión de mundo también puede ejercer influencia sin ser llevada a cabo por personas o instituciones determinadas o a través de contactos personales proporcionados por redes de relaciones. Ejemplos de esto aparecen en el capítulo 1 con el caso de María Elena Oddone que narra su conversión al feminismo por la influencia de la lectura del libro de Simone de Beauvoir; en el capítulo 4 cuando analizo cómo se instala el *tema mujer* y en los casos en que he mostrado la importancia del uso de determinadas palabras para una forma de hacer política que propone una transformación de las categorías cognitivas. Así, mujeres de las denominadas clases populares se han apropiado de ciertos discursos feministas y han tomado algunas de "sus banderas", pero no por esa razón necesariamente se identifican con las *feministas*. Al contrario, es posible que se construyan en varios puntos en oposición a ellas. Así, muchas veces la fuerza de la identificación está basada en la forma anónima y desapercibida en que esta penetra en nuestra manera de pensar, de hablar y de comprender el mundo social.

Otro de los resultados de las acciones feministas es haber logrado *politizar* temas que involucran la moral sexual, la relación entre los sexos y más ampliamente la ética de la reproducción humana. Esto atrajo hacía los espacios de debate y confrontación, como son los ENM, a mujeres "inesperadas", las *católicas*, que han pasado a ser definidas por las feministas como "enemigas". El trabajo de identificación, que apela a las mujeres en tanto noción de similitud (identificación categorial), produjo que en los sectores religiosos las mujeres se organizaron para participar de los ENM, donde no pueden participar hombres. Así, las feministas, sin proponérselo, lograron con sus acciones y sus discursos modificar la configuración al interior de los espacios religiosos.[152] Por otro lado, la participación de las *católicas* ha obligado a las feministas a rever no solo las definiciones de *mujeres*, sino también sus formas organizativas en los ENM.

En estos encuentros la igualdad como equivalencia frente a las católicas desaparece y estas pasan a ser identificadas por las feministas como "adversarias", en tanto están allí para desafiar las visiones de mundo y las definiciones de ser mujer a partir de las cuales las propias feministas concibieron los Encuentros Nacionales de Mujeres en sus inicios. Al mismo tiempo, al tratarse de mujeres que reivindican una definición de *mujer* que niega la "autonomía", las *católicas* dejan de ser vistas como mujeres que participan desde su individualidad para ser identificadas como representantes de una institución y de intereses que las feministas definen como masculinos. Cuando se les niega la participación en tanto "mujeres interesadas en la defensa de los derechos de las mujeres" esto abre paso a otras identificaciones elaboradas a la luz de una interpretación de la historia de Argentina. Las *católicas* son "la derecha" y la *Iglesia*, "la dictadura". Del otro lado también las feministas son identificadas a partir de una versión particular de la historia y la conformación de la sociedad

---

[152] Ver sobre este punto el artículo de Mónica Tarducci (2005:399) donde transcribe una carta enviada por la arquidiócesis de Rosario a las parroquias de su distrito. Parte de la carta dice: "Estimado Padre: Los días 16, 17 y 18 de agosto tendrá lugar en Rosario, el XVIII Encuentro Nacional de Mujeres Autoconvocadas. En el mismo se busca reunir a numerosas mujeres del país (en algunos asistieron más de 12.000), para que defiendan la problemática de la mujer en la sociedad con una mirada parcializada sobre la dignidad de la mujer y sus derechos. El encuentro está organizado en talleres (por ejemplo: mujer y cárcel, mujer y adolescencia, mujer y deuda externa, mujer y tercera edad, mujer y educación, mujer y partidos políticos,mujer y sindicato, etc.) pero, en realidad, todos tienen temas transversales de fondo, tales como el feminismo de género, el aborto, el lesbianismo, la anticoncepción, la desvalorización de la familia tradicional y de la maternidad. Al concluir el trabajo, las conclusiones son enviadas a políticos y legisladores para urgir la elaboración e implementación de leyes. Considerando esto y viendo la necesidad que las mujeres católicas participemos en dicho encuentro, Mons. Eduardo V. Mirás, decidió formar en diciembre del año pasado, una Comisión de Mujeres que tiene a su cargo la motivación y preparación de las participantes. Es por eso que le pedimos tenga a bien *invitar al menos 10 mujeres* de su comunidad, que fieles a su bautismo y con profundo amor a la Iglesia , se sientan movidas a intervenir en dicho encuentro para testimoniar la defensa de los derechos de la mujer y de la vida desde una perspectiva cristiana. Dado que este evento no es una instancia de formación sino de confrontación donde deben quedar claros y bien fundamentados los principios de orden natural que dignifican a la mujer, será necesario enviar mujeres con cierta formación en el tema del taller que elijan para participar".

nacional. A los ojos de los/as *católicos/as*, las feministas (que en ese contexto se confunden con las mujeres de las clases populares) son la versión femenina de "la izquierda vomitiva".[153] Al articularse con otros argumentos, en la práctica, los argumentos feministas se modifican y abren paso a un juego donde se combinan otro tipo de historias, valores e identificaciones.

Feministas en todas partes

Finalmente, quisiera dedicar unas palabras al título de este libro. ¿Por qué *Feministas en todas partes*? En primer lugar, se trata de la inscripción de una bandera que algunas feministas de la ciudad y la provincia de Buenos Aires realizaron y llevan a menudo a los lugares donde van.[154] Dado que el "ser feminista" incluye una versión interiorizada de la identidad no existe un lugar privilegiado en el cual se desarrolle la práctica *feminista*. En tanto el ser *feminista* se define como una visión de mundo o una actitud ante la vida, se trata de modificar las normas sociales en los espacios donde cada una de las que se reconoce como tales actúan.[155] Así, se puede ser feminista en la escuela, en la casa, con los hijos, con la madre, en la profesión, en la militancia en partidos políticos, ocupando espacios en la esfera estatal. A lo largo de los años y a partir de las acciones de las *feministas*, estos espacios se han diversificado y se han incluido muchas más mujeres. De esta manera, el eslogan *Feministas en todas partes* se muestra como un punto de partida ineludible para comprender al *feminismo* como un espacio social fragmentado, heterogéneo y complejo.

---

[153] En los enfrentamientos cara a cara entre los/as portadores/as de estas dos versiones, como en el caso descripto frente a la iglesia de Mendoza en el capítulo 5, se ponen en juego argumentos sobre la "vida" y la "muerte" y acusaciones de "asesinos/as". Las *feministas*, entre las que muchas de ellas perdieron a familiares, hacen alusión a la complicidad de esta institución en los casos de "desaparición" de personas durante el último gobierno militar, "Ustedes se callaron cuando se los llevaron". Del otro ladro los/as *católicos/as* acusan a las *feministas* de ser asesinas de los "niños por nacer" y se manifiestan a "favor de la vida".

[154] Incluso, según cuentan, la llevaron a la ceremonia religiosa del entierro de una de sus compañeras de militancia que había muerto. La presencia de las *feministas* en el cementerio provocó conflictos con los familiares que se quejaron diciendo: "el único que está en todas partes es Dios".

[155] En el número 11 de la revista *Travesías* (2002) fue publicada la "Encuesta Feminista 2002". La primera pregunta es "¿Qué es ser feminista hoy en Argentina?" y las respuestas muestran que se sostienen los mismos valores resaltados en el capítulo 1 donde analizo la encuesta del año 1984. El "ser feministas hoy" es definido como "una posición ante la vida"; "una manera de pensar el mundo"; "revelarse contra el sistema patriarcal"; "una posición que deviene en acción"; por otra parte, se sigue sosteniendo: "como hace treinta años, lo personal sigue siendo político".

Bibliografía

Alonso, Graciela; Díaz, Raúl (2002). *Hacia una pedagogía de las experiencias de las mujeres.* Buenos Aires, Miño y Dávila ed.

Amorós, Celia (1985). *Hacia una crítica de la razón patriarcal.* Madrid, Anthropos.

Andujar, Andrea. et al. (2005). *Historia, género y política en los '70.* Buenos Aires, Feminaria Editora. Página web: http://www.feminaria.com.ar/colecciones/temascontemporaneos/007/2 (agosto de 2006).

Alanís, Marta (2005). "Católicas en la campaña nacional por el derecho al aborto legal, seguro y gratuito". En *Labrys*, 8 (julio-diciembre), Femenías, M. L. compiladora del dossier *Feminismos en la Argentina*, Universidad de Brasilía, Página web: http://www.unb.br/ih/his/gefem/labrys8/sumarioprincipal.htm, 2006.

Ayerza de Castillo, Laura y Felgine, Odile (1993). *Victoria Ocampo.* Barcelona, CIRCE.

Bailey, F. G. (1971). *Gifts and Poison. The Politics of Reputations.* Oxford, Basil Blackwell.

Bateson, Gregory (1990). *Naven. Estudio de los problemas sugeridos por una visión compuesta de la cultura de una tribu de Nueva Guinea obtenida desde tres puntos de vista.* Barcelona, Serie Antropología, ed. Jucar.

Bellotti, Magui (2002)(reedición). *El feminismo y el movimiento de mujeres. Una contribución al debate. Argentina 1984-1989.* Buenos Aires, Centro de Documentación sobre la Mujer.

————— (1986). "Primer Encuentro Nacional de Mujeres". En: *Brujas*, Año 4, N°10. Buenos Aires.

Bellotti, Magui; Jelin, Elizabeth; Luna, Lola (2003). *Movimiento de Mujeres y Movimiento Feminista. Para una discusión abierta y plural.* Buenos Aires, Editorial Librería de Mujeres, Colección Aportes.

Birgin, Haydée (1999). "Argentina: de la certeza a la incertidumbre". En: *Feminismos fin de siglo. Una herencia sin testamento.* Especial de Fempress, diciembre de 1999. Página web: *http://www.fempress.cl.* 2006.

Blay, Eva e Costa, Albertina de Oliveira (orgs.)(1992). *Gênero e Universidade.* San Pablo, NEMGE-USP.

Bourdieu, Pierre (1988). "Decrire et prescrire. Note sur les conditions de possibilité entonces les limites de l' efficacité politique". En *Actes de la Recherche en Sciences Sociales*, N° 38, mayo.

Boltansky, Luc (1973). "L'espace positionnel. Multiplicité des positions institutionnelles et habitus de classe". En *Revue Française de Sociologie XIV.*

———— (1982). *Les cadres. La formation d' un groupe social.* París, Minuit.

———— (2000). *El Amor y la Justicia como competencias. Tres ensayos de sociología de la acción.* Amorrortu ed., Buenos Aires.

Bonder, Gloria. Ed. (2002). *Los Estudios de la Mujer en Argentina: Reflexiones sobre la Institucionalización y el Cambio Social.* Agencia Interamericana para la Cooperación y el Desarrollo, Organización de los Estados Americanos.

Página web: http://www.iacd.oas.org/Interamer/bonder.htm, 2006.

Borland, Elizabeth (2004a). *Growth, decay, and change: organizations in the contemporary women's movement in Buenos Aires, Argentina.* Tesis Doctoral. University of Arizona.

———— (2004b). "Cultural Opportunities and Tactical Choice in the Argentine and Chilean Reproducitve Rights Movements". En: *Mobilization,* 9 (3) 327-339.

Brubaker, Rogers (2001). "Au-delà de l' 'identité'". In : *Actes de la Recherche en Sciences Sociales,* (139), pp. 66-85

Burnham, Linda & Louie, Miriam (1985). *The Impossible Marriage: A Marxist Critique of Socialist Feminism.* Line of March.

Butler, Judhit (2003). *Problemas de gênero. Feminismo e subversão da identidade.* Río de Janeiro, Civilização Brasileira.

Calvera, Leonor (1990). *Mujeres y feminismo en la Argentina.* Buenos Aires, Grupo Editor Latinoamericano. Colección Controversia.

Cano, Inés (1982). "El movimiento feminista argentino en la década del '70". En: *Todo es Historia.* Buenos Aires.

Cefaï y Lafaye (2001). "Lieux et moments d'une movilisation collective. Le cas d' une association de quartier". En: *Les formes de l'action collective. Mobilizations dans des arènes publiques.* París, Éditions de l' École des Hautes Études en Sciences Sociales.

Cefaï, D. y Trom, D. (2001). "Presentation" En: *Les formes de l'action collective. Mobilizations dans des arènes publiques.* París, Éditions de l' École des Hautes Études en Sciences Sociales.

Champagne, P. (1984). "La manifestation. La production de l'evénement politique". *Actes de la Recherche en Sciences Sociales,* (52/52), pp. 18-41

Ciriza, Alejandra (2004). "Voces feministas fuera de lugar. Sobre los Encuentros Nacionales de Mujeres vistos desde la periferia"; en: *Brujas. Publicación feminista.* 23(30):26-35.

Cobo, Rosa (1995). *Fundamentos del patriarcado moderno. Jean Jacques Rousseau.* Madrid: Cátedra

Collier, J. y Yanagisako, S. (1987). "Toward a Unified Analysis of Gender and Kinship", En: *Gender and Kinship: Essays Toward a Unified Analysis.* Collier, J. y Yanagisako, S (ed.). Stanford, Stanford University Press.

Comerford, John Cunha (1999). *Fazendo a Luta: Sociabilidade, Falas e Rituais na Construção de Organizações Camponesas.* Río de Janeiro, Relume Dumará/Núcleo de Antropologia da Política

Da Matta, Roberto (1979). *Carnavais, malandros e heróis. Para uma sociologia do dilema brasileiro.* Río de Janeiro, Zahar Editores.

Das, Veena (1995). *Critical Events. An Anthropological Perspective on Contemporary India.* Delhi, Oxford University Press.

Dezalay, Yves (2004). "Les courtiers de l'international. Héritiers cosmopolites, mercenaires de l'imperialisme et missionaires de l'universel". En: *Actes de la Recherche en Sciences Sociales*, 5-34, marzo.

Dias Duarte, Luis F. (1986). *Da vida nervosa nas clases trabalhadoras urbanas.* Río de Janeiro, Jorge Zahar Editores/ CNPq.

Dias Duarte, L. y Giumbelli, E. (1993). "As concepções crista e moderna da pessoa: paradoxos de uma continuidade". En: *Anuário Antropológico/93.* Río de Janeiro, Tempo Brasileiro.

Dumont, L. (1985). *O individualismo. Uma perspectiva antropológica da ideologia moderna.* Río de Janeiro, Rocco.

————— (1977). *Homo aequalis. Genèse et épanouissement de l'ideologie économique.* París, Gallimard.

Dauvin, Pascal et Siméant; Johanna (2002). *Le travail humanitaire. Les acteurs des ONG, du siège au terrain.* París, Presses de Science PO.

Edelman, M. (2001). "Social Movements: Changings Paradigms and forms of politics". En: *Annu. Rev. Anthropol*, 30:285-317.

Eisenstein, Zillah (comp)(1980) *Patriarcado capitalista y feminismo socialista.* México, Siglo Veintiuno.

Elias, N. y Scotson, J.L. (1994). "A theoretical essay on established and outsiders Relations", en: *The Established and the Outsiders. A Sociological Enquiry into Community Problems.* Londres: Sage Publications.

Elías, Norbert (1987). "On human beings and their emotions: A process-sociological essay" En: *Theory, Cultere & Society* (SAGE, Londres, Newbury Park, Bervely Hills and New Delhi), Vol 4 : 339-361.

————— (1990). *Compromiso y distanciamiento.* Barcelona, Ediciones Península. Historia, Ciencia, Sociedad, 222.

————— (1994). *El Proceso de la Civilización. Investigaciones sociogenéticas y psicogenéticas.* México, FCE.

Elshtain, Jean B. (1993). *Public Man, private woman. Women in social and political thought.* Princeton University Press.

Faguer, Jean-Pierre (1995). *Khâgneux pour la vie. Une histoire des années soixante.* Centre d'Études de l'Emploi. Dossier 5. Nouvelle Série.

Fassin, Eric (2002). "La parité sans théorie : retour sur un débat ". En: *Politix*, Vol.15, Nº 60, pp. 19-32, París.

Favret-Saada, Jeanne (1995). *Les mots, la mort, les sorts.* París, Ed. Gallimard

Feldman, A. (1991). *Formations of violence. The narrative of the body and political terror in Northern Ireland.* Chicago, The University of Chicago Press.

Filleule, Olivier (2001) "Propositions pour une analyse processuelle de l'engagement individuel". En: *Revue française de science politique*, vol. 51. Nº 1-2, febrero-abril, p.199-217.

Fontenla, Marta (2002) "Las Asambleas y los Encuentros Feministas de Argentina". En *Brujas*, Año 21, Nº 29, Noviembre.

Franchetto, Bruna; Cavalcanti, M. y Heilborn, M. (1980). "Antropologia e feminismo" En: *Francheto, B. et. al. (comp.) Perspectivas Antropológicas da Mulher 1.* Río de Janeiro, Zahar Editores.

Fraser, Nancy (1993). "Rethinking the public sphere: a contribution to the critique of actually existing democracy". En: Craig Calhoun: *Habermas and the Public Sphere*. MIT Press.

Fraser, Nancy y Gordon, Linda (1997). "Contrato versus caridad. Una reconsideración entre ciudadanía civil y ciudadanía social". En: *Contextos,* Año 1, N° 2. Programa de Estudios de Género. Pontificia Universidad Católica. Facultad de CCSS, Lima.

Fry, Peter (1982). *Para Inglês Ver: Identidade e Política na Cultura Brasileira.* Río de Janeiro, Zahar.

Gargallo, Francesca (2002). "El feminismo múltiple: prácticas e ideas feministas en América Latina." *En: Femenías, M. (comp.) Perfiles del feminismo Iberoamericano.* Buenos Aires, Catálogos.

Geertz, Clifford (1988). "Persona, tiempo y conducta en Bali". En: *La interpretación de las culturas.* Barcelona, Gedisa.

——————— (1994). "Del punto de vista de los nativos". En: *Conocimiento Local. Ensayos sobre la interpretación de las culturas.* Barcelona, Paidós

——————— (1991). *Negara. O Estado teatro no século XIX.* Río de Janeiro, ed. Bertrand.

Gluckman, Max (1987 [1958]). "Análise de uma Situação Social na Zululândia Moderna", en: *Antropologia das Sociedades Contemporâneas.* San Pablo. Global Editora.

Goldman, Marcio (2001). "Segmentaridades e movimentos negros nas eleições de Ilhéus". En: Mana 7(2):57-93,.

Goldman y Palmeira (1996). "Apresentação". En: *Antropologia, voto e representação política.* Río de Janeiro, Contracapa.

Grossi, Miriam (2004). "A revista Estudos Feministas faz 10 anos. Uma breve historia do feminismo no Brasil". En: Estudos Feministas, Florianópolis, 12 (NE):211-221.

——————— (1997). "Feministas históricas e novas feministas no Brasil". Em: *Revista Sociedade e Estado,* vol.Xii, N° 2, Jul7Dez.

Gupta, Akhil y Ferguson, James (1997). "Discipline and Practice. 'The Field' as Site, Method and Location in Anthropology". En: Akhil Gupta & James ferguson (eds.) *Anthropological Locations: Boundaries and Grounds of a Field Science.* Berkley: University of California Press.

Hartmann, Heidi (1985). "El infeliz matrimonio entre el marxismo y feminismo". En: *Teoría y política* 12/13.

Héritier, Françoise (2002). *Masculino/ femenino. El pensamiento de la diferencia.* Barcelona, Ariel Antropología.

Herzfeld, Michael (1987). *Anthropology Through the Looking Glass. Critical Ethnography in the Margins of Europe.* Nueva York/Cambridge: Cambridge University Press.

Howell and Melhuus (1993). "The study of kinship; the study of person; a study of gender?". En: del Valle, T (Ed.) *Gendered anthropology.* Londres, Routledge Londres y Nueva York.

Humm, M. (1995). *The dictionary of feminist theory.* Ohio State University Press.

Jelin, Elizabeth (comp.)(1985). *Los nuevos movimientos sociales.* Buenos Aires, CEAL.

——————— (1987). *Movimientos sociales y democracia emergente.* Buenos Aires, CEAL.

Jónasdóttir, Anna (1993). *El poder del amor. Le importa el sexo a la democracia?* Madrid, Catedra/Universitat de Valencia.

Lagrave, Rose Marie (2000). "Une étrange défaite. La loi constitutionnelle sur la parité". In : *Politix N° 51 La cause des femmes*, pp. 113-141, París.

Leach, Edmund ([1954]1976). *Sistemas políticos de la Alta Birmania. Estudio sobre la estructura social Kachin*. Barcelona, Anagrama.

Lenoir, Remi (1989). "Objet sociologique et problème social". En: Champagne, P. et al. *Initiation a la pratique sociologique*, París, Dunod.

Leydesdorff, S. (1992). "Política, identificación y escritos sobre la historia de la mujer" *En: Ramos Escandón, C. (comp.) Género e Historia: La historiografía sobre la mujer*. México, Instituto Mora UAM.

Lipszyc, Cecilia (2005). "Los feminismos en la Argentina (1983-2004)". En: Femenías, M.L (comp.) *Perfiles del Feminismo Iberoamericano*, Vol. 2, Buenos Aires, Catálogos.

Mackinnon, Catharine. 1983 "Feminism, Marxism, Method and the State: An Agenda for Theory." *Signs: Journal of Women in Culture and Society* 515: 7.

Markowitz, Lisa (2001). "Finding the field: Notes on the ethnography of NGOs". En: *Human Organization*, 60 (1).

Masson, Laura (2004). *La política en femenino. Género y poder en la provincia de Buenos Aires*. Buenos Aires, Ed. Antropofagia.

Mauss, Marcel. (1979[1923-4]) "Sobre una categoría del espíritu humano: la noción de persona y la noción del 'yo'". En: *Sociología y Antropología*. Madrid, Tecnos.

Memmi, Dominique (1992). "La compétence morale". En: *Politix*, N° 17, pp 104-124.

Moore, Barrington (1978). *Injustice. The Social Bases of Obediente and Revolt*. Nueva York, White Plains.

Moore, Henrietta (1993). "The differences within and the differences between". En: del Valle, T (Ed.) *Gendered anthropology*. Londres, Routledge Londres y Nueva York.

———— (1999). *Antropología y feminismos*. Madrid, Ediciones Cátedra.

———— (2003). "Whatever Happened to Women and Men? Gender and other Crises in Anthropology". En: *Anthropological theory today*. Moore, H. (ed.). Blackwell Publishing.

Nari, Marcela (1996) "'Abrir los ojos, abrir la cabeza': el feminismo en la Argentina en los años '70". En: *Feminaria*, Año IX, N° 17/18, noviembre.

———— (1997). "En busca de un pasado: revistas, feminismo y memoria. Una historia de las revistas feministas, 1982-1997". En: *Feminaria*, Año X, N° 20, octubre.

Navarro, Marysa (2001). "Los encuentros y desencuentros de los estudios de mujeres y el movimiento feminista". En: *Mora. Revista del Instituto Interdisciplinario de Estudios de Género*. Buenos Aires, UBA.

Neiburg, Federico y Plotkin, Mariano (2004). "Internationalisation et développement. Les 'Di Tella' et la nouvelle économie en Argentine". En: *Actes de la Recherche en Sciences Sociales*, 151-152, Marzo.

Nicholas, R. (1973). "Social and Political Movements". *Ann. Rev. Anthropol.*

NuAP. (1998). *Uma antropologia da política: rituais, representações e violencia. Projeto de pesquisa*. Cadernos do NuAP, N°1. Río de Janeiro, NAU Editora.

Nye, Andrea (1995). *Teoria feminista e as filosofias do homem*. Río de Janeiro, Rosa dos Tempos.

Oberschall, Anthony (1972). *Social Conflict and Social Movements*, Englewood Cliffs, New Jersey, Prentice-Hall.

O'Donnell, Guillermo (1997). "¿Y a mí, qué mierda me importa? Notas sobre sociabilidad y política en la Argentina y Brasil". En: Guillermo O'Donnell, *Contrapuntos. Ensayos escogidos sobre autoritarismo y democratización*. Buenos Aires, Paidós.

Oddone, María Elena (2001). *La pasión por la libertad. Memorias de una feminista*. Paraguay, Colihue-Mimbipá.

Palmeira, Moacir (1996). "Antropología, facções e voto". En: *Antropología, voto e representação política*. Río de Janeiro, Contra Capa.

Palmeira, M. y Heredia, B. (1995). "Os comícios e a política de facções". En: *Anuário Antropológico*, 94. Río de Janeiro, Tempo Brasileiro.

Pateman, Carole (1996). "Críticas feministas a la dicotomía público/privado". En: *Perspectivas feministas en teoría política*. Madrid, Paidós.

———— (1993). *O contrato sexual*. Río de Janeiro, Paz e Terra.

Perrot, Michelle (1997). *Mujeres en la ciudad*. Santiago de Chile, Ed. Andrés Bello.

Petit, Cristina M. (1994). *Dialéctica Feminista de la Ilustración*. Barcelona, Anthropos.

Phillips, Anne (1996). *Género y teoría democrática*. México, PUEG/UNAM.

Plotkin, Mariano (2003). *Freud en las pampas*. Buenos Aires, Editorial Sudamericana.

Radcliffe Brown y Alfred R. (1974). *Estructura y función en la sociedad primitiva*. Barcelona, Península.

Reynaud, Emmanuèle (1980). "Le militantisme moral". En: Mendras, H. (dir.) *La Sagesse et le Désordre*, France, Gallimard.

Rhum, Michael (1993). "Understanding 'belief' ". *En: Man*, 28 (4).

Rosenberg, Martha (2004). "ONGs, feminismos latinoamericanos y movimientos sociales a 10 años del Cairo". En: *El Rodaballo*, Año X, (15):51-58, Buenos Aires, Ed. El Cielo por Asalto.

Rowbotham, Sheila (1978). *Feminismo y Revolución*. Madrid, Debate.

Rowbotham, Sheila et. al. (1981). Além dos fragmentos. O feminismo e a construção do socialismo. San Pablo, Brasiliense.

Saporta Sternbach, N. (1986). "Ser feminista del Primer Mundo en el Tercer Mundo". En: *Brujas, Boletín Feminista*, N°10, año 4, ATEM.

Sargent, Lydia (comp.)(1981). *Women and Revolution*, Boston, South End Press.

Sarti, Cinthya (2004). "O feminismo brasileiro desde os anos 1970: revisitando uma trajetória". En: *Revista Estudos Feministas*, Vol. 12, N° 2, Florianópolis.

Scoot, Joan (1993). "El género: una categoría útil para el análisis histórico". En: *De mujer a género. Teoría, interpretación y práctica feminista en las ciencias sociales*. Buenos Aires, CEAL.

Simmel, Georg (2002). *Sobre la individualidad y las formas sociales. Escritos escogidos*, Buenos Aires, Ed. UNQ.

Souza Lobo, Elizabeth (1991). *"O gênero da representação: movimento de mulheres e representação política no Brasil (1980-1990)"*. En: Revista Brasileira de Ciências Sociais. Associação Nacional de pos-graduação e pesquisa em ciências sociais. Año 6, N° 7.

Sorj, Bila (2005). "O estigma das feministas". Diario *O Globo*, 13 de mayo.

Sosa de Newton, Lily (1986). *Diccionario Biográfico de Mujeres Argentinas*. Buenos Aires, Plus Ultra, 3° edición.

Stolcke, Verena (2006). "La mujer es puro cuento: La cultura del género". En: *Desarrollo Económico. Revista de Ciencias Sociales*, Vol.45, N°180, pp. 523-546. Buenos Aires.

Strathern, M. (1984). "Domesticity and the Denigration of Women". En: D. O'Brien and S. Tiffany (eds) *Rethinking Women's Roles: Perspectivas from the Pacific*, Berkeley: University of California Press.

Tambiah, S. (1997). "Conflicto etnonacionalista e violência colectiva no sul da Ásia". En: *Revista Brasileira de Ciências Sociais.* 12 (4):5-24.

Tarducci, Mónica (2005). "La Iglesia Católica y los Encuentros Nacionales de Mujeres" En: *Estudos Feministas*, Florianópolis, 13(2): 397-402, mayo-agosto.

Teixeira, Carla (1992). "Mundo das Mulheres. Relação política e cotidiano entre as mulheres feministas no Rio de Janeiro". En: *Comunicações do PPGAS,1*. Programa de Pos-Graduação em Antropología Social. Museu Nacional – UFRJ.

Tooker, D. (1992). "Identity Systems in Highland Burma : 'Belief', Akha Zan and a Critique of Interiorized Notions of Ethno-Religious Identity". *En:Man (N.S.) 27:* 799-819.

Trom, D. (2001). "Grammaire de la mobilisation et vocabulaires de motifs". En: *Les formes de l'action collective. Mobilisations dans des arènes publiques.* Sous la direction de D. Cefaï et. D. Trom. París, EHESS.

Van Gennep, A. (1969). *Les Rites de Passage. Étude sitematique des rites.* París, Mouton – Maison des Sciences de l'homme

Vassallo, Alejandra (2005). " 'Las mujeres dicen basta': movilización, política y orígenes del feminismo argentino en los '70". En: Andujar, A. et al. *Historia, Género y Política en los '70*. Buenos Aires, Feminaria Editora. Página web: http://www.feminaria.com.ar/colecciones/temascontemporaneos/007/2 (agosto de 2006).

Vasallo, Marta (2001). "Mis impresiones del Encuentro de Mujeres". Buenos Aires, 1 de septiembre de 2001; Página web: http://www.rimaweb.com.ar/encuentros/mvassallo_encuentro01.html

Weber, Max (1996). *Economía y Sociedad.* Fonde de Cultura Económica, México.

Weiner, Annette B. (1976). *Women of Value, Men of Renown: New Perspectives in Trobriand Exchange.* Austin, University of Texas Press

Wedel, Janine y Chandra, Siddharth (2004). "Courtage international et institutions floues. Des rôles multiples, ambigus et contradictoires dans les relations russo-américaines". En: *Actes de la Recherche en Sciences Sociales*, 114-125, Marzo.

Weinbaum, Batya (1978). *El curioso noviazgo entre feminismo y socialismo.* Madrid, Siglo Veintiuno.

Young, Iris Marion (1990). *Justice and the politics of difference.* Princeton, NJ. Princeton University Press.

Revistas y documentos consultados

- *Brujas*. Publicación Feminista. ATEM "25 de noviembre".
Números consultados:
Año 4, N° 10, noviembre de 1986

Año 23, N° 30, octubre de 2004
Año 21. N° 29, noviembre de 2002
- *Feminaria.*
Números consultados:
Año IX, N° 17/18, noviembre de 1996
Año X, N° 19, junio de 1997
Año X, N° 20, octubre de 1997
Año XI, N° 21, junio de 1998
- Documentos del CECYM. 1996. *Revista Travesías 5. Temas del debate feminista contem-poráneo. Feminismo por feministas. Fragmentos para una historia del feminismo ar-gentino 1970-1996. (4/5),* octubre. Buenos Aires.
-*Travesías. Temas del debate feminista contemporáneo* N° 11. 2002 *Globalización y resis-tencias. De viva voz.* Buenos Aires, Cecym
-*UNIDAS, Directorio de Organizaciones de Mujeres.* 1999. Subsecretaría de la Mujer
-Ministerio de Relaciones Exteriores, Comercio Internacional y culto República Argenti-na. Comisión Ad Hoc para el Seguimiento del Plan de Acción de la
-IV Conferencia Mundial sobre la Mujer Programa de las Naciones Unidas para el Desarrollo.

Acrónimos y nombres de organizaciones

ADEUEM: Asociación de Especialista Universitarias en Estudios de la Mujer
ATEM: Asociación de Trabajo y Estudio de la Mujer
CEAL: Centro Editor de América Latina
CECYM: Centro de Encuentros Cultura y Mujer
CEDES: Centro de Estudios de Estado y Sociedad
CEDAW: Convención Sobre la Eliminación de Todas las Formas de Discriminación contra la Mujer
CEM: Centro de Estudios de la Mujer
CENEP: Centro de Estudios de Población
CIDH: Comisión Interamericana de Derechos Humanos
CLADEM: Comité de América Latina y el Caribe para la Defensa de los Derechos de la Mujer
DIMA: Derechos Iguales Para la Mujer
ENM: Encuentro Nacional de Mujeres
FEIM: Fundación para Estudio e Investigación de la Mujer
FLACSO: Facultad Latinoamericana de Ciencias Sociales
FPNU: Fondo de Población de Naciones Unidas
INADI: Instituto Nacional contra la Discriminación, la Xenofobia y el Racismo
ISPM: Instituto Social y Político de la Mujer
INSTRAW: Instituto Internacional de Investigaciones y Capacitación para la Promoción de la Mujer
MEI: Mujeres en Igualdad

MLF: Movimiento de Liberación Femenina
OEA: Organización de los Estados Americanos
OFA: Organización Feminista Argentina
OMS: Organización Mundial de la Salud
ONGs: Organizaciones no Gubernamentales
ONU: Organización de las Naciones Unidas
PPEM: Programa Permanente de Estudios de la Mujer
PO: Polo Obrero
PRIGEPP: Programa Regional para la Formación en Género y Políticas Públicas
PTS: Partido de los Trabajadores por el Socialismo
RIMA: Red Informativa de Mujeres de Argentina
RSMLAC: Red de Salud de las Mujeres Latinoamericanas y del Caribe
UBA: Universidad de Buenos Aires
UCA: Universidad Católica Argentina
UFA: Unión Feminista Argentina
UNESCO: Organización de las Naciones Unidas para la Educación, la Ciencia y la Cultura
UNICEF: Fondo de las Naciones Unidas para la Infancia
UNIFEM: Fondo de Desarrollo de las Naciones Unidas para la Mujer
UMA: Unión de Mujeres Argentinas

ANEXO 1

Encuentros de mujeres entre los años 1986 y 2006

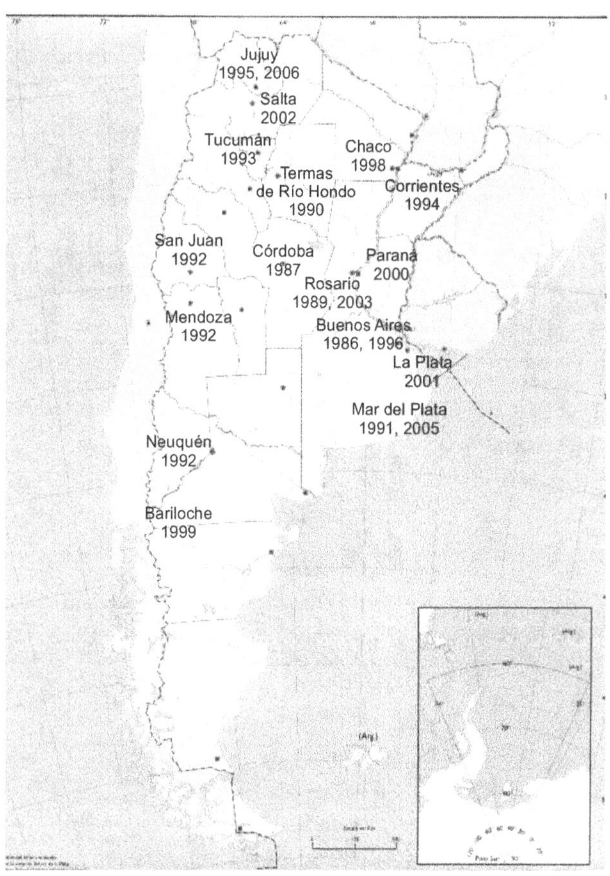

Ciudades y fechas en que se realizaron los Encuentros Nacionales de Mujeres en Argentina.

Imágenes de la Inauguración del XIX Encuentro Nacional de Mujeres en una plaza de la ciudad de Mendoza, octubre de 2004.

Fotos 1 y 2. Mujeres jugando a "La mancha lesbiana", bajo una bandera con la inscripción "Las lesbianas ya no jugamos a las escondidas, ahora jugamos a la mancha". Organizado por *Mujeres Públicas*. Foto: sitio web de *Mujeres Públicas*

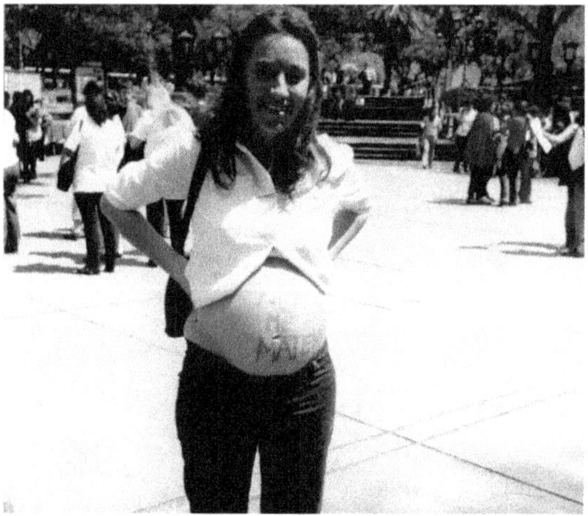

Foto 3. Mujer embarazada mostrando su panza con la inscripción "No me maten". Fuente: RIMA web.

Manifestaciones en contra del Encuentro Nacional de Mujeres, supuestamente realizadas por *grupos católicos* durante el XIX Encuentro Nacional de Mujeres en Mendoza.

Foto 6: *No al travestismo y al lesbianismo* - foto 7: *Si a la natalidad*

Foto 8: *Por la mujer. Sí a la vida*

Foto 9: *No a la pastilla del día después*

Foto 10: *No a la ligadura de trompas*

Tapa del diario *Página 12* con foto de la marcha del XIX Encuentro Nacional de Mujeres en Mendoza. Los pañuelos verdes se convirtieron desde el XVIII ENM de Rosario en el símbolo de la causa por la despenalización y legalización del aborto.

ANEXO 2

Listado de Cátedras, Programas e Institutos de Género y de Estudios de la Mujer en las universidades argentinas, según su año de creación:[156]

Década de 1990

1. AIEM - ÁREA INTERDISCIPLINARIA DE ESTUDIOS DE LA MUJER

1990 - Departamento de Ciencias Sociales. Universidad Nacional de Luján.[157]

En 1990 se crea el área que es definida por tener un "perfil orientado a la investigación científica en los Estudios de la Mujer y del Género". Desarrollan actividades de investigación y extensión. Actualmente cuentan con una "Especialización en Estudios de la Mujer y Género" en convenio con la Universidad Nacional del Comahue (Argentina) y la Universidad de Granada (España). Esta especialización está dirigida a egresados/as de carreras de grado universitarias o terciarias con formación en Humanidades, Ciencias Sociales, Ciencias Básicas y Naturales, Económico Jurídicas, Tecnológicas y Ciencias de la Salud.

Poseen una publicación anual denominada *Revista La Aljaba, segunda época. Revista de Estudios de la Mujer* en conjunto con la Universidad Nacional de La Pampa y la Universidad del Comahue. Desde 1994 el área tiene una biblioteca especializada en "temas de género". En la página web se aclara que todas las actividades que se realizan dentro del área han estado acreditadas por convenios y patrocinios de instituciones estatales, reconocidas por organismos internacionales y universidades extranjeras.

---

[156] Este listado fue elaborado a partir de una investigación en las páginas web de diferentes universidades, de entrevistas a feministas y de publicaciones. No es el objetivo de este punto hacer una memoria exhaustiva de la institucionalización de los "estudios de género" en las universidades del país, ya que es una tarea aún pendiente y que excede los objetivos de este trabajo.

2. PPEM – PROGRAMA PERMANENTE DE ESTUDIOS DE LA MUJER

1991 - Universidad Nacional del Centro de la Provincia de Buenos Aires (Facultad de Ciencias Humanas y Facultad de Ciencias Sociales).

En el año 1991 las profesoras Susana Bianchi (historiadora), Silvia Catala (Socióloga) y Mónica Tarducci (antropóloga) propusieron a las autoridades de la Universidad Nacional del Centro de la Provincia de Buenos Aires la formación de un área interdisciplinaria para la promoción de la docencia y la investigación de estudios sobre la mujer. La propuesta abarcaba a los departamentos de Historia, de Ciencias de la Educación y de Trabajo Social de la Facultad de Ciencias Humanas (Tandil) y al Departamento de Antropología de la Facultad de Ciencias Sociales (Olavarría), con posibilidad de extenderse a otros departamentos. Es un Programa interdisciplinario que tiene como objetivo incentivar los estudios sobre mujer y género dentro del ámbito académico y participar en trabajos sobre el tema en la comunidad. El objetivo general de este Programa fue expresado en términos de "abrir una línea de conocimiento e investigación en el nivel académico de grado, en torno a la realidad histórica, social y antropológica de las mujeres, hasta hace pocos años oculta o desconocida". Durante los primeros años de su creación se dictaron seminarios de especialización de grado sobre estudios de la mujer, dictados en 1991 por la Prof. Susana Bianchi (módulo historia), la Lic. Mónica Tarducci (módulo antropología) y la Lic. Silvia Catalá (módulo sociología); conferencias sobre Movimiento Social de Mujeres (Dra. Margarita Bellotti, 1993), dirección de Tesis de Grado sobre las problemáticas de género, relaciones familiares y sexualidad y organización de ciclos de mesas redondas. Actualmente el PPEM solamente funciona en la Facultad de Ciencias Sociales.

3. CEHIM - CENTRO DE ESTUDIOS HISTÓRICOS E INTERDISCIPLINARIOS SOBRE LAS MUJERES

1991 - Facultad de Filosofía y Letras. Universidad Nacional de Tucumán.

El CEHIM surge de una propuesta de profesoras del Departamento de Historia y se crea por Resolución del Consejo Directivo de la Facultad de Filosofía y Letras de la Universidad Nacional de Tucumán, en noviembre de 1991. Se presenta como "la primera institución de nivel académico en el Noroeste Argentino que abordó la problemática de las mujeres y de las relaciones de género desde una perspectiva científica, promoviendo líneas de investigación y tareas de posgrado, extensión y grado como experiencia novedosa en el espacio universitario". El Centro está compuesto por una directora (Hilda Beatriz Garrido), una comisión coordinadora y miembros profesores/as. Entre sus objetivos se cuentan: impulsar, promover y coordinar, en el plano local, regional y/o nacional, los estudios e investigaciones sobre la historia de las mujeres y los estudios de género; formar recursos humanos en el campo de la investigación; patrocinar o impulsar congresos o reuniones de carácter específico; publicar los resultados de las investigaciones de sus miembros; promover formas de extensión y convenios con otros organismos; conformar un Centro de documentación. Publican desde 2004 una revista denominada *Temas de Mujeres*. Actualmente se llevan a cabo proyectos de investigación financiados. Las integrantes del Centro llevan a cabo tareas de formación (como cursos optativos para carreras de grado y cursos de posgrado al interior de la universidad); capacitación (básicamente cursos orientados hacia la capacitación docente en relación a las temáticas de género) y transferencia (proyección de videos, participación en programas de T.V. y paneles de discusión, entrevistas para diarios y revistas). El CEHIM organizó las *Jornadas de Historia de las Mujeres* que se realizó en Tucumán en 1994.

4. IIEG - INSTITUTO INTERDISCIPLINARIO DE ESTUDIOS DE GÉNERO

1992 - Facultad de Filosofía y Letras. Universidad Nacional de Buenos Aires. En julio de 1992 se creó el Área Interdisciplinaria de Estudios de la Mujer (AIEM), con el objetivo de convocar actores/as que estuvieran trabajando con "estudios referidos a la mujer". En 1997, por resolución del Consejo Directivo, se crea el Instituto Interdisciplinario de Estudios de Género. Dora Barrancos (historiadora) es su actual directora y ejerce dicha función desde el año 2000. Desde este espacio de investigación se plantea promover y desarrollar producciones científicas en cada disciplina; tareas docentes; formación de recursos humanos; relaciones institucionales con centros del país y del exterior; realización de jornadas y congresos.

5. INSTITUTO INTERDISCIPLINARIO DE ESTUDIOS DE LA MUJER

1993 - Facultad de Ciencias Humanas. Universidad Nacional de La Pampa.[158] Fue creado en octubre de 1993 a partir de la iniciativa de investigadoras en diferentes disciplinas de las Ciencias Sociales. "El Instituto Interdisci-

---

[157] http://www.unlu.edu.ar/inicio.htm

plinario de Estudios de la Mujer realiza, difunde y promueve estudios e investigaciones sobre las mujeres y desarrolla acciones dirigidas a mejorar su condición". Sus objetivos son: desarrollar investigaciones, desde una perspectiva de género; formar recursos humanos en esta área de conocimiento; asesorar a organismos gubernamentales y no gubernamentales; editar publicaciones y libros; llevar a cabo actividades de capacitación y extensión; mantener una mirada atenta respecto de acontecimientos que afecten la situación de la mujer pampeana a fin de instalar la problemática en la agenda pública y plantear un análisis de género sobre la misma. Cuenta con una biblioteca especializada en la "problemática de género y estudios de la mujer". Posee más de 1000 volúmenes, obtenidos, la mayoría de ellos, a través del sistema de canje con las publicaciones propias del Instituto. En el año 2003 la biblioteca obtuvo un subsidio por parte de la Universidad dentro del marco de Proyectos de Extensión Universitaria (PEU). Han realizado cursos de formación dictados por integrantes del instituto, para docentes al interior de la facultad; para quienes se lo solicitan (como por ejemplo, personal de medios de comunicación o personal bancario). Los temas varían, por ejemplo: trabajo y relaciones de género, historia y mujer; mujeres y movimientos sociales, educación e igualdad de oportunidades. También se han realizado cursos de actualización al interior de la facultad dictados por especialistas invitadas. Entre las actividades que mencionan como de extensión se cuentan: acciones tendientes a la aprobación de la Ley de Cupos; conferencias en diferentes localidades de la provincia; co-organización de campañas y actividades sobre la no violencia a la mujer, asesoramiento en colegios secundarios sobre género, educación no sexista, violencia, sexualidad, historia de las mujeres, etc. Realizan actividades en el marco del día de la mujer, eventos científicos (como por ejemplo, jornadas). Establecen relaciones institucionales y co-organizan actividades, por ejemplo, con el IIEG (archivo de fotos y testimonios orales para preservar la memoria colectiva del movimiento de mujeres); Sub-secretaria de Cultura del gobierno de la provincia de La Pampa (junto con el Archivo Histórico Provincial para conformar un archivo de imágenes y palabras de mujeres). Integran la Comisión Técnica-científica Interdisciplinaria para la elaboración anual del Informe cuanti-cualitativo sobre la evolución de la Ley 1918 sobre "Violencia Doméstica y Escolar" Decreto 1958/2003 del Poder Ejecutivo de la provincia de La Pampa. Publican la revista *La Aljaba* desde 1996 co-editada con Institutos de la mujer de las Universidades de Luján y Comahue. También cuentan con becas de iniciación en la investigación para graduados y alumnos, así como tesistas dirigidos por integrantes del instituto, cuyas investigaciones se enmarcan en "temas de género".

6. MAESTRÍA "EL PODER Y LA SOCIEDAD DESDE LA PROBLEMÁTICA DEL GÉNERO"

1997 - Facultad de Humanidades y Artes. Universidad Nacional de Rosario.[159]

Se crea en 1997 por Resolución del Consejo Directivo de la Universidad Nacional de Rosario. Actualmente está coordinado por la Magíster Hilda Habichayn. La maestría cuenta con un ciclo común (en el cual la problemática de género se ubica histórica, epistemológica y metodológicamente) y un ciclo de formación específica (compuesto por seminarios en los cuales la temática de género se relaciona con sexualidad, sociedad, poder, familia, educación, legislación, mundo simbólico, trabajo y movimientos sociales).

7. ÁREA DE ESTUDIOS INTERDISCIPLINARIOS DE GÉNERO Y EDUCACIÓN

1999 - Departamento de Educación. Universidad Nacional de Luján.[160]

Fue creada en marzo de 1999 por Resolución del Consejo Directivo Departamental. Su coordinadora es la Lic. Alicia Itatí Palermo. El área cuenta, a su vez, con cinco integrantes y dos pasantes. Entre sus objetivos se propone generar un espacio de reflexión, investigación y capacitación en referencia a la temática de Educación y Género dentro del Departamento de Educación; generar intercambios con otros departamentos y otras universidades y tender a eliminar los estereotipos de género en el ámbito de la Universidad Nacional de Luján y entre sus graduados. Entre sus actividades se mencionan publicaciones científicas, dictado de la cátedra optativa "Introducción a los Estudios Interdisciplinarios de Educación y Género", investigaciones dentro del área y en conjunto con otros departamentos de la Universidad de Luján y con otras universidades.

8. ESTUDIOS DE GÉNERO

Facultad de Ciencia de la Educación. Universidad Nacional de Entre Ríos.[161]

En el Área de Investigación de la Facultad de Ciencias de la Educación, existe una sección denominada "Estudio de Género" donde no se especifican las fechas en que se desarrollaron los proyectos de investigación, sino solo que estos ya finalizaron.[162] Uno de los proyectos se denominó

---

[158] Datos extraídos de la página web: http://www.fchst.unlpam.edu.ar/investigacion/institutos/instituto_interdisciplinario_de_estudios_de_la_mujer/index.php.

[159] http://www.fhumyar.unr.edu.ar/index2.html (10/06/06)

[160] http://www.unlu.edu.ar/inicio.htm

"Mujer y Universidad: las relaciones de género en la Universidad Nacional de Entre Ríos". Su objetivos eran "relevar y analizar datos cuantitativos sobre la presencia de las mujeres en la Universidad Nacional de Entre Ríos (UNER) (estudio cuantitativo sincrónico), y confrontarlos con los datos disponibles referidos a otras universidades nacionales y extranjeras así como con el marco teórico/histórico de referencia, y apoyar la conformación de un área de género y educación, a través de la formación de recursos humanos especializados (…)". El segundo proyecto se denominó "Mujer y Violencia: violencia contra la mujer y discriminación sexista. Un estudio socio-semiótico". En términos generales, el proyecto es presentado como un trabajo que "aborda a través de la lectura de un corpus jurídico sobre un caso criminal, el 'caso D', la violencia ejercida sobre las mujeres y la discriminación sexista no solo en los cuerpos sino sobre todo en la letra, en los discursos construidos en el marco de la justicia, en ese relato donde cada uno de los participantes/protagonistas –testigos, familiares, amigos, vecinos, expertos– aporta su visión sobre la víctima".

De 2000 hasta 2006

9. PROYECTOS UBACyT

2001-2003 Facultad de Psicología. Universidad Nacional de Buenos Aires.[163]

Entre las publicaciones de proyectos de UBACyT 2001-2003, figura un proyecto dirigido por Débora Tajer: "Equidad de Género en la calidad de atención de pacientes cardiovasculares". Entre las publicaciones de los integrantes del Proyecto se presentan capítulos de libros, artículos en revistas científicas y medios audiovisuales.

10. CÁTEDRA ABIERTA DE LA MUJER

2003-2005 - Universidad Nacional del Centro de la Provincia de Buenos Aires (UNICEN) y Municipio de Tandil.[164]

La Cátedra Abierta de la Mujer es presentada como un espacio concebido para propiciar "la reflexión y debate sobre cuestiones de género femenino". El primer ciclo de esta cátedra se desarrolló durante 2003 y el segundo en 2005. Los encuentros del segundo ciclo se realizaron en el centro de la ciudad y en los diferentes Centros Comunitarios municipa-

---

[161] http://www.fcedu.uner.edu.ar/
[162] La fecha de referencia que figura para el Área de Investigación es de 1990 a 2004.

les, con el objetivo de que la Cátedra fuera extensiva a toda la comunidad. Las cátedras se basan en charlas debate y conferencias a cargo de mujeres especialistas en cuestiones que van desde los derechos que las asisten hasta problemas como la violencia. En 2005, a diferencia de la primera edición de la Cátedra, solo algunos de los encuentros se realizaron en el centro de la ciudad, ya que la intención era lograr una "mayor participación comunitaria" y se considera que los Centros Comunitarios municipales pueden ser espacios propicios para ello.

La primera charla tuvo lugar en el Centro Cultural Universitario y estuvo a cargo de Diana Maffía, quien disertó sobre la participación de la mujer en los gobiernos democráticos de nuestro país, dejando formalmente inaugurado este ciclo 2005.

11. GRUPO INTERDISCIPLINARIO DE ESTUDIOS DE GÉNERO

2003 - Facultad de Humanidades y Ciencias Sociales. Universidad Nacional de la Patagonia San Juan Bosco.[165]

El Grupo fue creado en el año 2003 por resolución del Consejo Superior de la Universidad. Sus objetivos se centran en "conformar un grupo que congregue a docentes e investigadores de las distintas carreras de la Facultad interesados en la problemática de género" e " Iniciar y continuar con investigaciones sobre la temática de género en y desde la Patagonia". Actualmente el Grupo lleva a cabo encuentros para discutir bibliografía especializada; organiza seminarios, talleres y jornadas; conforma una biblioteca especializada y publicac los resultados de las investigaciones.

12. PSICOANÁLISIS Y GÉNERO

2006 - Facultad de Ciencias Sociales y Humanas. Universidad Nacional de San Luis.[166]

Forma parte de los cursos de posgrados dictados por la Universidad durante el año 2006. La responsable del mismo es la Licenciada Irene Beatriz Meler. El curso es destinado a psicólogos, médicos (con formación psicoanalítica), egresados de carreras mayores de Filosofía, Lingüística, Educación, Ciencias Sociales o Jurídicas. Entre los contenidos mínimos figuran: el concepto de género y su pertinencia para el psicoanálisis; teoría freudiana sobre la sexualidad femenina; el debate en el campo psicoanalítico; aportes contemporáneos influidos por las teorías feminis-

---

[163] http://www.psi.uba.ar/investigaciones/produccion_cientifica/2001_2003/index.php (13/6/06).

[164] http://www.unicen.edu.ar/b/boletin/2005/31/breves.htm

tas; escuela anglosajona y escuela europea; aportes argentinos y una revisión de la psicopatología desde una perspectiva de género.

13. CENTRO DE INVESTIGACIONES (Proyectos 2005-2007)

2005–2007 - Facultad de Políticas y Sociales. Universidad Nacional de Cuyo.[167]

El Centro de Investigaciones de la UNCuyo actualmente cuenta con dos proyectos 2005-2007 desde la Secretaría de Ciencia, Técnica y Posgrado, que abarcan temas de género. Uno de ellos se titula: "Competencias laborales y condicionantes de género en industrias de base agrícola en Mendoza". Su directora es Ana Graciela Burgardt. Sus objetivos son: "Describir y caracterizar desde indicadores cuantitativos (condición laboral, nivel de instrucción, edad, estado civil y sector de la economía) la situación de las mujeres en el mercado laboral. Rastrear y sistematizar cómo operan las nuevas exigencias del mercado laboral en tanto requerimientos de formación hacia las trabajadoras del sector industrial de base agrícola. Comprender los esquemas de percepción que poseen las mujeres acerca de las competencias requeridas para la incorporación al mercado laboral y su relación con las estrategias de formación adoptadas. Indagar cómo la perspectiva de género y los cambios en las relaciones familiares se hacen presentes en las expectativas de las mujeres sobre el ingreso, la permanencia y las posibles trayectorias en el mercado laboral".

El segundo proyecto se denomina "Género y memoria: perspectiva para una lectura crítica de las encrucijadas de la ciudadanía y la democracia en la coyuntura actual" y es dirigido por Alejandra Ciriza. Las disciplinas en las que se enmarca son: Filosofía, Filosofía política y Estudios de género. Y las áreas de estudio que presenta son: Sujeto, Ciudadanía, Democracia y Género. Por último, los objetivos específicos del Proyecto son: "Proponer herramientas conceptuales para pensar los dilemas de las democracias contemporáneas, marcadas por la formalización jurídica y la falta de respuesta a las necesidades reales de la vida humana a partir de los estudios de género y el análisis de la dimensión histórica de la experiencia de los sujetos subalternos como perspectivas críticas. Analizar, desde un punto de vista teórico feminista, la relación entre formalización jurídica y demandas de los movimientos feminista y de mujeres en orden al logro de una ciudadanía sexual, apuntando a visualizar las tensiones

---

[165] http://www.fhcs.unp.edu.ar/ (10/06/06).
[166] http://posgrado.unsl.edu.ar/fcsh/cursos/c_psico_genero.htm

entre ficción jurídica y cuerpo real, entre lo personal y lo político, entre sujeto colectivo y subjetividad individual. Analizar las tensiones entre el orden jurídico internacional y las tradiciones culturales y políticas nacionales. Analizar la relación entre derechos proclamados y mecanismos de garantía en el terreno de las políticas públicas destinadas a mujeres. Conocer y reconstruir las distintas formas de lucha y organización popular que tuvieron lugar en la provincia de Mendoza a partir de los años 60-70". Alejandra Ciriza es filósofa, se reconoce feminista y fue integrante de la Comisión Organizadora del XIX Encuentro Nacional de Mujeres realizado en la ciudad de Mendoza.

14. ÁREA DE ESTUDIOS SOBRE GÉNERO

2006 - Instituto de Investigaciones Gino Germani. Facultad de Ciencias Sociales. Universidad Nacional de Buenos Aires.

Las áreas temáticas del Instituto son definidas como "unidades técnico-académico-administrativas de organización. Son abarcativas, de carácter interdisciplinario y multidisciplinario". El área de Estudios sobre Género se presenta "en formación", según la información de la página Web del Instituto. Actualmente existe un proyecto dentro de esa área, cuyo período de duración se ubica entre los años 2005-2006. Está dirigido por Matilde Alejandra Mercado y financiado por la Universidad de Buenos Aires.

15. MAESTRÍA EN CIENCIAS DE LA FAMILIA

Escuela de Posgrado. Universidad Nacional de General San Martín.[168]

Esta Maestría que se dicta actualmente forma parte de la oferta de posgrados dentro del área temática de Ciencias Sociales y Humanas. Tiene por objetivo "proporcionar capacitación interdisciplinaria para la adquisición de competencias profesionales vinculadas con la investigación aplicada a la planificación, prevención, asistencia y docencia, dentro de la temática de la familia". Fue co-dirigida por Eva Giberti y actualmente su directora es la antropóloga Mónica Tarducci, quien se reconoce como feminista, impulsó la creación del Programa Permanente de Estudios de la Mujer en la UNCPBA y ha participado en comisiones organizadoras de encuentros feministas.

---

[167] http://www.fcp.uncu.edu.ar/contenido/index.php?tid=63&%2Fcontenido=5u4soahcdb1h62ck2ka75d5ec3 (13/6/06).

[168] http://www.unsam.edu.ar/escuelas/posgrado/carreras.asp

16. CÁTEDRA LIBRE DE LA MUJER

Universidad Nacional de La Plata

Dependiente de la Presidencia de la UNLP

Responsable: Prof. Silvia Knigth

Objetivos: propiciar el debate creador sobre la problemática de la mujer en la sociedad contemporánea y promover la comprensión de su papel histórico en la sociedad; auspiciar el desarrollo de estudios e investigaciones sobre temas relevantes que permitan abordar la problemática de la mujer desde una posición crítica; constituir un espacio de encuentro y de discusión de las distintas corrientes del pensamiento a fin de enriquecer la elaboración teórica sobre la problemática de la mujer.

Ciudad Autónoma de Buenos Aires

17. CATÉDRA DE TEORÍAS FEMINISTAS. "Las mujeres cuentan su historia: teorías feministas. Política sexual y resistencia"

Facultad de Ciencias Sociales. Universidad Nacional de Buenos Aires.

La materia forma parte de la Carrera de Sociología con orientación en Diagnóstico Social. La profesora titular de la misma es Silvia Chejter.

18. CÁTEDRA DE INTRODUCCIÓN A LOS ESTUDIOS DE GÉNERO

Facultad de Psicología de la UBA

La profesora titular es Ana María Fernández. Psicóloga clínica, psicoanalista, profesora titular de la Cátedra de Introducción a los Estudios de Género de la Facultad de Psicología de la UBA, profesora titular de la Cátedra de Teoría y Técnica de Grupos de la Facultad de Psicología de la UBA y directora del Programa de Actualización en el campo de problemas de la subjetividad, también de la Facultad de Psicología de la UBA Autora de numerosos artículos y de libros, entre ellos, *La Mujer de la ilusión*. Ha sido compiladora de varias publicaciones, entre ellas *Las Mujeres en la Imaginación Colectiva*.

Nota: Existen "estudios de género" en otras cinco universidades, pero no me fue posible recabar información detallada sobre ellos. En la Universidad Nacional de Jujuy figura el Área Interdisciplinaria de Estudios de la Mujer y de Género de la Facultad de Humanidades y Ciencias Sociales. En Neuquén, en la Universidad Nacional del Comahue se encuentra el Centro Interdisciplinarios de Estudios de Género de la Facultad de Humanidades. En la Universidad Nacional de Salta fue creada la Comisión de la Mujer, María Julia Palacios - Violeta Carrique. En San Juan, fue creado el PRODEM (Programa de Estudios de la Mujer) en la Facultad de Ciencias Sociales de la Universidad Nacional de San Juan. En Córdoba fue creado el Programa Interdisciplinario de Mujer y Género en la Facultad de Filosofía y Humanidades de la Universidad Nacional de Córdoba.